Anne Neilson
SEINE
Engel
BEGLEITEN
dich
40 inspirierende
Andachten und Bilder
BRUNNEN
Verlag GmbH · Giessen

Ich widme dieses Buch meiner Familie: Clark, Blakely, Catherine, Taylor und Ford. Ihr seid mein Ein und Alles, und ich bete, dass ihr euch auf eurem Weg durchs Leben an das mächtigste Wort klammert: Gottes Wort und seine Verheißungen. Seid ermutigt!

*Published by arrangement with Thomas Nelson,
a division of HarperCollins Christian Publishing, Inc.*

Titel der Originalausgabe: Anne Neilson's Angels

*Übersetzung: Heide Müller
Lektorat: Konstanze von der Pahlen
Umschlaggestaltung: Daniela Sprenger
Druck: Finidr, Tschechien
ISBN Buch 978-3-7655-3745-5
ISBN E-Book 978-3-7655-7608-9
www.brunnen-verlag.de*

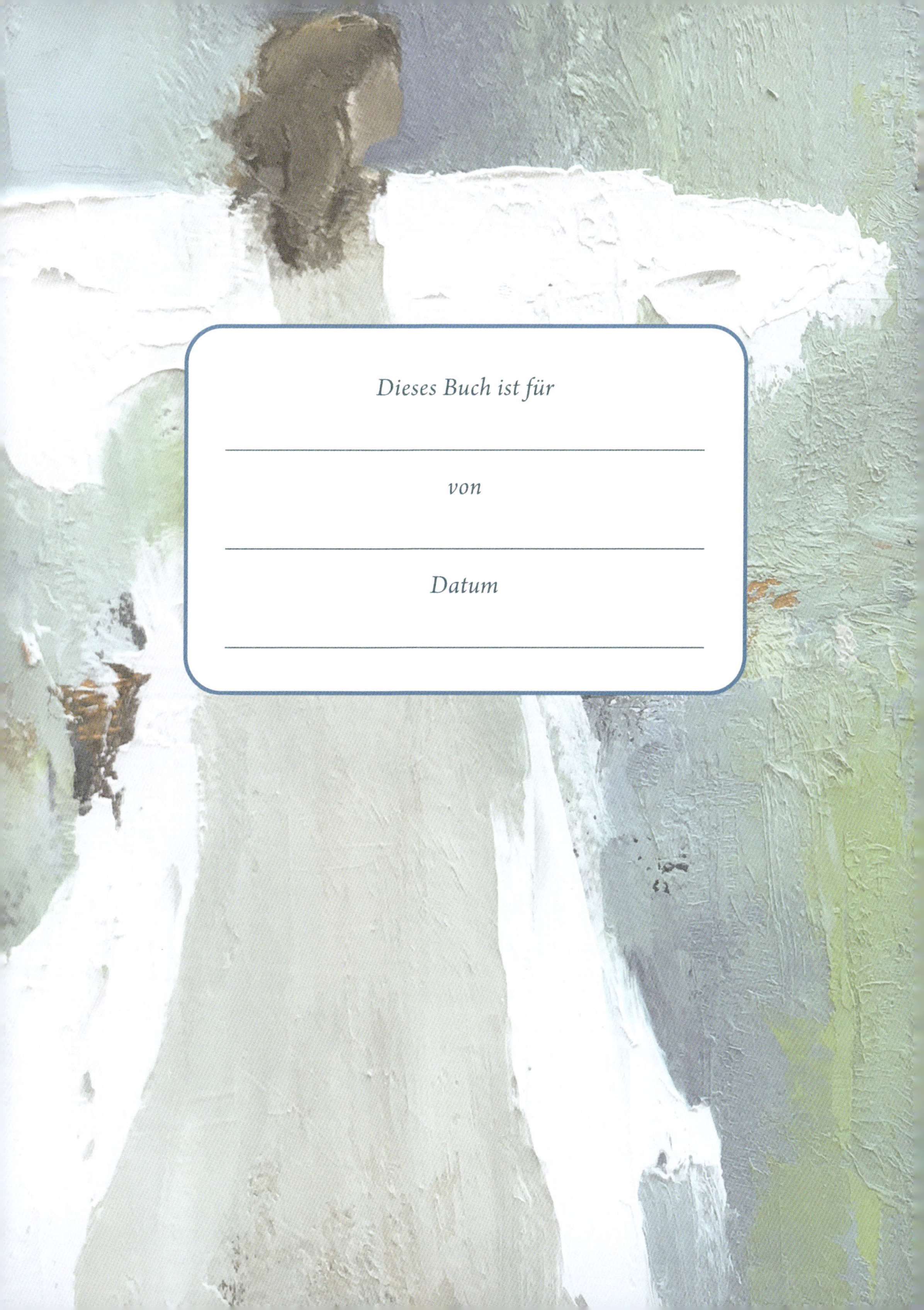

Dieses Buch ist für

____

von

____

Datum

____

Inhalt

EINFÜHRUNG

Es war im Jahr 2003, als ich anfing, meinem Glauben in einer neuen Form Ausdruck zu verleihen: in Engelbildern. Erst machte ich nur Skizzen auf meinem Block; doch schon bald brachte ich diese überirdischen, abstrakten Wesen plastisch mit Ölfarbe auf eine Leinwand.

Ähnlich wie meine Gemälde, bei denen am Anfang eine leere Leinwand steht, beginnt unsere Lebensreise wie auf einem weißen Blatt Papier und entfaltet sich dann in unterschiedlichsten Farben und schwungvollen Pinselstrichen mehr und mehr. Durch unsere Erfahrungen, seien sie gut oder schwierig, fügt Gott Farbtöne und Oberflächenstrukturen hinzu und schafft so – Pinselstrich für Pinselstrich – ein wunderschönes Meisterwerk.

Mein Wunsch und Gebet ist es, dass die Bilder und die Geschichten in diesem Buch Sie daran erinnern: Gott ist unser Schöpfer, der alle seine Verheißungen an uns erfüllt.

Ich freue mich sehr, dass Sie dieses Andachtsbuch aufgeschlagen haben, ganz gleich, wie es Ihnen in die Hände gefallen ist – vielleicht war es ein Geschenk von einem Freund oder einer Freundin oder vielleicht hat der Engel auf dem Umschlag Ihr Herz erobert. Wie dem auch sei, ich bete, dass Ihnen diese vierzig Andachten in den nächsten vierzig Tagen oder vierzig Wochen (oder welchen persönlichen Rhythmus Sie auch immer dafür finden) zum Segen werden.

Lassen Sie die himmlischen Wesen und die persönlichen Geschichten tief in Ihre Seele dringen. Mögen sie Ihnen ein Gefühl der Ehrfurcht, des Friedens, des Trostes und der Heilung schenken, das Sie näher zu unserem lebendigen Herrn Jesus Christus zieht.

Als ich vor mehr als siebzehn Jahren meinen ersten kleinen Engel malte, schickte ich das Bild an meine Schwester und fragte sie, was sie davon halte. „Du hast deine Stimme gefunden", stellte sie begeistert fest und behielt recht damit. Im Laufe der Jahre habe ich entdeckt, wie Gott diese Engel auf so vielen Ebenen für *seine* Ziele gebraucht und in *seinen* Dienst gestellt hat, sodass ich heute sagen kann: Diese Bilder sind wirklich zu meinem Lebenslied geworden.

2012 brachte ich mein erstes Buch im Selbstverlag heraus: *Angels in Our Midst* (Engel in unserer Mitte) – ein großer Bildband. Das Buch ist einfach deshalb entstanden, weil jeder einen „Engel" haben wollte – und ich im Laufe meiner Künstlerkarriere unzählige Geschichten und inspirierende Begegnungen erleben durfte. Leider aber stapeln sich wunderschöne Bildbände oft nur auf Couchtischen, ohne je aufgeschlagen zu werden.

Einige Monate nach Erscheinen erhielt ich eine E-Mail von einer Frau, die genau das getan hatte. Sie hatte das Buch mehr oder weniger als Tischschmuck gekauft und nicht einmal daran gedacht hineinzuschauen – bis sie sich eines Tages vom Heiligen Geist dazu gedrängt fühlte. Sie konnte es den ganzen Vormittag nicht mehr aus der Hand legen und las jedes einzelne Kapitel. Danach schrieb sie mir in einer E-Mail, sie habe ihr neues Andachtsbuch gefunden. In meiner Antwort an sie merkte ich an, dass ich vielleicht anfangen sollte, an einem handlicheren Andachtsbuch zu arbeiten. Das war vor sieben Jahren – daraus ist nun dieses Buch geworden.

Es ist erstaunlich, manchmal sogar witzig, wie Gott wirkt. Er bringt die richtigen Menschen zur richtigen Zeit in unser Leben – nach *seinem* Zeitplan.

So viele Andachtsthemen gingen mir durch den Kopf, als ich zu schreiben begann. Offen gesagt sehe ich mich selbst als eine lebende, wandelnde Andacht und ich glaube, dass der Herr mir auf meinem Weg die Augen öffnet, sodass ich seine allmächtige Hand täglich in meinem Leben am Werk sehen kann.

Kürzlich hatte ich ein Gespräch mit einer Freundin, die am Anfang jeden Jahres ein Wort als ihr persönliches Jahresthema wählt. Als sie auf ihrer Gymnastikmatte lag und darüber nachdachte, was dieses Jahr ihr Jahresmotto werden sollte, landete sie bei dem Wort *Furcht*. Der Herr unterbrach sie und entgegnete, nicht *Furcht*, sondern *Freude* solle es sein. Sie sagte: „Nein – *Furcht!*" Er sagte: „Nein – *Freude!*" Nach ein paar Minuten gab sie schließlich nach und erklärte *Freude* zu ihrem Wort des Jahres.

Sie müssen wissen, dass ihre ältere Schwester – meine allerbeste Freundin übrigens – sechs Monate zuvor zu Jesus heimgegangen war. Verständlicherweise sah meine Freundin dem neuen Jahr ohne ihre große Schwester mit Furcht entgegen. Aber Gott wollte, dass sie sich nicht von Furcht, sondern von Freude leiten ließ – und er steht zu seinen Verheißungen. Gott möchte uns nicht nur einen kleinen Funken Freude schenken. Beim ihm ist Freude in Fülle. Freude kann inmitten von Chaos Frieden bringen. Freude kann Schmerz überwinden. Nun also wird sich meine Freundin dieses Jahr an der *Freude* festhalten.

Ich habe mich dazu entschlossen, jeweils ein bestimmtes Wort über meine Andachten zu stellen. Worte haben so viel Macht. Denken Sie nur an meine Freundin. Wie wäre sie wohl durch dieses Jahr gegangen, hätte sie sich auf das Wort *Furcht* konzentriert? In jedes Gedankenmuster, in jedes

Gespräch wäre Furcht eingeflossen. Sehr wahrscheinlich wäre sie blind gewesen für den Segen, den Gott in vielfältiger Weise für sie bereithält. Ich bin so froh, dass ich diese großartige Botschaft mit Ihnen teilen darf: Wir dienen einem lebendigen Jesus, der durch den Heiligen Geist in unsere Denkprozesse kommt und sie verändert. Ist das nicht wunderbar?

Die Macht der Worte ist nichts vollkommen Neues für mich. Schon von klein auf habe ich gelernt, was Worte bewirken können. Sie können andere entweder aufbauen oder niedermachen. Unsere Gedanken werden durch Sprache lebendig und schlagen sich in unserem Handeln nieder. Jedes Wort hat einen Einfluss darauf, wie wir leben, atmen und die Welt betrachten. Unsere Gedanken würden ohne Worte und Sprache nicht existieren. (Versuchen Sie ruhig einmal, einen Gedanken ohne Worte zu formulieren. Es ist buchstäblich unmöglich.) Hier liegt die Kraft – wenn wir unsere Gedanken bewusst steuern, können wir unabhängig davon, was wir in unserem Leben gerade durchmachen, Gottes Wahrheiten aussprechen. Und dann kann es geschehen, dass sich unsere Gedankenmuster verändern.

Vor über dreißig Jahren hatte ich als Grundschullehrerin zum Halbjahr eine tolle dritte Klasse übernommen. Meine Vorgängerin hatte für jedes Kind eine Beschreibung parat: „Der ist ein Musterschüler." – „Die ist ein kleines Plappermäulchen." – „Der ist ein Störenfried."

Als ich in die Klasse trat, beschloss ich als Erstes, die Stempel, die meine Kollegin den Kindern aufgedrückt hatte, ganz schnell zu vergessen und positive Beschreibungen für sie zu finden. „Dieses Kind ist wunderbar gemacht." – „Dieser Junge ist ein Kind Gottes." – „Dieses Mädchen kann alles durch Christus tun." Diese bestätigenden Worte waren mächtig und wirksam. Es war erstaunlich zu beobachten, wie sich diese liebenswerten Kinder im Laufe des zweiten Halbjahrs veränderten.

Vielleicht haben Sie bereits ein Wort für dieses Jahr. Ich habe viele! Dieses Buch bietet Ihnen vierzig davon an. Ich möchte Ihnen damit einen kleinen Einblick in meine Lebensreise geben und hoffe, dass meine Betrachtungen Sie ermutigen und stärken.

Es ist mein Gebet, dass Sie durch die Worte Beistand erfahren in allem, was Sie gerade erleben. Wenn Sie im Moment durch eine Phase der Verzweiflung gehen, dann bete ich, dass Sie sich an der Hoffnung festhalten. Wenn Sie gerade sehr beschäftigt sind, dann bete ich, dass Sie innehalten und darüber nachdenken können, wo Ihre wahre Berufung liegt.

Beim Lesen werden Sie übrigens feststellen, dass *beschäftigt* genau der Stempel ist, der mir von vielen Leuten aufgedrückt wird. Immer wieder höre ich das. Ich habe aber gelernt, dass Sie und ich unter diesem Wort möglicherweise nicht dasselbe verstehen, und würde mir nie anmaßen, das Wort zu glorifizieren. Stattdessen möchte ich den Fokus darauf legen, was es eigentlich heißt, beschäftigt zu sein. Für mich geht es dabei um den Dienst für Gott mit den Gaben, die er mir gegeben hat. Lassen Sie sich aber mit diesem Wort keinen Stempel aufdrücken; wählen Sie Ihr eigenes Wort und folgen Sie weiter Ihrer höheren Berufung.

Habe ich eigentlich schon erwähnt, wie wichtig es ist, sich Zeit zu nehmen, um vor Jesus still zu werden? Als mein erstes Buch erschienen war, wollte ein junges Mädchen gerne mal bei einer Tasse Kaffee mit mir plaudern. Wir trafen uns in einem kleinen Café und sie sagte, sie wolle einfach ein wenig mehr über mich wissen. Ihr sei schon bewusst, dass ich „religiös" sei. An diesem Punkt unterbrach ich sie. Uh, was für ein Wort! Bei meinem Glauben und in meinem Dienst für Gott geht es überhaupt nicht um „Religion" in dem Sinn, wie es oft verstanden wird. Es geht vielmehr darum, eine Beziehung mit einem lebendigen Gott durch seinen Sohn Jesus Christus zu pflegen.

Manche Leute reagieren verwundert, wenn sie das hören, was ehrlich gesagt wiederum mich verwundert. Gott hat uns für eine Beziehung geschaffen – eine *vertrauensvolle* Beziehung. Wir sind nicht dazu bestimmt, nur zu funktionieren.

Denken Sie an Adam und Eva im Garten Eden. Sie wussten Gott an ihrer Seite und redeten mit ihm. Erst nach dem Sündenfall, als sie gegen Gottes ausdrückliches Gebot gehandelt und die reife, verlockende Frucht gegessen hatten, wurden ihnen die Augen geöffnet: Sie waren nackt. Gott kam und sah nach ihnen. Aber sie versteckten sich.

Adam und Eva schämten sich, doch Gott bedeckte ihre Nacktheit – mit Fellen. Dies war der Zweck des ersten Tieropfers aller Zeiten! Es gibt in der Bibel ziemlich coole Geschichten, wenn wir bereit sind, ein wenig tiefer zu graben.

Aber zurück zur Bedeutung von Worten. In diesem Buch verwende ich ganz viele davon, um auszudrücken, wie Gott für uns sorgt – selbst wenn wir versagen. Er wünscht sich so sehr, jeden Tag mit uns Gemeinschaft zu haben – nicht nur dann, wenn wir ihm einen Termin in unserem Kalender reserviert haben. Wir können im ständigen Gespräch mit Gott bleiben.

Ich bete, dass Ihnen dieses Buch dabei hilft, in einen solchen Dialog mit Gott zu treten. Ihm Ihr Herz auszuschütten. Ihm alles zu bringen. Ihre Ängste. Ihre Herausforderungen. Ihre Hoffnungen. Ihre Träume.

Egal, in welcher Lebensphase Sie gerade stehen, mögen Ihnen diese ausgewählten Worte und Bilder zeigen und Sie daran erinnern, mit welch kunstvoller Hand unser Schöpfer auch in Ihrem Leben am Werk ist.

1

Liebe

Wir lieben,
weil er uns zuerst geliebt hat.

1. Johannes 4,19

Liebe

Liebe ist ein so eigenartiges Wort, nicht wahr? Sowohl überstrapaziert als auch unglaublich schwer zu definieren. Und doch lieben wir es, Dinge zu lieben. Wir können das Essen lieben, das wir für unsere Familie zubereitet haben. Man kann sich wahnsinnig in einen anderen Menschen verlieben. Sie können Ihren Hund lieben. Und natürlich lieben Sie Ihre Kinder (meistens). Selbst innerhalb einer Beziehung gibt es Phasen, in denen Liebe neu aufblüht, und Zeiten, in denen sie in die Tiefe wächst und reift.

Das Wort Liebe taucht in der Bibel sehr häufig auf. Mehr als 300 Mal spricht Gottes Wort über diesen mächtigen, kraftvollen, schwierigen Begriff. In 1. Johannes 4,7-8 heißt es: „Meine Freunde, wir wollen einander lieben, denn die Liebe hat ihren Ursprung in Gott, und wer liebt, ist aus Gott geboren und kennt Gott. Wer nicht liebt, hat Gott nicht erkannt; denn Gott ist Liebe."

Ja, das stimmt. Gott ist Liebe. Das bedeutet: Überall, wo wir den Begriff verwenden, ihn definieren, Liebe spüren oder uns dafür entscheiden: Sie führt uns immer wieder zum Herrn zurück. Er hat uns geschaffen, um uns zu lieben. Und weil er uns liebt, hat er seinen einzigen Sohn gesandt, damit er für uns stirbt (Johannes 3,16).

Heute ermutige ich Sie, sich darin auszuruhen. Ganz gleich, wo Sie stehen, womit Sie gerade zu kämpfen haben oder wie Sie sich fühlen: Sie sind von der Liebe des Einen umfangen, der Sie geschaffen hat. Weil Gott Liebe ist, gibt es nichts, womit Sie sich seine Liebe verspielen könnten.

Egal wie oft ich durch mein aufbrausendes Wesen, den Mangel an

Vergebung oder den Drang, Kontrolle über meine eigenen Umstände zu übernehmen, schon ins Stolpern geraten bin: Christus umfängt mich mit seinen Armen und flüstert meinem Geist sanft zu, dass er mich liebt und mich geschaffen hat, um dasselbe zu tun.

Was auch immer passiert: Entscheiden Sie sich dafür, einander mit einer beständigen Liebe zu lieben, die nur vom Vater im Himmel kommen kann.

Wo können Sie Gottes Liebe in Ihrem eigenen Leben wahrnehmen?
Wem können Sie heute Liebe erweisen?

Lieber Vater, ich komme heute zu dir, um dich zu bitten, dass du mir deine Liebe auf unerwartete Weise offenbarst. Ich bitte dich auch darum, dass ich den Menschen um mich herum Liebe erweise, dass ich deine Liebe empfange und ihrer Größe für mich vertraue. Herr, ich danke dir, dass du mich zuerst geliebt hast, damit ich deine Liebe jeden Tag anderen Menschen weitergeben kann.

2

Leben

So wie das Wasser das Gesicht widerspiegelt,
so spiegelt das Leben das Herz wider.

Sprüche 27,19

Leben

Als ich meinen ersten Engel malte, ahnte ich noch nicht, welche Wirkung diese aus Ölfarbe geformten ätherischen Wesen auf andere haben würden. Wenn ich darüber nachdenke, warum das so ist, kommt mir in den Sinn: Ich habe schon viele Menschen getroffen, die erfahren haben, wie kurz das Leben sein kann.

In der letzten Zeit haben einige Menschen in meinem Umfeld Freunde und Familienmitglieder verloren, die noch sehr jung waren. Als ich auf Facebook alte Erinnerungen durchguckte, stieß ich auf eine befreundete Familie, deren Tochter meinen Töchtern und mir sehr nahegestanden hatte. Dieses süße Mädchen starb im Alter von nur acht Jahren. Doch ob acht oder achtzig, das Leben scheint uns immer zu kurz. Und vielleicht haben die Engel etwas an sich, was uns Trost spendet.

Jedem von uns ist das Leben geschenkt worden, und wenn uns dieses Geschenk überreicht wird, wird uns auch die Verantwortung übertragen, unser Leben zu leben. Mithilfe unserer Worte und Taten können wir unsere Tage gestalten; es liegt an uns, was wir daraus machen. Die Schrift sagt uns, dass wir keine Garantie auf ein Morgen haben und dass jeder Tag seine eigene Last mit sich bringt (Matthäus 6,34).

Jeder von uns wird im Laufe seines Lebens vor Herausforderungen stehen. Als ich mit einer Freundin sprach, die gerade in einer schwierigen Zeit steckte, sagte sie zu mir: „Ich frage Gott nicht nach dem Warum. Ich bitte ihn nur, mir die Kraft zum Durchhalten zu geben." Ich hoffe, dass ich diese Haltung inmitten von Prüfungen beibehalten kann und nicht Gottes

Motive infrage stelle, sondern mich vielmehr darauf konzentriere, ihn in allen Umständen zu preisen.

Auf keinen Fall möchte ich jemals die Traurigkeit oder den Schmerz, die mit einem Verlust einhergehen, herabsetzen oder bagatellisieren. Aber ich möchte Sie ermutigen, am dem Gott festzuhalten, der Sie mit allem Nötigen ausrüsten und stärken wird. Richten Sie Ihren Blick jeden Morgen auf Jesus und lassen Sie Dankbarkeit Ihr Herz erfüllen. Auch wenn unsere Tage uns lang erscheinen, sind sie doch so kurz im Vergleich zu der ewigen Herrlichkeit, die uns erwartet!

Ich erinnere mich an dieses ergreifende Gedicht:

Das Leben ist kurz … lebe es.
Die Liebe ist selten … ergreife sie.
Zorn ist schlecht … wirf ihn weg.
Angst ist schrecklich … stell dich ihr.
Erinnerungen sind süß ... halte sie in Ehren.
Freunde sind wertvoll … umarme sie.
Gott ist gut … preise ihn.
Autor unbekannt

Ihr Leben ist kostbar. Fühlt sich ein Bereich Ihres Lebens wie festgefahren an? Können Sie erkennen, dass Gott in diesen Bereich, der wie leblos erscheint, neues Leben einhaucht?

Gott aller Schöpfung, ich danke dir, dass du mir deinen göttlichen Atem eingehaucht hast, der meine Lungen mit Luft und Leben füllt. Danke, dass du mir wieder einen neuen Tag geschenkt hast, an dem ich der Bestimmung folgen darf, für die du mich geschaffen hast. Zeig mir, wie ich dieses Leben heute ganz annehmen kann, damit ich ein wandelndes Zeugnis der Güte bin, die du in mein Leben gewebt hast.

3
Gaben

„Ihr seid das Licht der Welt. Eine Stadt,
die auf einem Berg liegt, kann nicht verborgen
bleiben. Auch zündet niemand eine Lampe an
und stellt sie dann unter ein Gefäß. Im Gegenteil:
Man stellt sie auf den Lampenständer, damit sie
allen im Haus Licht gibt.
So soll auch euer Licht vor den Menschen
leuchten: Sie sollen eure guten Werke sehen
und euren Vater im Himmel preisen."

Matthäus 5,14-16

Gaben

Immer wieder äußern sich Menschen darüber, wie beschäftigt ich bin. Sicher, ich bin Ehefrau, Mutter, Künstlerin und Geschäftsfrau, aber Gott hat mich in jede dieser Rollen berufen. Wenn ich also beschäftigt bin, dann damit, ihm gehorsam zu sein und die Gaben zu nutzen, die er mir anvertraut hat.

Wenn wir unserer Berufung folgen und die Gaben einsetzen, die Gott in uns hineingelegt hat, dann hat das nichts mit Stress und Hektik zu tun. Im Gegenteil: Wenn wir den Weg unserer Berufung gehen, macht uns das lebendig und erfüllt uns – denn auf diese Weise sind wir ein Teil des meisterhaften Plans Gottes. Hektik und Stress entstehen vor allem dann, wenn wir uns über unser Ziel oder unsere Berufung nicht im Klaren sind und zulassen, dass äußere Stimmen und Umstände unser Leben bestimmen.

Inmitten überfüllter Terminkalender – ob wir nun ständig den Chauffeur für die Kinder spielen müssen, CEO, Ärztin, Lehrer, Mutter oder ehrenamtlich beschäftigt sind – will ich uns ermutigen, unser Beschäftigtsein nicht länger zu glorifizieren. Konzentrieren wir uns stattdessen lieber darauf, unseren Berufungen zu folgen, wie viele es auch immer geben mag, und unsere Gaben zur Ehre Gottes zu nutzen.

Jeder von uns hat Gaben erhalten. Und jeder von uns hat in der Welt eine Rolle auszufüllen, die Gott uns zugedacht hat. Wenn Sie sich permanent im Stress oder ausgelaugt fühlen, fordere ich Sie auf, innezuhalten und zu überlegen, was Sie wirklich erfüllt, anstatt immer schneller durchs Hamsterrad zu rennen. Dienen Sie Gott mit dem, was er Ihnen gegeben hat, und entdecken Sie darin den Frieden und die Freude, die er Ihnen versprochen hat!

Welche wunderbaren Gaben wollen Sie der Welt heute zur Verfügung stellen? Wie hat das „Beschäftigtsein" Sie Ihrer einzigartigen Berufung beraubt? Auf welche Weise hat es Ihnen Segen und Freude genommen?

Lieber Vater, ich danke dir, dass du mich gerufen hast, dein zu sein, und dass du mir kostbare Gaben und Fähigkeiten anvertraut hast. Hilf mir, dass ich aufhöre, mir die Talente eines anderen zu wünschen, und stattdessen zuversichtlich meiner eigenen Berufung folge, damit ich dich an allen Tagen meines Lebens verherrlichen kann.

4

Freude

Majestät und Pracht gehen von ihm aus,
seine Stärke und Freude erfüllen den Ort,
wo er wohnt.

1. Chronik 16,27 (Hfa)

Freude

Eigentlich heiße ich mit Vornamen Joy (Freude). Genau wie meine Mutter. Doch als Kind mochte ich meinen Namen überhaupt nicht und wäre ihn am liebsten losgeworden. Bei der Einschreibung am College machte ich ernst: Ich trug kurzerhand „Anne Joy" anstatt „Joy Anne" ins Anmeldeformular ein. Die Dame im Studentensekretariat war nicht gerade begeistert ...

Meine Kinder würden Ihnen wahrscheinlich erzählen, dass ich nicht ständig vor Freude sprühe. Sie halten mich für eine „Helikopter-Mama" – immer in Sorge und immer voller Ansprüche, was sie tun oder lassen oder wann sie abends zu Hause sein sollen. Das gab mir irgendwann zu denken. Ich habe seither viel Zeit mit Gott verbracht und ihn gebeten, mich mit echter Freude zu füllen. Egal in welcher Lebenssituation: Ich möchte Freude in mir spüren, die nur von Gott kommt – eine Freude, die mir niemand nehmen kann.

Glücksgefühle hängen immer irgendwie von den Umständen ab – welches Kleid ich gerade trage, wie mir das Mittagessen gelungen ist, ob ich eines meiner Kunstwerke verkaufen kann. Das Glück schaut kurz bei mir vorbei, wird aber bald von alltäglichen Dingen verdrängt – einer teuren Autoreparatur, einem schwierigen Gespräch oder etwas, was nicht so läuft, wie ich es mir vorgestellt habe. Das ist das Problem mit den Glücksgefühlen. Sie sind flüchtig wie ein Duft im Wind, kommen und gehen wie Ebbe und Flut.

Freude hingegen ist etwas Bleibendes. Sie hängt nicht von den unbeständigen äußeren Umständen ab. Freude wurzelt tief in der Identität, die mir Christus verliehen hat, darin, wie er mich sieht. Ich kann mich freuen, weil ich zu ihm gehöre. Freude ist die Auswirkung Gottes leidenschaftlicher Liebe. Ich lerne langsam, als Mutter mehr loszulassen und öfter mit meinen Kindern zu lachen, und manchmal mache ich sogar selbst den einen oder anderen Witz.

Es gibt vieles, was unsere Freude gefährden will: die Lügen des Widersachers, Zweifel, Angst, Furcht, eine beklemmende ärztliche Diagnose, der Verlust eines lieben Menschen. Vor Kurzem starb meine beste Freundin von der Highschool an Krebs. Aber als sich zweihundert Gäste zur Trauerfeier versammelten – alle in Weiß gekleidet – und gemeinsam ihr Leben feierten, war inmitten von Trauer und Schmerz auch echte Freude zu spüren.

Die Freude, die Gott für uns bereithält, fällt uns nicht einfach zu. Sie will jeden Morgen bewusst ergriffen werden. Denn jeder neue Tag ist ein Geschenk von ihm und eine neue Chance, für ihn zu leben. Auch in diesem Jahr werden wir manche Erfolge feiern und Grund zum Jubeln haben, wenn uns etwas gelungen ist. Ja, wir werden glückliche Momente erleben – aber ganz bestimmt auch Momente des Ringens, des Schmerzes und der Trauer. Das Leben legt uns so manche Prüfung auf. Doch dank der Saat, die Gott in uns gesät hat, können wir inmitten aller Widrigkeiten Freude erleben und seine Güte preisen.

Welche guten, vollkommenen Gaben hat Gott Ihnen geschenkt, die Sie daran erinnern, seine Freude zu ergreifen? Wo haben Sie inmitten der Herausforderungen des Lebens echte Freude gespürt?

Du großer Gott, du bist die vollkommene Freude. Weil ich dein Kind bin, darf ich wissen, dass die Freude in mir wohnt. Ich bitte dich heute darum, dass deine Gegenwart mir immer wieder in unerwarteten kleinen Freuden aufleuchtet. Bitte hilf mir, die Freude zu ergreifen, die von dir kommt und die mir niemand nehmen kann.

5
Gehorsam

Hört euch diese Botschaft nicht nur an,
sondern handelt auch danach;
andernfalls betrügt ihr euch selbst.

Jakobus 1,22

Gehorsam

Als meine Kinder noch in der Grundschule waren, gab ich für sie und ihre Freunde einmal in der Woche einen „Art & Soul"-Kurs. In unserem Haus sprühte es an solchen Nachmittagen vor Leben. Die Stunde begann immer mit einer Bibelarbeit, an die sich ein kleines Kunstprojekt anschloss.

In einer meiner Lieblingslektionen ging es um den Zustand unseres Herzens. Zur Verdeutlichung zeigte ich den Kindern eine wunderschöne, außen und innen handbemalte Schale. Ich erklärte ihnen, dass Gott heilig sei; deshalb habe Sünde in seiner Nähe keinen Platz. Gemeinsam überlegten wir dann, was Gott wohl nicht so sehr gefallen könnte. Die Kinder warfen Begriffe wie Lügen, Schummeln, Streiten und Ähnliches ein. Ich schrieb jedes Wort auf einen eigenen Zettel, knüllte ihn zusammen und legte ihn in die Schale.

Es dauerte meist nicht lang, bis die Zettel die schön bemalte Innenseite verdeckten. Wir betrachteten die Schale mit all dem zerknitterten Papier genauer und verglichen sie mit unserem Herzen. Ob darin auch so viel „Gerümpel" war? Die Kinder lernten Psalm 51,12 auswendig und wir baten Gott um ein reines Herz. Ich erklärte ihnen, dass wir nichts weiter tun müssten, als jeden Tag gehorsam zu sein. Und wenn sich trotzdem Müll angesammelt habe, dann dürften wir ihn abends vor dem Schlafengehen bei Gott abladen. Als Symbol dafür leerte ich am Ende unsere Zettelschale in den Mülleimer.

Als Erwachsene musste ich feststellen, dass es mit diesem „Gerümpel" nicht immer so einfach ist, wie ich es den Kindern beschrieben hatte. Jahrelang angestauter Groll, schwelender Zorn, Sündenmuster, die sich durch Generationen ziehen – all dies schafft Unordnung in unserem Herzen. Aber

Gott kann mit der Komplexität des Lebens umgehen. Der Prozess ist für uns derselbe wie damals für meine „Art & Soul"-Kinder. Wenn wir unseren Müll vor seinen Thron bringen, nimmt er uns die Last ab und reinigt unser Herz – aber es ist an uns, dies aus Gehorsam jeden Tag zu tun. Seine Gnade und sein Erbarmen sind jeden Morgen neu.

Ich möchte Sie einladen, heute den Zustand Ihres Herzens zu prüfen. Wo haben Sie unnötiges Gerümpel angehäuft? Sie dürfen damit zu Gott kommen und den ganzen Müll, der sich in Ihrem Herzen angesammelt hat, beim Namen nennen. Vielleicht ist er über die Jahre schon zu einem riesigen, überquellenden Berg angewachsen. Selbst wenn es nur ein kleines Häufchen wäre, das jeden Tag ein wenig höher wird – es verdeckt die Schönheit, die Gott in Ihr Herz gemalt hat. Kommen Sie immer wieder damit zu Gott. Er möchte Ihr Herz reinigen und Ihren Geist aufbauen, erneuern und stärken.

Herr, du mein Gott, ich bitte dich sehr: Sieh du in mein Herz und decke den Müll auf, der mich herunterzieht und mich davon abhält, mit dir Gemeinschaft zu haben. Hilf mir, ihn auszuräumen, sodass ich erneuert werden kann.

6

Weisheit

Die Weisheit hingegen, die von oben kommt,
ist in erster Linie rein und heilig,
dann aber auch friedfertig, freundlich und bereit,
sich etwas sagen zu lassen. Sie ist voll Erbarmen
und bringt eine Fülle von Gutem hervor;
sie ist unparteiisch und frei von jeder Heuchelei.

Jakobus 3,17

Weisheit

Der Lauf der Jahre geht auch an mir nicht spurlos vorüber. Das sieht man schon an meinen Haaren. Doch statt mich darüber zu ärgern, will ich das als sichtbares Zeichen dafür nehmen, dass Gott mich in diesem Leben schon durch so manches Tal und auf manchen Gipfel geführt hat.

Auf meinem Weg habe ich oft den Rat anderer gesucht. Sicherlich haben auch Sie in Ihrem Leben Vertraute, die voller Geist und Klarheit sind und deren weise Gedanken Sie schätzen. Dabei muss ich an Salomo denken: Alles hätte er von Gott erbitten dürfen – aber er bat ihn um Weisheit. Gott hat seine Bitte mehr als erfüllt und Salomo über die Maßen mit Weisheit beschenkt.

Genau wie Salomo können auch wir den Herrn um jede erdenkliche Gabe bitten. Aber wie oft bitten wir ihn um seine Weisheit? Um seinen Willen, ja. Um seine Wegweisung, sicher. Aber um seine reiche, alles verzehrende Weisheit? Nicht so oft wahrscheinlich.

Und das, obwohl wir uns sehr wohl bewusst sind, wie wichtig Weisheit beispielsweise in unseren Beziehungen ist. Und wir wissen (mit jedem neuen grauen Haar, das aufkeimt), dass wir an Klugheit zunehmen, wenn wir uns den vielen Prüfungen, denen wir begegnen, stellen und sie überwinden. Würde es uns nicht zu unheimlich kraftvollen Nachfolgern machen, wenn wir unserem Schöpfer gegenübertreten und ihn von Angesicht zu Angesicht bitten würden, uns ein Stück seiner Weisheit zu geben?

Ich liebe es, dass Gottes Wort sich gegenseitig ergänzt. Sprüche 31 sagt uns, dass Schönheit vergeht, aber die Furcht des Herrn zu loben ist. In Sprüche 9 lesen wir, dass die Furcht des Herrn der Anfang der Weisheit ist. Vielleicht ist es dann keine Überraschung, dass unsere Weisheit zunimmt, wenn unser jugendliches Aussehen verblasst.

Ich habe mich dafür entschieden zu glauben: Wenn ich Gott suche, um Weisheit zu gewinnen, werden die grauen Haare, die ich dazubekomme, noch schöner – denn sie zeigen, dass ich immer näher an ihn heranrücke. Weisheit ist etwas Wunderschönes, und es gefällt Gottes Herz, wenn wir immer tiefer graben, um sie zu erlangen.

Wie sieht Weisheit für Sie aus? Wer sind die weisen Menschen in Ihrem Leben? Gibt es etwas, womit Sie zu kämpfen haben? Könnten Sie sich einer anderen Person anvertrauen, um Weisheit in dieser Sache zu erhalten? Scheuen Sie sich nicht zu fragen! Sie geben damit weisen Menschen Gelegenheit, Ihnen mit ihrer göttlichen Gabe zu dienen.

Lieber Gott, ich danke dir, dass du ein guter und gütiger Vater bist und ich wahre Weisheit von dir empfangen darf. Ich möchte mehr Weisheit erlangen und dich noch mehr erfahren. Deshalb bitte ich dich heute, mir neue Weisheit zu schenken, damit ich noch mehr begreife, wer du bist.

7
Gewohnheiten

Nichts ist mir unmöglich, weil der,
der bei mir ist, mich stark macht.

Philipper 4,13

Gewohnheiten

In letzter Zeit habe ich immer wieder mit Freunden und Kollegen darüber diskutiert, wie die Balance zwischen Arbeit und Privatleben gelingen kann, wie wir mit den verschiedenen Rollen in unserem Leben umgehen und unseren Fokus und unsere Prioritäten auf den Herrn ausrichten können. Es ist einfach, darüber zu sprechen, aber schwierig, es zu tun. Die Grundlage liegt für mich zweifellos im Wort Gottes.

Ich nehme mir jeden Morgen bewusst Zeit, um Gottes Wahrheit in mich aufzunehmen. Diese Momente der Stille sind wie ein Ruder und bestimmen die Richtung für meinen Tag. Wenn ich das Gefühl habe, im Chaos fast unterzugehen, geben sie meinem Herzen und meinen Gedanken etwas, woran sie sich festhalten können. Eine gute Zeit mit Gott ist wie eine Oase für einen müden Reisenden in der Wüste: Sie bringt Erfrischung, Stärkung und Reinigung.

Ich habe mir noch andere Dinge angewöhnt, die meinem Herzen helfen, sich auf Gott auszurichten. Wenn ich male, lasse ich zum Beispiel immer Lobpreis- und Anbetungsmusik im Hintergrund laufen. Die kraftvollen Worte, die in meine Ohren und mein Herz strömen, erinnern mich an Gottes wunderbare Verheißungen.

Was ich auch gerne mache: Ich notiere beim Bibellesen, was mich besonders anspricht, und komme auf diese Weise mit Gott ins Gespräch. Das hilft, seine Worte in meinem Leben in ihrer ganzen Tiefe wirksam werden zu lassen.

Tagebuch zu schreiben gibt uns die Möglichkeit, Revue passieren zu lassen, durch welche Herausforderungen Gott uns schon geführt und wie seine starke Hand uns geholfen hat. Dadurch werde ich immer wieder daran erinnert, dass ich durch jede Prüfung etwas gelernt habe. Ich kann mir vor Augen führen, welche großen und kleinen Siege ich mit Gott schon errungen habe.

Eine andere Sache, die ich mir zur Gewohnheit gemacht habe, ist, mir in meinem Smartphone-Kalender regelmäßige „Termine" einzutragen. Wenn sie aufpoppen, steht darin einer meiner Lieblingsverse aus der Bibel. Ich habe mehrere solcher Kalendereinträge, die mich an Gottes Wort erinnern.

Eine meiner liebsten Bibelstellen ist Epheser 3,20. Täglich um 15.20 Uhr erscheint dieser Vers auf meinem Handy und spricht mir zu, dass Gott unermesslich mehr tun kann, als wir je bitten oder uns vorstellen könnten. Es tut mir gut, mir Gottes Zusagen ins Gedächtnis zu rufen und mich zu vergewissern, dass mein Leben und meine Umstände in seiner Hand sind. Diese täglichen Gewohnheiten lenken mein Herz in eine gute Richtung.

Wenn Sie gerade erst solche Gewohnheiten einführen, um sich auf Jesus auszurichten, ermutige ich Sie, damit zu beginnen, sich jeden Tag einige Minuten in sein Wort zu vertiefen. Suchen Sie sich einen Vers aus und nehmen Sie ihn in Ihr Herz auf. Lernen Sie ihn auswendig. Rufen Sie sich ihn immer wieder ins Gedächtnis. Schreiben Sie ihn auf. Richten Sie sich auf Ihrem Handy eine Erinnerung an schöne Bibelverse ein. Lassen Sie sich dadurch ermutigen und anspornen. Diese einfachen Dinge werden sich spürbar auf den Verlauf Ihres Tages auswirken, Sie begleiten und trösten. Und sie werden Ihnen Kraft geben für das, was vor Ihnen liegt.

Herr, ich weiß, dass meine Liebe zu dir wachsen wird, wenn ich dich täglich suche. Hilf, dass ich mich immer weniger von anderen Dingen ablenken lasse. Bitte hilf mir, Angewohnheiten abzulegen, die mich belasten und von dir fernhalten.

8

Führung

Meine Schafe hören auf meine Stimme.
Ich kenne sie, und sie folgen mir.

Johannes 10,27

Führung

In den letzten Jahren bin ich viel mit dem Flugzeug unterwegs gewesen. Mal bin ich zu meinen Töchtern gereist, die an unterschiedlichen Orten studieren, mal habe ich trauernde Freunde besucht; hin und wieder war ich irgendwo als Vortragsrednerin eingeladen und manchmal zog mich das Fernweh irgendwohin.

Beim Schweben über den Wolken hatte ich Zeit, darüber nachzudenken, wie unnatürlich Fliegen eigentlich ist. Wenn man es sich genau überlegt, erfordert es eine ganze Menge Vertrauen, um an Bord eines Flugzeugs zu steigen und darauf zu bauen, dass der schwere Metallvogel einen sicher ans Ziel bringt.

Bei einigen Flügen meldet sich der Pilot zu Wort: „Hier spricht Ihr Kapitän", gefolgt von einem beruhigenden Monolog über die Aussicht auf einen angenehmen Flug oder mögliche Turbulenzen, über die geplante Flughöhe und die Wetterbedingungen, die einen am Zielort erwarten. Ich mag das. Ich höre gerne die Stimme der Person, die das Flugzeug lenkt.

Bei anderen Flügen sagen die Piloten kein Wort. Manchmal wartet man gefühlt stundenlang auf dem Rollfeld, bevor es losgeht, und ... nichts. Kein einziges Wort. Keine Stimme aus dem Cockpit. Dann scanne ich die Gesichter der Flugbegleiter, die uns über Sicherheitsmaßnahmen, Notausgänge und Getränkeoptionen aufklären, und frage mich: Wer hat hier das Sagen?

Genauso wie diese Tonnen von Stahl und Schrauben der Schwerkraft trotzen und gegen jede Wahrscheinlichkeit in der Lage sind, über lange Strecken in der Luft zu bleiben, gibt es keinen logischen Grund, warum mein eigenes Gepäck und meine eigenen Lasten mich in meinem Leben dorthin gebracht haben sollten, wo ich jetzt bin. Ob ich nun turbulente Tage erlebe, die für mich als Mutter von Teenies und erwachsenen Kindern nicht ungewöhnlich sind, oder der Himmel über mir offen ist, wenn ich Gott Loblieder singe und in meinem Atelier male – ich höre seine Stimme sagen: „Hier spricht dein Vater. Ich habe das Steuer fest in der Hand und bringe dich sicher ans Ziel."

Unser Leben vergeht wie im Flug. Einfach so dahinzuleben, ohne Gottes beruhigende Stimme zu suchen, erscheint mir leichtsinnig und gefährlich. Wo suchen Sie Frieden, wenn raue Winde wehen? An wen wenden Sie sich, wenn Sie Wegweisung brauchen? Ich habe es mir angewöhnt, in solchen Momenten meine Bibel aufzuschlagen. Seite für Seite gibt sie mir Führung, Sicherheit, Zuversicht und verleiht meinem Glauben wieder neue Festigkeit. Aus Gottes Wort vernehme ich die Stimme meines Vaters, des Kapitäns meines Lebens, der sagt: „Mach dir keine Sorgen, ich habe alles unter Kontrolle."

Es gibt keine Garantie dafür, dass mein Weg mit meinem himmlischen Vater mühelos, leicht oder ohne Turbulenzen verlaufen wird; aber ich kann mir sicher sein, dass mein Pilot, mein Kapitän, mich auf die beste Art und Weise führen wird.

Wie und wohin führt Gott Sie heute? Achten Sie auf seine Stimme.

Lieber Gott, ich danke dir für deine göttliche Führung. Danke, dass du mich sicher durch stürmische Wetter lenkst und sanft über ruhige Wasser führst, bis ich wieder festen Grund unter den Füßen habe. Herr, ich bitte dich, dass ich nicht erschüttert werde, wenn ich Prüfungen und Trübsal erlebe, sondern Frieden finde, weil du mein treuer Kapitän bist.

9

Hingabe

Und nun bring dein Herz in Ordnung
und breite deine Hände betend zu Gott aus!
Wende dich von aller Sünde ab
und lass keine Falschheit bei dir zu.
Dann wirst du deinen Kopf voll Unschuld
aufrichten. Du wirst stark und mutig sein.

Hiob 11,13-15 (NL)

Hingabe

Vor einigen Jahren erlebte ich ein ziemlich herausforderndes Weihnachtsfest. Mit fünf Erwachsenen und einem beinah Erwachsenen unter einem Dach gab es einige Spannungen. Zankende Kinder, zu viele To-dos, ständiger Zeitdruck und ein Kalender voller Verpflichtungen machten meine ganze weihnachtliche Freude zunichte. Während mein emotionaler Treibstofftank vollkommen erschöpft war und ich immer mehr die Auswirkungen eines Burnouts spürte, versuchte ich, irgendwie zu funktionieren.

Einige Tage nach Weihnachten wollten meine Familie und ich ein Fest für einige unserer engsten Freunde und Nachbarn veranstalten. Als wir gerade in unserem Garten ein Zelt für die Gäste aufstellten, brach eine gewaltige Sintflut los. Bereits in den Wochen zuvor hatte unsere Stadt Charlotte (North Carolina) etwas erlebt, was man nur als „Tage Noahs" bezeichnen kann. Und es war sogar noch mehr Regen angesagt.

Ich war mit meinen Nerven völlig am Ende. Trotz des ungemütlichen Wetters ging ich nach draußen unter das Zelt, um über die Ereignisse der letzten Weihnachtstage und mein Gefühlschaos nachzudenken. Enttäuscht sah ich auf den völlig durchweichten Rasen unter meinen Füßen. Als ich unter dem Zelt stand, zerbrach etwas in mir. Inmitten des Sturms erlaubte ich es meinem Herzen endlich, genau hinzuhören, was Gott mir sagen wollte. Ich vernahm sein stilles, sanftes Flüstern: „Überlass dich einfach mir, Anne."

Ich fing hemmungslos an zu weinen. Als ich mich etwas beruhigt hatte, blieb ich noch eine ganze Weile unter dem Zelt stehen, um Buße dafür zu tun, dass ich mich in den Weihnachtstagen die ganze Zeit nur um meine Aufgaben gedreht hatte. Die eigentliche Bedeutung dieses Festes war mir völlig abhandengekommen und ich hatte mich und anderen der Freude daran beraubt.

Wenn ich von einer Verpflichtung zur nächsten eile, agiere ich im Grunde wie ein Schrittmacher, einzig und allein darauf fixiert, das Tempo vorzugeben, Pläne zu machen und Dinge zu erreichen – anstatt diese Rolle Gott zu überlassen. Immer wieder muss ich daran erinnert werden, was mein Platz ist: mich unter die starke Hand Gottes zu beugen und ihm mein Leben hinzuhalten.

Da jede neue Lebensphase ihre eigenen Herausforderungen mit sich bringt, will ich beständig dafür beten, dass ich mich Gott ganz hingeben kann. Ich möchte zu seinen Füßen sitzen, meine Hände zu ihm erheben und ihn bitten, meine Familie, meine Ehe und meine Arbeit zu leiten und mich in meinem Glauben zu stärken. Auch mein Team und ich unterstellen uns immer wieder im Gebet den Plänen, die Gott für uns hat. Nur wenn wir uns ihm hingeben und unsere eigenen Pläne und unseren Stolz ablegen, können wir den Weg gehen, den Gott für uns vorgesehen hat.

Gibt es etwas, von dem Sie spüren, dass Sie es Gott überlassen sollten? Lassen Sie es los und erlauben Sie ihm, für Sie das Ruder zu übernehmen. Ich bete, dass Sie erfüllt werden mit seiner Gegenwart und seinem Frieden, der alles Denken übersteigt.

Lieber Vater, heute möchte ich mich dir ganz hingeben, meinen Stolz, meine Sünde und meine Pläne loslassen und mich zu deinen Füßen beugen. Wenn ich alles, was ich eigentlich vor dir verstecken wollte, zu dir bringe, dann gib mir neue Stärke und Zuversicht. Danke, dass du mich annimmst, wie ich bin.

10

Fundament

Darum spricht Gott, der HERR:
„Seht, ich lege in Zion den Grundstein
für ein gutes Fundament. Es ist ein kostbarer
Eckstein, der felsenfest steht.
Wer auf ihn baut und ihm vertraut,
braucht nicht zu fliehen."

Jesaja 28,16 (Hfa)

Fundament

Ein gutes Fundament zu legen, ist für die Stabilität eines Gebäudes von entscheidender Bedeutung. Dazu gehört es, in die Tiefe zu graben, und das ist auch wesentlich für unser Glaubenshaus.

Haben Sie schon einmal Babys dabei beobachtet, wie sie zum ersten Mal versuchen zu laufen? Ihre Füße sind noch sehr klein und ihre Schritte unsicher, wankend. Meistens enden die ersten Gehversuche darin, dass die Kinder unsanft auf die Nase fallen oder auf ihren Windelpo plumpsen. Die Beinchen, auf denen sie stehen, sind noch sehr wackelig.

Fundamente sind nichts Glamouröses. Wohn- und Lifestyle-Magazine heben selten die Kunstfertigkeit eines Hausunterbaus hervor, aber ich versichere Ihnen, dass die Konstruktion meisterhaft ist. Um ein Fundament zu legen, müssen Bauherren Gruben ausheben. Selbst bei einer so filigranen Tätigkeit wie der Gartenarbeit kann nichts gepflanzt werden oder sprießen, wenn nicht der Gärtner zuvor ein Loch in die Erde gegraben hat, wo er den Pflanzensamen hineinlegt. So gibt er dem Samen ein Fundament, auf dem er wachsen kann.

Wir haben unser Haus vor mehr als siebzehn Jahren gebaut. Ich war selbst dabei, als der Graben für das Fundament ausgehoben wurde. Dann erhielten wir die schlechte Nachricht, dass auf der einen Seite des Grundstücks „schlechter Untergrund" war und dass die Bauarbeiter noch drei Meter tiefer graben mussten. Unser Bauleiter hatte jedoch gerade genug Beton für die übliche Fundamenttiefe von rund 60 Zentimetern bestellt. Als der Tag zur Nacht wurde, beendete das Baustellenteam die Arbeit: Der Beton hatte gerade so ausgereicht, auch wenn auf der Seite unseres Fundaments ein paar Löcher klafften.

Als wir nach Hause fuhren, spürte ich, wie Jesus leise bei mir anklopfte und zu meinem Herzen sagte: Um ein starkes geistliches Fundament zu haben, ist es entscheidend, dass wir all den „schlechten Untergrund" in unserem Leben ausgraben und ihm übergeben. Unter Jesu Aufsicht müssen wir die „Drecksarbeit" nicht scheuen. Laden wir ihn ein, uns zu helfen, den Schmutz unseres Lebens Stück für Stück zu beseitigen.

Zweimal wird Jesus in Jesaja als ein Eckstein und ein sicheres Fundament beschrieben. „Ein gutes Fundament, ein kostbarer Eckstein" (28,16) und „ein reicher Vorrat an Rettung, Weisheit und Erkenntnis" (33,6). Wenn kein Zweifel an der Stabilität eines starken Fundaments besteht, kann darauf ein wunderbares Kunstwerk erschaffen werden. Und Gott hat unendliche Freude daran, durch die Kunst seiner Hände seine Kinder zu erschaffen, auszugestalten und zu verzieren. In den über fünfzig Jahren meines Lebens hatte ich schon eine Menge „schlechten Untergrund" auszugraben und zu beseitigen. Mein Gebet ist, dass wir den „Schmutz" in unserem Leben weder fürchten noch verstecken. Dass wir vor dem Ausgraben nicht zurückschrecken, sondern dem Herrn erlauben, die notwendige Arbeit zu tun und mit seiner Gnade und Barmherzigkeit ein solides Fundament zu legen.

Gibt es Risse in Ihrem Fundament? Wird Ihr Eckstein auf die Probe gestellt? Wo wäre es dran, mit Gottes Hilfe Dinge auszugraben und auszuräumen?

Lieber Herr, du hast ein festes Fundament für mich gelegt, aus dem mein Leben lang Schönheit und Freude für mich erwachsen können. Ich bitte dich von Herzen: Hilf mir, diesen soliden Grund zu spüren, wohin mich mein Weg auch immer führen mag.

11
Stille

Der HERR wird für euch streiten,
und ihr werdet stille sein.

2. Mose 14,14 (LUT)

Stille

Ich reise für mein Leben gern nach New York City. Na ja, zumindest verbringe ich gern ab und zu ein paar Tage dort. Dann zieht es mich wieder nach Hause. Denn der Lärm dort – der dichte Verkehr, die vielen Baustellen, das dauernde Hupkonzert, die Menschenmassen –, all das zerrt an meinen Nerven. Die Geräuschkulisse nimmt meinen Kopf vollkommen in Beschlag und erstickt alles andere. Lärm blockiert unser Urteilsvermögen, zerstreut die Gedanken und macht weise Entscheidungen unmöglich.

Selbst wenn Sie ganz allein sind, können Sie von ständigem Lärm umgeben sein: der laufende Fernseher, unablässig hereinströmende Textnachrichten, ein überquellendes E-Mail-Postfach, destruktive Gedanken. Wir schaffen es kaum, einfach einmal innezuhalten. Genau dazu aber fordert uns Gott in seinem Wort immer wieder auf: still und ruhig zu werden.

Thomas von Kempen (1380–1471) drückte es in seinem Buch „Von der Nachfolge Christi" mit diesen kraftvollen Worten aus: „Selig die Ohren, die das Einströmen seines göttlichen Wisperns in sich aufnehmen und auf die Zuflüsterungen der Welt nicht merken." Wie einleuchtend! Wie oft habe ich schon einen leisen Wink, ja sogar eine sanfte Ermunterung des Heiligen Geistes überhört, weil der Lärm der Welt mir zu laut in den Ohren klang?

Gott hat es nicht nötig zu schreien, schon gar nicht am lautesten von allen; denn sein Wort ist mächtiger als alles andere. Er braucht nicht zu brüllen, zu fordern und aufzustampfen, weil er *ist*. Er ist alles. Nichts im gesamten Kosmos spricht deutlicher als seine sanfte Stimme.

Als ich mal mit Kolleginnen zusammensaß, scherzten wir, dass der geistlichste Ort in unseren Häusern wahrscheinlich die Dusche sei, weil es dort am ruhigsten ist.

Prüfen Sie doch einmal den Geräuschpegel in Ihrem Leben. Suchen Sie sich einen ruhigen Ort – wo auch immer er sein mag, im wörtlichen und im übertragenen Sinn. Nehmen Sie sich heraus aus der Geschäftigkeit und dem dröhnenden Getriebe der Welt und gehen Sie in die Stille. Dort werden Sie Gottes Herzschlag spüren und seine Stimme vernehmen, die durch die Störgeräusche und den Lärm in Ihrem Inneren hindurch an Ihr Ohr dringt.

Wann waren Sie zum letzten Mal still? Ich lade Sie dazu ein, einen Augenblick die Augen zu schließen und ruhig zu werden. Zu schweigen. Die Gegenwart Gottes bewusst wahrzunehmen.

Lieber Vater, mein Leben ist mit zu viel Geschäftigkeit, Lärm und Chaos gefüllt. Die Dinge, die meine Aufmerksamkeit beanspruchen, zehren mich auf. Danke für deine leise, sanfte Stimme, die durch den Lärm hindurch direkt in mein Herz dringt. Hilf mir heute, Raum zu finden, um vor dir still zu sein, vor dir zu schweigen, dass ich in dem Frieden ruhen kann, den nur du mir geben kannst.

12

Gemeinschaft

Was ergibt sich aus dem allem für eure
Zusammenkünfte, Geschwister?
Es steht jedem frei, etwas beizutragen –
ein Lied oder eine Lehre oder eine Botschaft,
die Gott ihm offenbart hat,
oder ein Gebet in einer von Gott eingegebenen Sprache
oder dessen Wiedergabe in verständlichen Worten.
Aber jedem soll es darum gehen,
dass alle einen Gewinn für ihren Glauben haben.

1. Korinther 14,26

Gemeinschaft

Manchmal könnte ich mir stundenlang Instagram-Storys anschauen und durch meinen Feed scrollen. Ich liebe es, durch die Fotos und Videos am Leben meiner Freunde und Bekannten teilzuhaben.

Es ist wirklich faszinierend, wie unkompliziert man durch die sozialen Medien mit anderen in Verbindung bleiben kann. Und doch frage ich mich manchmal, ob dieses mühelose In-Kontakt-Sein nicht doch unsere echten, wahren, persönlichen Beziehungen beeinträchtigt.

Sprüche 27,17 sagt: „Wie man Eisen durch Eisen schleift, so schleift ein Mensch den Charakter eines anderen“ (Hfa). Die Bibel sagt also nicht: „Wie man einen Menschen durch Instagram oder Facebook schleift ...“ Nein. Sie spricht von Metall, das Metall schleift, und dies kann nur dort geschehen, wo es in direkten Kontakt mit einem anderen Stück Metall kommt.

Dieses gegenseitige Schleifen geschieht persönlich – in unmittelbarer Gemeinschaft – beim gemeinsamen Essen, Arbeiten, Leben, in Gesprächen und Kleingruppen. Sosehr ich den Austausch in den sozialen Medien schätze – den wahren Menschen, die sich hinter den Accounts verbergen, begegne ich dort nicht. Ich aber möchte meine Beziehungen immer bewusster leben.

Kürzlich traf ich mich mit einer Freundin zum Kaffee. Wir waren uns zufällig in einem Restaurant begegnet und stellten fest, wie gerne wir wieder einmal ausführlich miteinander plaudern würden. Ich erinnerte sie (und mich) daran, dass unser voller Terminkalender uns nicht davon abhalten dürfe. Letztlich muss man sich die Zeit füreinander einfach nehmen und sie fest einplanen. Wir vereinbarten also an Ort und Stelle einen Termin. Wie haben wir dann den gemeinsamen Vormittag genossen! Es war herrlich und so belebend – für uns beide.

Das neutestamentliche Wort für „Gemeinschaft" ist *koinonia,* was etwa so viel bedeutet wie „zum gegenseitigen Nutzen zusammenkommen". Gott hat uns erschaffen, damit wir Gemeinschaft miteinander haben. Er hat jeden von uns ganz persönlich ausgewählt und mit gutem Grund an den Platz gestellt, an dem wir sind, umgeben von ganz bestimmten Menschen, die er uns geschenkt hat. Kein Instagram-Filter, der uns ein makelloses Aussehen schenkt, und keine noch so große Anzahl an Likes kann dem etwas hinzufügen oder wegnehmen.

Es liegt in meiner Verantwortung, die Freude über mein persönliches Umfeld zu bewahren. Wichtig ist allein, was Gott über mich denkt. Und dass ich echte Gemeinschaft mit den Menschen erleben kann, mit denen er mir Begegnung schenkt.

Ich möchte Sie ermutigen, sich bewusst Zeit zu nehmen für die Menschen, mit denen Gott Sie zusammengestellt hat. Menschen, die Ihnen guttun und denen Sie guttun können. Menschen, bei denen Sie ganz Sie selbst sein und Anteil geben dürfen, wie Gott in Ihrem Leben wirkt.

Lieber Herr, danke für die vielen Menschen auf dieser Erde. Du hast jeden Einzelnen zur Gemeinschaft geschaffen. Danke für die vielen Gelegenheiten, bei denen ich Unterstützung und Ermutigung durch andere erfahren darf, durch Menschen, in denen deine göttliche Zuwendung zu uns wie ein Streiflicht aufleuchtet. Stärke meine Beziehungen und hilf mir, den Menschen um mich herum eine echte Freundin zu sein und meinen Glauben mit ihnen zu teilen.

13
Hoffnung

Diese Hoffnung ist für uns
ein sicherer und fester Anker,
der hineinreicht in den himmlischen Tempel,
bis ins Allerheiligste hinter dem Vorhang.

Hebräer 6,19 (Hfa)

Hoffnung

Vor ein paar Jahren verbrachten mein Mann Clark und ich mit einer Gruppe von Zwölftklässlern eine wunderschöne Zeit in der Karibik, wo wir die Britischen Jungferninseln per Boot erkundeten. Es war eine Reise, wie man sie nur einmal im Leben macht: atemberaubende Landschaften, eine echte Auszeit von unserem technikdominierten Alltag und ein fast schon unwirkliches Gefühl des Friedens.

Diese Reise bot uns die einmalige Gelegenheit, mit den Jugendlichen über ihre Zukunft zu sprechen. Als Schüler der Abschlussklasse standen sie alle an der Schwelle zum Erwachsenwerden. Wenn unsere Boote an einer Boje festgemacht waren oder in einer Bucht vor Anker lagen, nahmen wir uns Zeit, darüber nachzudenken, was ihnen in ihrem Leben Halt geben konnte – unabhängig von der Zukunft, die auf sie wartete.

Ohne den Anker des Glaubens, so erklärte ich ihnen, würden sie von den Stürmen und Wellen des Lebens haltlos umhergetrieben. Ihr sicherster Anker sei die Hoffnung, die Gott ihnen schenke. Seine Liebe trägt uns durch ruhige und stürmische Zeiten. Der Schöpfer, der jede einzelne Welle malt und den Meeren befiehlt, still zu werden, möchte selbst unser Anker sein. Inmitten der aufgewühlten Gewässer dürfen wir dieses Angebot ergreifen.

Gut, dass unser Boot damals einen Anker hatte. Wir konnten an Land gehen, wann und wo wir wollten, und brauchten uns keine Sorgen zu machen, von unserem Halteplatz abgetrieben zu werden. So konnten wir unsere Landgänge unbeschwert genießen. Der Anker war keine Einschränkung. Ganz im Gegenteil – er gab uns die Möglichkeit, unsere Zeit voll auszukosten.

Ein verankerter Glaube wird Ihr Leben nicht aufhalten, sondern Ihnen die Freiheit geben, hoffnungsvoll von einer Lebensphase zur nächsten zu gehen, ohne Angst haben zu müssen, an Ihrem Zielhafen vorbeizutreiben.

Zwischen ausgelassenen Momenten – was haben wir gelacht! – und intensiven Gesprächen über lebensspendende Wahrheiten konnte ich beobachten, wie sich diese aufblühenden jungen Seelen in der warmen Sonne der Jungferninseln auf eine Zukunft vorbereiteten, die sicher auch so manche Wolkentage mit sich bringen würde.

Mein Gebet ist, dass die jungen Leute – und auch Sie – nie vergessen, dass es einen Gott gibt, der uns liebt. Wir sind nicht einfach Treibgut, das im Meer des Lebens ziellos umhergeworfen wird. Wir sind in ihm verankert und er hat Gutes für unsere Zukunft geplant.

Welche geheimen Hoffnungen haben Sie vor Gott bisher vielleicht zurückgehalten? Er kennt Ihr Herz und wartet nur darauf, dass Sie ihn bitten.

Lieber Herr, danke für den Anker, der du für mich bist. Danke, dass ich auch angesichts scheinbar unüberwindlicher Widrigkeiten eine beständige Hoffnung habe. Ohne sie, o Gott, würde ich haltlos dahintreiben. Aber das Geschenk der Hoffnung zieht mich immer wieder zurück zu dir. Hilf mir, die Hoffnung neu zu finden, wenn ich meine, sie verloren zu haben. Hilf mir, den Zug des Ankers zu spüren, der mich bei dir hält.

14

Sich verbinden

Wenn ihr dann zu mir ruft,
wenn ihr kommt
und zu mir betet,
will ich euch erhören.

Jeremia 29,12 (Hfa)

Sich verbinden

Verbunden sein ist ein sehr aktuelles Thema. Wir sind heutzutage so gut vernetzt wie nie zuvor. Die meisten von uns haben sogar mehrere Geräte, über die wir in Sekunden mit anderen Kontakt aufnehmen können. Menschen in den entferntesten Winkeln der Welt sind nur einen Tastendruck oder ein Fingerwischen weit entfernt.

Zwei meiner vier Kinder haben vor einiger Zeit eine fantastische Reise unternommen, die um die halbe Welt ging. Trotzdem konnten wir uns jeden Tag über FaceTime sehen und sprechen. Auf meinem Bildschirm konnte ich genau erkennen, wo sie gerade waren, und teilhaben an der Schönheit der Gegenden, die sie bereisten. Ihre Zeitzone war unserer um einen halben Tag voraus, sodass ich in gewisser Weise in die Zukunft blickte.

Über FaceTime erlebte ich mit meiner Tochter schwierige Momente genauso wie Augenblicke puren Glücks. Ich kann mich noch sehr gut daran erinnern, wie ich diesem Videoanruf jeden Tag entgegenfieberte.

Das erinnert mich an unseren Gott. Sie kennen ihn – den Einen. Den Gott, der uns dazu geschaffen hat, miteinander verbunden zu sein. Er schuf Adam und Eva zur Gemeinschaft mit ihm und untereinander. Wir wurden also buchstäblich zur hellen Freude an unseren Beziehungen geschaffen.

Können Sie sich vor diesem Hintergrund vorstellen, wie er sich danach sehnt, dass wir alle jeden Tag mit ihm Verbindung aufnehmen? Wie könnte das aussehen?

Sehen Sie, ich bin auch nur ein Mensch. Es gibt Tage, da stehe ich auf, kuschle mich in meinen Sessel, schlage meine Bibel auf, schreibe Tagebuch und bete. An anderen Tagen aber wache ich schon gestresst auf und fliege förmlich zur Tür hinaus. Die Zeiten, an denen ich alles andere ausblenden und ohne Ablenkung tiefer in Gottes Wort eindringen kann, an denen ich innerlich still werde und Ruhe finde zum Beten, sind wirklich die wertvollsten. Hier erlebe ich eine wunderbare Nähe zu unserem lebendigen Schöpfer und spüre seinen Atem. Dies sind die Momente, die meine Seele auftanken lassen, mich lebendig halten und meine Lebensqualität spürbar steigern. Ich fühle mich dann ausgeruht und gestärkt, statt erschöpft und erschlagen.

Möchten Sie sich heute Zeit nehmen, um Verbindung mit Ihrem Schöpfer aufzunehmen? Beim Beten oder beim Meditieren seines Wortes können Sie Ihre Beziehung zu Gott pflegen und erleben, wie er Ihnen den ganzen Tag über nahe sein will. Sie werden einen wesentlichen Gewinn an Lebensqualität erfahren.

Lieber Vater, du hast dich heute mit mir verbunden; so wie gestern und an allen Tagen, die hinter mir und noch vor mir liegen. Du hast dich nach mir ausgestreckt, um Gemeinschaft mit mir zu haben. Danke, dass ich jederzeit zu dir kommen, mich bei dir ausruhen und auftanken darf.

15

Schaffen

Beide hat er mit vielerlei Begabungen ausgestattet. Sie können Holz und Metall bearbeiten sowie Stoffe weben und besticken. Sie können blaue, purpurfarbene und karmesinrote Wollfäden und weiße Leinengarne verarbeiten. Sie sind in der Lage, für alles Entwürfe zu machen und sie auszuführen.

2. Mose 35,35

Schaffen

Als ich ein Mädchen war, habe ich viele kreative Dinge gemacht. Ich gestaltete Notizbücher, modellierte ein Sparschwein aus Pappmaschee und vieles mehr. Auch Schreiben faszinierte mich. Ich hatte eine blühende Fantasie und wusste schon damals, dass ich eines Tages irgendwas mit Kunst oder Büchern zu meinem Beruf machen würde. Ich konnte stundenlang vor mich hin kritzeln. In der dritten Klasse schrieb ich einen Aufsatz, der mit den Worten begann: „Wenn ich groß bin, werde ich Künstlerin." In leuchtenden Farben schilderte ich darin meinen Traum von einer künstlerischen Karriere.

Bis heute begeistert es mich, wenn Kinder mir ihre Herzensträume erzählen. Von Pablo Picasso stammt der berühmte Satz: „Jedes Kind ist ein Künstler. Das Problem ist, ein Künstler zu bleiben, wenn du erwachsen bist."

Auf der Highschool war ich schon in einer der oberen Klassen, als ich im Fach Bildende Kunst eine Vier bekam. An diesem Punkt dachte ich, ich müsse meinen Traum begraben. Ich verstand die Welt nicht mehr. Zugegeben, in der Theorie war ich vielleicht nicht so herausragend … aber dass mein Traum gerade am *gestalterischen Teil* scheitern sollte? Das konnte einfach nicht sein!

In meinem Atelier trete ich manchmal mit einer klaren Vorstellung an die Leinwand. Vor meinem inneren Auge sehe ich einen Engel mit ausgebreiteten Flügeln und leeren Händen. Aber wenn ich mich beim Malen von der Anbetungsmusik im Hintergrund inspirieren lasse, wird dann doch ein Engel mit zusammengelegten Flügeln daraus, der zum Lob des Herrn auf seiner Geige spielt, ganz anders als ursprünglich gedacht. Gott benutzt solche scheinbaren Umwege manchmal bis ins kleinste Detail, um eine ganz bestimmte Person zu ermutigen, ohne dass ich die Gründe dafür in diesem Moment erfassen könnte.

Damals im Kunstunterricht war ich im Glauben noch nicht so tief verwurzelt. Zweifel schlichen sich in mein Herz und ich fragte mich, ob ich Gott wohl missverstanden hatte. Ich ging sogar so weit, *meinerseits* einen Umweg zu wählen: Ich studierte Grundschulpädagogik. Später unterrichtete ich eine dritte Klasse. In diesen Jahren war ich mit Leib und Seele für die Kinder da und ermutigte sie, ihren kühnsten Hoffnungen und fernsten Träumen zu folgen.

Unser Gott ist der ultimative Schöpfer, der in jedem von uns ganz eigene kreative Ausdrucksmöglichkeiten angelegt hat. Ich füge mich ein in diesen Schaffensprozess und weiß, dass ich nicht durch Noten und Beurteilungen festgelegt bin. Ich kann voller Zuversicht in dem Bewusstsein leben, dass die Vision des Schöpfers für mein Leben jedes menschliche Urteil weit übersteigt.

Gott hat jeden von uns nach seinem Ebenbild geschaffen und unser großer Schöpfer lässt uns an seiner Kreativität teilhaben.

Wie drücken Sie sich schöpferisch aus? Im Zubereiten eines leckeren Essens? In geschmackvoller Kleidung? Durch eine hübsche Einrichtung oder technischen Erfindergeist? Gott hat Ihnen kreative Ausdrucksmöglichkeiten anvertraut. Entwickeln Sie sie weiter, zeigen Sie sie der Welt um Sie herum!

Danke, du großer Gott, dass du mich geschaffen hast. Danke, dass du den Wunsch und die Fähigkeit, schöpferisch tätig zu werden, auch in mein Herz gelegt hast. Ich möchte es nie vergessen: Wenn ich etwas Schönes schaffe, dann nur aus dir heraus, und wenn mir etwas misslingt, dann kannst du es wiedergutmachen. Danke für die vielen kleinen Dinge, die mir jeden Tag Zeugnis geben von deiner schöpferischen Kraft.

16

Zeuge

Was für eine Freude ist es,
die kommen zu sehen,
die eine gute Nachricht bringen!

Römer 10,15

Zeuge

Ich weiß nicht, wie viel Sie auf Persönlichkeitstests geben, zum Beispiel den Myers-Briggs-Typenindikator, das Enneagramm oder einfach Psychotests in irgendwelchen Zeitschriften. Wie dem auch sei – für mich steht eines fest: Jeder von uns hat eine ganz individuelle Persönlichkeit.

Meine beste Freundin kann im Flugzeug neben einem wildfremden Menschen sitzen – schon kurz nach dem Abheben hat sie ihn in ein Gespräch verwickelt und kennt nach fünf Minuten seine Lebensgeschichte. Wahrscheinlich hat sie ihm bis dahin auch schon Zeugnis gegeben von einem lebendigen Jesus, der in jeder Situation gegenwärtig ist. Und wenn sie aus dem Flugzeug steigt, hat sie ihren Freundeskreis um einen Menschen erweitert.

Bei mir ... nun ja ... ist das etwas anders. Ich komme im Flugzeug nicht so leicht mit Menschen ins Gespräch. Die Signale, die ich aussende, erschweren den Kontakt eher. Wenn ich ein Schild an meiner Stirn hätte, dann würde in Leuchtschrift draufstehen: „Ich will nicht reden. Bitte nicht stören." Manchmal fühle ich mich fast schon ein wenig schuldig, dass ich nicht immer bereit bin, mich anderen gegenüber zu öffnen und Zeugnis abzulegen. Aber es wird mir dann auch immer wieder bewusst, dass Gott jeden von uns mit einer individuellen Persönlichkeit geschaffen hat, zu der auch unsere ganz eigenen geistlichen Gaben gehören.

Der Wunsch, die gleichen Gaben wie meine Freundin oder wie irgendjemand aus den sozialen Medien zu haben, bringt mich nicht weiter. Meine Aufgabe ist es, den Herrn zu fragen, was er mir gegeben hat. Wenn wir nah bei ihm sind, dann wird schon unser Handeln zum Zeugnis.

Ich liebe den Satz: „Predige das Evangelium bei jeder Gelegenheit. Wenn nötig, gebrauche dazu Worte." In der heutigen Welt, in der so viel Dunkelheit und Unzufriedenheit herrscht, können wir alle lernen, das Evangelium zu bezeugen, können strahlendes Licht und Boten der Guten Nachricht sein. Im Flugzeug gelingt mir das vielleicht (noch) nicht so gut. Aber immer, wenn jemand meine Galerie oder mein Atelier betritt, erzähle ich begeistert und mit leuchtenden Augen von dem, was Gott in meinem Leben getan hat.

Wenn Sie also gerne reden, dann reden Sie! Verbreiten Sie die Gute Nachricht über das, was Gott an Ihnen getan hat und durch welche schwierigen Lebenssituationen er Ihnen hindurchgeholfen hat. Wenn Sie aber eher ein stiller Typ sind, dann ist das genauso in Ordnung. Sie können auch ohne Worte ein Zeuge sein – vielleicht wenn Sie der Kassiererin im Supermarkt ein freundliches Lächeln schenken oder der Nachbarin im Vorbeigehen zuwinken.

Denken Sie doch einmal darüber nach, auf welche Weise Sie genau so, wie Sie sind – mit Ihren Gaben und Ihrer Persönlichkeit –, ein Zeuge für das Reich Gottes sein können.

Lieber Vater, ich bitte dich um Kraft und Freude, dich zu bezeugen. Bitte befreie mich von Unsicherheit und Angst, die mich zu oft verstummen lassen. Schicke mir immer wieder Menschen über den Weg, denen ich zum Boten deiner Guten Nachricht werden kann. Und ich bitte dich um Mut und die richtigen Worte im richtigen Moment.

17
Anbetung

„Würdig bist du, Herr, unser Gott, Ruhm
und Ehre zu empfangen und für deine Macht
gepriesen zu werden! Denn du bist
der Schöpfer aller Dinge;
nach deinem Willen wurde alles ins Dasein
gerufen und erschaffen."

Offenbarung 4,11

Anbetung

Wenn Sie das Wort Anbetung hören – was löst es in Ihrem Herzen aus? Es ist ein großes Wort, das mit einer ebenso großen Verantwortung verbunden ist. Denn Anbetung ist weit mehr, als sonntags in die Kirche zu gehen – selbst wenn wir das treu und regelmäßig tun – oder im Gottesdienst Lieder zu singen.

Einen heiligen Gott können wir nur in der richtigen Herzenshaltung – mit reinen Herzen – anbeten. Treten wir deshalb vor unseren gerechten Gott und bitten wir ihn, uns von allem zu reinigen, was uns von ihm trennt.

Auch für mich ist das jeden Tag neu dran. Und was hat sich alles angehäuft: Sorgen, Angst, mangelnde Selbstbeherrschung, Ablenkung und vieles mehr. Erst wenn ich all dies vor ihm abgelegt habe, kann der Geist der Anbetung Herz und Seele erfassen.

In Römer 12,1 ist das griechische Wort für Anbetung *latreia*, was so viel bedeutet wie „Gottesdienst und Verehrung Gottes".

Haben Sie schon einmal darüber nachgedacht, in welch vielfältiger Weise wir unsere Anbetung Gott gegenüber ausdrücken können? Wir loben Gott in der Musik, im Gebet, in Preis und Dank, im Lesen der Bibel, in dem, was wir geben, wo wir dienen, unsere Sünden bekennen oder draußen in der Natur über seine Schöpfung staunen. Ob mit hoch erhobenen Händen oder auf den Knien im stillen Kämmerlein, ob wir klatschen oder tanzen, auf einem Laufband laufen, gemütlich im Sessel sitzen oder dicht gedrängt in der U-Bahn stehen – ob in der Stille oder im Chaos –, wir können ihn anbeten und ihm für alles danken, was er in unserem Leben tut.

Ich selbst bete Gott am liebsten durch Musik an. Wenn ich in meinem Atelier beim Malen Anbetungslieder höre, erlebe ich heilige Momente. Ich lasse die Worte der Lieder tief in meine Seele dringen und preise unseren treuen Gott, dessen größtes Verlangen es ist, mit Ihnen und mir verbunden zu sein.

Die Schrift sagt: „Ja, erweist dem Herrn die Ehre, die seinem Namen gebührt“ (Psalm 96,8). Gott hat es versprochen: Wenn wir ihn so anbeten, wird er kommen und Gemeinschaft mit uns haben. Unser Innerstes wird ihm immer ähnlicher; das ist seine Antwort auf unsere Anbetung.

Ganz gleich, wo Sie gerade stehen – ich möchte Sie dazu einladen, heute über dieses Wort nachzudenken. Wie beten Sie ihn an? Entdecken Sie Anbetung als wunderbares Geschenk und erleben Sie, wie sie Ihre Beziehung zu Gott bereichert.

Du großer Gott, ich will dich von ganzem Herzen anbeten. Ich erbitte heute nichts von dir, sondern möchte mir Zeit nehmen, um dir für deine Vollkommenheit zu danken. Du bist mächtig und weise, bist gegenwärtig in deiner Liebe. Danke, dass du mir so viele Möglichkeiten schenkst, dich anzubeten – durch Musik, meine Arbeit, mein Zuhause und meine Gebete. Du meinst es gut mit mir. Ich liebe dich. Amen.

18

Dankbarkeit

Dankt dem Herrn, denn er ist freundlich,
ja, ewig währt seine Güte.

Psalm 136,1

Dankbarkeit

Es war Abend. Ich stand in der Küche und kochte Hühnersuppe mit mexikanischen Käse-Tortillas. Außer meinem Teenager war sonst niemand zu Hause. Der aber steckte kurz den Kopf zur Küchentür herein und verkündete, dass er *das da* ganz bestimmt nicht essen würde. Und schon war er wieder draußen und ich hörte ihn die Treppe in sein Zimmer hinaufspringen.

Ich rief ihm hinterher und bat ihn, doch zumindest zu probieren, was ich gekocht hatte. „Stell dir mal vor, du hast in eine Hausarbeit richtig viel Zeit gesteckt. Du weißt, dass sie gut ist, und bist dir ganz sicher, dass du eine Eins dafür bekommst. Dein Lehrer aber wirft nicht einmal einen Blick drauf und gibt dir einfach eine Sechs. Was meinst du, wie du dich da fühlst?", versuchte ich ihm zu erklären, wie es mir ging. Wenn ich nach einem langen Arbeitstag für meine Familie koche und keiner will auch nur reinkommen und davon probieren, dann ist es für mich, als hätte ich eine glatte Sechs kassiert, obwohl ich mein Bestes gegeben habe. Ich freute mich sehr, als mein Sohn sich daraufhin tatsächlich zu mir setzte. Nach dem ersten Bissen sah er auf und meinte, dass das Essen eigentlich ziemlich gut sei. Wenig später hatte mein Teenager seinen Teller restlos leer gegessen. Eine Stunde danach bekam ich eine WhatsApp: „Mom, danke für das leckere Essen."

Dankbarkeit. Sie beginnt bei den ganz kleinen Dingen im Leben. Dankbarkeit ist ein Gefühl, aber gleichzeitig auch ein aktiver Schritt. Es reicht nicht zu *wissen,* dass wir dankbar sind. Dankbarkeit muss auch einen Ausdruck finden – durch Gesten, ermutigende Worte oder Taten.

William Arthur Ward drückte es einmal passend aus: „Dankbarkeit kann ganz normale Tage in ein Erntedankfest verwandeln, es kann Freude in Routinearbeiten hineinbringen und uns bei ganz gewöhnlichen Anlässen Segen erfahren lassen.“ Für mich beginnt Dankbarkeit damit, ganz bewusst Danke zu sagen. Dabei hilft es mir, auch kleine Dinge, in denen ich Gottes Segen erlebe, in meinem Tagebuch festzuhalten.

Der schwerste – und tiefste – Part der Dankbarkeit ist es, Gott für alle Dinge zu danken, selbst für Widrigkeiten; denn in solchen Zeiten wachsen und lernen wir. Die Schrift verspricht uns, dass denen, die Gott lieben, alle Dinge zum Besten dienen müssen; und in dem einfachen Wort „alle“ sind auch schwierige Lebensumstände inbegriffen. Studien zeigen: Je dankbarer ein Mensch ist, desto gesünder ist er.

Wie üben Sie in Ihrem täglichen Leben Dankbarkeit ein? Wofür haben Sie in letzter Zeit vergessen, dankbar zu sein? Welche Dinge halten Sie für selbstverständlich und würden sie doch sehr vermissen, wenn Sie sie entbehren müssten?

Du großer Gott, ich danke dir heute für die alltäglichen Dinge in meinem Leben, für die ich dir bisher nicht immer dankbar war. Danke für meinen langen Arbeitsweg. Du hast mir eine Arbeitsstelle geschenkt und die Gelegenheit, auf dem Weg dorthin Zeit mit dir zu verbringen. Danke für meine quengelnden Kinder. Sie mögen nicht vollkommen sein, aber wenn ich sie ansehe, ahne ich, wie sehr du uns liebst und auch an schlechten Tagen unser Potenzial erkennst. Danke – du versorgst uns mit so vielem, dass es sogar Dinge gibt, die wir für selbstverständlich halten.

19

Ruhe

„Kommt zu mir, ihr alle, die ihr euch plagt
und von eurer Last fast erdrückt werdet;
ich werde sie euch abnehmen."

Matthäus 11,28

Ruhe

In einem meiner Wörterbücher ist das Wort Ruhe beschrieben mit „Entlastung oder Freiheit, insbesondere von etwas, das ermüdet, Sorge bereitet oder stört“. Klingt gut, oder? Gibt es etwas, das Sie ermüdet? Ihnen Sorge bereitet? Sie stört? Kennen wir das nicht alle?

Bei all dem, was uns kleine oder große Sorgen macht, ist es gut, uns daran zu erinnern, was Gott getan hat – in unserem Leben, aber auch zu biblischen Zeiten. Er befreite Mose und die Israeliten aus der Sklaverei, auch wenn sie danach erst mal vierzig Jahre durch die Wüste wandern mussten. Er gab ihnen Verheißungen über ein neues Leben, das auf sie wartete.

Nach vielen Jahren der Unfruchtbarkeit schenkte Gott Hannah ein Kind.

Obwohl Lazarus schon tot im Grab lag und alles verloren zu sein schien, erweckte Jesus ihn zu neuem Leben.

Wir können die Schmerzen, die wir durchleiden, durchlitten haben oder noch durchleiden müssen, nicht leugnen. Doch wenn wir gläubig sind, haben wir trotzdem etwas Wertvolles: Wir können uns an Gottes Treue erinnern, ihm danken und uns auf seine Gnade werfen.

Das eröffnet uns den Weg, in ihm Ruhe zu finden. Ich glaube, dass wir Ruhe letztlich nur erleben können, wenn Jesus unsere Mitte ist. In diese heilige Mitte kommen wir, wenn wir ihm bedingungslos vertrauen.

Erleben Sie Unfruchtbarkeit? Denken Sie an Hannahs Gebet im Buch Samuel. Sind Sie niedergeschlagen? Erinnern Sie sich, wie Gott Elia gestärkt und wieder aufgerichtet hat, als er am liebsten sterben wollte (1. Könige 19). Fühlen Sie sich wie gefangen? Lesen Sie Paulus' Befreiung aus dem Gefängnis in der Apostelgeschichte nach. Scheint Ihr Leben sinnlos und nicht voranzugehen? Lassen Sie sich von Josef ermutigen, der nach so viel erlittenem Unrecht zu seinen Brüdern sagen kann: „Ihr hattet Böses mit mir vor, aber Gott hat alles zum Guten gewendet“ (1. Mose 50,20). Die Bibel ist voll von solchen Geschichten.

Wenn wir das Licht Christi durch uns hindurchscheinen lassen, werden wir mehr und mehr dazu befähigt, all unsere Hoffnungen, Ängste und Wünsche in die Hände des lebendigen Herrn zu legen, der uns mehr liebt als irgendetwas auf der Welt. Danken wir ihm in jedem Moment des Tages für jede Prüfung und jede Segnung. Wenn wir dahin gekommen sind, finden wir Ruhe und können dem vertrauen, der uns alles zum Besten dienen lässt.

Wofür brauchen Sie heute Entlastung? Welche Sorge wollen Sie ablegen? Sagen Sie es unserem großen Gott.

Lieber Herr, danke, dass du die Dinge aus meiner Hand und von meinen Schultern nimmst, die mir zu schwer sind. Danke für deine Zusage, dass ich meine Lasten nicht alleine tragen muss. Danke, Herr, dass du mir ein Heiligtum und einen Zufluchtsort gibst, wenn ich mich von der Welt überfordert fühle. Danke, dass du mir Ruhe schenkst.

20

Gewissheit

Deshalb wollen wir mit ungeteilter Hingabe und
voller Vertrauen und Zuversicht vor Gott treten.
Wir sind ja in unserem Innersten mit dem Blut
Jesu besprengt und dadurch von unserem
schuldbeladenen Gewissen befreit;
wir sind – bildlich gesprochen – am ganzen
Körper mit reinem Wasser gewaschen.

Hebräer 10,22

Gewissheit

Es gibt nur wenige Dinge, die wirklich zeitlos sind: das kleine Schwarze. Ein Kunstwerk. Klassische Musik. Wahrscheinlich eher nicht die Popkultur-Ikonen, die heutzutage die Schlagzeilen beherrschen.

Die Welt verändert sich ständig. Und auch unsere Familiendynamik erlebt immer wieder einen spürbaren Wandel. Einst tönten in unserem Haus die Stimmen von Krabbelkindern; seit auch unser Jüngster das elterliche Nest verlassen hat, ist es merklich leiser geworden. Was früher nur ein Hobby war – Malen im heimischen Atelier –, hat sich mittlerweile zu einem richtigen Unternehmen entwickelt, das immer mehr wächst und mich Vollzeit beschäftigt.

Veränderungen wirbeln mein Leben immer wieder auf. Gleichzeitig erinnern sie mich daran, dass wir einem Gott dienen, der unwandelbar ist. Er bleibt immer derselbe. Jeden Tag halte ich mich an seinem Wort aus dem Jesaja-Buch fest: Seine Gebote sind zeitlos und „gültig für immer und ewig“ (Jesaja 40,8 Hfa).

Gottes Wort ist nicht nur wahr, es besteht auch für immer. In Prediger 3 schreibt Salomo, alles unter der Sonne habe seine Zeit – alles außer dem Einen, der diese Sonne schuf.

Ganz egal, welche Veränderungen uns bevorstehen – die Freude, bald ein neues Familienmitglied willkommen zu heißen, oder der tiefe Schmerz, wenn sich kein Nachwuchs einstellt; das wunderbare Glück, den Bund fürs Leben zu schließen, oder der Scherbenhaufen einer zerbrochenen Ehe; das gute Gefühl, gesund zu sein, oder die Sorge über eine beängstigende Diagnose:

Wir dürfen in der tiefen Gewissheit ruhen, dass der Eine, der uns in seiner Hand hält, der Fels in der Brandung ist.

Es ist mein Gebet, dass wir uns ungeachtet der Umstände an unserem Gott festhalten. Er hat versprochen, uns nie zu verlassen. Wir brauchen keine Angst zu haben, Veränderungen zu erleben oder gar aus der Bahn geworfen zu werden. Halten wir uns stattdessen fest an dem Wissen um seine Güte und Wahrheit. Seine Liebe ist unerschütterlich und unwandelbar.

Welche Veränderungen ereignen sich in Ihrem Leben? Wie kommen Sie damit zurecht? Lehnen Sie sich gegen Gott auf oder geben Sie sich ihm hin?

Lieber Vater, hilf mir, nicht vor den Dingen zu erschrecken, die mir widerfahren. Nur weniges ist heutzutage sicher, aber deine immerwährende Liebe gehört dazu. Genau wie dein Friede, der alles Verstehen übersteigt. Öffne mir die Augen für alles, was mir jeden Tag behutsam deine unwandelbare Treue in Erinnerung ruft. Hab Dank dafür.

21
Fülle

Ich aber bin gekommen,
um ihnen Leben zu bringen –
Leben in ganzer Fülle.

Johannes 10,10

Fülle

In Lukas 5,5-7 sagt Simon zu Jesus: „‚Meister, wir haben uns die ganze Nacht abgemüht und haben nichts gefangen. Aber weil du es sagst, will ich die Netze auswerfen.' Das taten sie dann auch, und sie fingen eine solche Menge Fische, dass ihre Netze zu reißen begannen. Deshalb winkten sie den Fischern im anderen Boot, sie sollten kommen und mit anpacken. Zusammen füllten sie die beiden Boote, bis diese schließlich so voll waren, dass sie zu sinken drohten."

Die Jünger waren müde. Sie hatten die ganze Nacht gearbeitet, gegen raue Wellen und leere Netze gekämpft. Wenn Sie Mutter sind, erinnern Sie sich bestimmt an die ersten Nächte (oder eher Monate, wenn wir ehrlich sind ...) mit Ihrem Baby. Sie waren müde. Sie waren die ganze Nacht auf den Beinen und fanden keinen Schlaf. Wenn Sie Teenager haben, dann kennen Sie das auch, dass die Hilflosigkeit der ersten Tage erneut über Sie kommt und Sie nachts manchmal stundenlang wach liegen und Ihre Sorgen im Gebet vor Gott bringen.

Nachdem die Fischer die ganze Nacht vergeblich auf Fischfang gegangen waren, forderte Jesus die Männer auf: „Hey, Leute! Warum werft ihr die Netze nicht einfach jetzt noch einmal aus?" *Jetzt? Am helllichten Tag? Woher sollen wir die Kraft dazu nehmen?* Doch Petrus gehorchte und mit einem Mal standen die Fischer vor einem ganz anderen Problem: Sie kämpften nicht mehr mit leeren Netzen, sie rangen mit Netzen, die zum Zerreißen voll waren!

Der Herr hatte auf ihr erschöpftes inneres Rufen reagiert. Doch die Jünger waren völlig unvorbereitet auf die Fülle, der sie nun gegenüberstanden. Ihre Not schrie zum Himmel – aber waren ihre Herzen auch bereit für die Antwort?

Ich habe immer darum gebetet, eine große Familie haben zu dürfen. Ohne meine vier Kinder wären mir meine Netze unerträglich leer vorgekommen. Aber als Mutter einer Familie mit Teenagern und jungen Erwachsenen hatte ich an so manchen Tagen das Gefühl, meine Netze würden gleich zerreißen.

Ganz gleich, wie meine Umstände sind: Mit der gleichen Aufmerksamkeit, mit der ich meine leeren Netze betrachte, darf ich mich auch auf die versprochene Fülle vorbereiten.

Ich bin dankbar, dass der Herr, der mir die Netze bereitstellt, sie auch füllen wird. Er hat mich zum Fischen aufgerufen und sein Teich ist voll und tief. Egal ob Sie als Lehrerin vor einer Klasse stehen, ob Sie neu sind in Ihrer Firma und darum beten, dort etwas zu bewirken, ob Sie als Hausfrau die Geschicke Ihrer Familie steuern oder nach dem Auszug der Kinder eine neue Rolle zu finden versuchen – der Herr verspricht, Sie zu versorgen, wenn Sie einfach Ihre Netze in seinen Gewässern auswerfen.

Welche Ihrer Netze bitten Sie Gott heute zu füllen? Wie bereiten Sie sich auf die Fülle vor, die die Heilige Schrift verspricht?

Du guter Gott, du kennst die Bereiche in meinem Leben, die sich wie leere Netze anfühlen. Danke, dass du mir in deinem Wort versprichst, dass sie nicht so bleiben müssen. Bitte zeig du mir eine neue Art zu fischen, sodass ich deine ganze Fülle erleben kann. Ich will mich nicht von meiner Erschöpfung oder Mutlosigkeit lähmen lassen. Bitte hilf mir, meine Bedürfnisse als Gelegenheiten zu begreifen, dich auf eine neue Weise zu erfahren.

22

Kraft

Fürchte dich nicht, denn ich stehe dir bei;
hab keine Angst, denn ich bin dein Gott!
Ich mache dich stark, ich helfe dir, mit meiner
siegreichen Hand beschütze ich dich!

Jesaja 41,10

Kraft

Wenn ich am Meer bin, gibt es für mich nichts Schöneres, als mit dem Fahrrad den breiten, ebenen Strand entlangzufahren. An einem wunderschönen Tag schwangen mein Mann und ich uns in den Sattel. Der Himmel war strahlend blau, der Untergrund fest und leicht zu befahren. Rückenwind trieb uns vorwärts.

Aber dann war es an der Zeit umzukehren und nun hieß es, gegen den Wind zu fahren. Jeder Tritt in die Pedale schien meine ganze Kraft, Konzentration und Energie zu erfordern. Ich hatte meine Kondition wohl überschätzt; der Gegenwind brachte mich schnell an meine Grenzen und ich kam längst nicht so gut voran, wie ich gehofft hatte.

Da vernahm ich mitten im tobenden Wind eine sanfte Stimme, die leise in mein Herz flüsterte. Gott erinnerte mich daran: Immer, wenn ich versuche, Dinge aus eigener Kraft zu tun, ist es ein unaufhörlicher Kampf. Überlasse ich mich dagegen ihm und der Kraft seines Heiligen Geistes, dann muss ich mich zwar auch anstrengen und Energie aufwenden, aber da ist auch die Kraft des Windes, der mich vorwärtstreibt.

Wohl dem, der täglich mit Christus unterwegs ist. Wenn die Stürme dieser Welt uns zu überwältigen drohen und der tragfähige Untergrund an der Küste sich in Treibsand verwandelt, dann brauchen wir uns nur umzudrehen, um zu merken: Er ist da. Seine starken Arme und seine tröstende Berührung sind angesichts der Böen der Welt eine sanfte, wohltuende Brise. Seine Verheißungen und sein Wort sind kraftvoll und geben festen Grund.

Ich bin dankbar für einen Gott, dessen Stärke und Wahrheit mich auf den alltäglichen Abenteuern meines Lebens begleitet. Die Gewissheit seiner Gegenwart spricht aus seiner Schöpfung, die unablässig auf den Schöpfer hinweist. Er lädt uns ein, die Blickrichtung zu wechseln und seinen Wind im Rücken zu spüren. Seine Kraft sei unser Fundament.

Wenn Sie auf die bevorstehenden Tage oder Wochen blicken, wo sind Sie auf Gottes Kraft angewiesen? Wo kann Gott Ihnen beistehen und Sie in seine mächtigen, schützenden Arme nehmen?

Lieber Vater, in der heutigen Welt weiß ich oft gar nicht, wem ich trauen kann. Wo finde ich verlässliche Quellen? Du hast mich mit deinem Wort und deiner Kraft beschenkt, willst meine Richtschnur sein und meine Schritte lenken. Danke für diese Verse, die mir einen klaren Weg von einer Lebensphase zur nächsten weisen.

23

Versorgung

Die ganze Stadt Zion will ich mit Nahrung reich beschenken, und den Armen dort gebe ich genügend Brot.

Psalm 132,15

Versorgung

Gott zeigt uns gerne selbst in ganz kleinen Dingen, wie gut er uns versorgt. Manchmal passiert es, dass ich ihn lobe und preise, wenn ich einen guten Parkplatz gefunden habe. Mein Leben liegt Gott am Herzen und er freut sich darüber, wenn ich mit einem Lob auf den Lippen den Blinker setze und in die Parklücke einschere.

Vielleicht lege ich kein Vlies aus wie Gideon und bitte Gott, es darauf regnen zu lassen, um mir zu zeigen, ob ich am Straßenrand parken oder ins Parkhaus fahren soll. Aber ich bitte ihn oft, dass ich seine Nähe durch eine greifbare Eingebung erfahren darf – ob in tiefem Schmerz oder ausgelassener Freude. Mein Gott zeigt sich und erweist seine Macht.

In der Schule fordern Lehrer ihre Schüler oft auf, die Ohren zu spitzen und aufmerksam zuzuhören. Auch wir als Gläubige müssen „die Ohren spitzen", um die Stimme unseres Herrn zu verstehen.

In Richter 6 sagte Gideon zu Gott: „‚Bitte gib mir ein Zeichen, dass du Israel wirklich durch mich befreien willst, wie du es angekündigt hast. Ich lege frisch geschorene Wolle auf den Dreschplatz. Lass doch morgen früh die Wolle vom Tau nass sein, den Boden ringsum aber trocken! Dann weiß ich, dass du Israel durch mich retten möchtest, wie du es gesagt hast.' Was Gideon erbeten hatte, geschah. Als er am nächsten Morgen früh aufgestanden war, presste er den Tau aus der Wolle. Das Wasser füllte eine ganze Schale. Da sagte Gideon zu Gott: ‚Sei nicht zornig, wenn ich dich noch einmal um etwas bitte! Ich möchte es nur noch dies eine Mal mit der Wolle versuchen. Lass sie trocken bleiben und den ganzen Boden nass vom Tau sein.' In der folgenden

Nacht erhörte Gott wieder sein Gebet: Die Wolle allein blieb trocken, und auf dem Boden ringsum lag Tau“ (Richter 6,36-40 Hfa).

Gott auf die Probe zu stellen, mag abwegig erscheinen. Aber indem Gideon beharrlich darauf bestand, ein Vlies auszulegen, damit Gott sich beweise, wurde er uns zum Vorbild eines Menschen, der aus tiefstem Herzen den Willen Gottes sucht. In seinem Fall forderte Gott ihn auf, seine Armee drastisch zu verkleinern – von gut dreißigtausend auf gerade einmal dreihundert Soldaten – und damit der gegnerischen Streitmacht gegenüberzutreten.

Vielleicht fordert Gott Sie auf, Ihre Angst davor loszulassen, ein Kind zu bekommen. Vielleicht legt er Ihnen aufs Herz, Ihren sicheren Vollzeitjob aufzugeben und zu Hause bei Ihren Kindern zu bleiben. Oder Gott möchte, dass Sie an Ihrer Ehe festhalten und darin seine verändernde Kraft erleben. Wie auch immer die Umstände sein mögen, Gottes Wort verspricht uns, dass er für uns sorgen wird, egal was passiert.

Welches Vlies legen Sie vor Gott aus? Wo erfahren Sie, dass Gott auch in kleinen Dingen für Sie sorgt? Er ist *Jahwe-Jireh,* der Gott, der versorgt.

Danke, lieber Vater, dass du ein Gott bist, der versorgt. Herr, du weißt, was ich brauche, noch ehe ich es selbst weiß. Du siehst meine Schwachheit und willst meinen Mangel füllen mit deiner Kraft. Großer Gott, bitte öffne mir die Augen des Herzens, dass ich erkenne, wo du Tag für Tag selbst im Kleinsten für mich sorgst.

24
Glaube

Was ist denn der Glaube?
Er ist ein Rechnen mit der Erfüllung dessen,
worauf man hofft, ein Überzeugtsein von der
Wirklichkeit unsichtbarer Dinge.

Hebräer 11,1

Glaube

Als ich Ende zwanzig war, beschloss ich, meinen Traum vom Fallschirmspringen wahr zu machen. Ich fragte meinen Vater, der früher Marinepilot gewesen war, ob er mich bei meinem Sprung begleiten würde. Er lehnte dankend ab und meinte, freiwillig würde er niemals aus einem intakten Flugzeug springen. Also suchte ich mir ein paar Freunde, die bereit waren, das Abenteuer mitzumachen, und fieberte dem Tag mit angespannter Vorfreude entgegen.

Worte können das erhebende Gefühl nicht beschreiben, das über mich kam, als ich – ohne Tandempartner, ganz allein – den Schritt aus dem sicheren Flugzeug gewagt hatte und frei durch die Luft schwebte. Nach dem ersten Sprung wollten drei von uns vieren – darunter auch ich – sogar noch einen zweiten draufsetzen. Diesmal sprang ich als Erste und landete ohne Probleme.

Einer meiner Freunde aber verlor in der Luft das Funksignal in seinem Helm und kam von seiner Flugbahn ab. Beim letzten Springer öffnete sich der Fallschirm nicht. Ohne Reserveschirm wäre er haltlos abgestürzt. Sofort waren Sanitäter vor Ort. Letztlich kamen beide sicher herunter. Aber die Lust am Fallschirmspringen war ihnen wohl für immer vergangen.

Während des Sprungs trugen wir Helme, die über Funk mit einem Fachmann auf dem Boden verbunden waren. Er wies uns an, einen bestimmten Kurs zu halten, damit wir sicher landen könnten, und gab uns auch das Kommando für die Landung. „Rechts ziehen … links ziehen … Ziel in Sicht."

Auch wir, die wir an Jesus glauben, springen allein, aber wir sind nie orientierungslos. Wir sind immer mit unserem himmlischen Lotsen verbunden, der uns klar und sicher führt.

Als ich dastand und mich außen am Flugzeug festhielt, konnte ich eine weite Fläche unter mir sehen, aber nicht die tatsächliche Stelle, an der ich später landen sollte. Doch ich vertraute auf die richtigen Anweisungen und wagte buchstäblich einen Vertrauenssprung in den freien Fall. Ich sagte mir: „Ganz gleich, was mir begegnet, ich kann mich darauf verlassen, dass alles gut geht." Hätte ich nicht auf die Stimme des Lotsen gehört, wäre ich von der vorgesehenen Flugbahn abgekommen. Genauso ist es, wenn ich nicht auf Gottes Zeichen achte. Ich lande an Orten, wo ich niemals hinwollte.

Als ich scheinbar haltlos auf den Boden zusteuerte und Panik bekam, wies mich eine ruhige Stimme an, den Fallschirm zu ziehen. Ich landete ganz sanft.

Wenn wir mit dem Herrn unterwegs sind, heißt das nicht, dass wir vor jeglichen Turbulenzen oder Höhenverlusten verschont bleiben; aber es bedeutet, dass er unserem freien Fall eine Richtung gibt und wir in seinen Armen landen dürfen.

Wann haben Sie das letzte Mal einen Vertrauenssprung gewagt? Was hält Sie von einem Leben aus dem Glauben ab?

Guter Gott, schenke du mir Glauben und Vertrauen auf deine Worte. Ich weiß, dass Schauen und Glauben Gegensätze sind. Anstatt dich zu bitten, mir deinen Willen sichtbar zu zeigen, will ich den Schritt wagen und mich darauf verlassen, dass du mir festen Grund unter meine Füße gibst. Herr, stärke mich, wo ich schwach bin, und schenke mir einen Glauben, der dir in meinem Leben die Ehre gibt, sodass es meinem Umfeld nicht verborgen bleiben kann.

25

Berührung

Diese Frau zwängte sich
durch die vielen Menschen hindurch
und berührte heimlich von hinten
ein Stück seines Gewandes.
Im selben Augenblick hörten
die Blutungen auf.

Lukas 8,44

Berührung

Haben Sie die *Mona Lisa* schon einmal gesehen? Durch mehrere Scheiben Sicherheitsglas hindurch schenkt sie heute im Pariser Louvre dem Betrachter ihr legendäres Lächeln. Jeden Tag drängen Tausende in den Mona-Lisa-Saal in der Hoffnung, einen Blick auf das zeitlose Meisterwerk von Leonardo da Vinci werfen zu können. Mit seinen Abmessungen von 77 mal 53 cm wirkt es unerwartet klein, wenn wir das Motiv sonst nur von Bildschirmschonern, Mauspads, Postern oder T-Shirts kennen.

Das Besondere an der Mona Lisa, an Vincent van Goghs „Sternennacht", an der Decke der Sixtinischen Kapelle und anderen Meisterwerken ist, dass sie davor geschützt sind, von Besucherströmen angefasst zu werden. Eine einzige menschliche Berührung könnte diese unbezahlbaren Kunstwerke beschädigen und ihren Wert erheblich mindern.

Bei Gott, dem ultimativen Schöpfer, ist das ganz anders: Er sandte sein wertvollstes Meisterwerk zu uns auf die Erde und schirmte es nicht von uns ab. Eine einzige Berührung von seinem Sohn genügte, um das zu heilen, was zerbrochen war.

In dem Gleichnis in Lukas 8,40-56 hoffte eine Frau so inständig auf Heilung durch Jesus, dass sie sich durch erdrückende Menschenmassen hindurch einen Weg zu ihm bahnte. Wenn sie doch nur den Saum seines Mantels berühren könnte, so dachte sie, dann würde er ihr die Heilung schenken, die sie sich so sehnlichst wünschte.

Seien wir ehrlich: Ist es nicht oft Angst, die uns daran hindert, uns in unserem eigenen Leben von Jesus berühren zu lassen? Vielleicht fürchten wir, dass unsere Hoffnung enttäuscht werden könnte, oder wir schrecken vor Veränderung zurück. Doch ich bin zutiefst überzeugt: Wenn wir den Mantel Jesu berühren, werden wir übernatürliche Heilung erfahren – körperlich, emotional und geistlich.

Egal, was die Berichte der Ärzte sagen, was die Testergebnisse aussagen oder was Prozentsätze und Quoten festlegen, wir haben einen Heiler, der uns nur zu berühren braucht. Wunder geschehen, und sie geschehen ständig. Gott handelt noch immer auf wundersame Weise, wenn wir uns so von ihm gebrauchen lassen.

Ich lade Sie ein, Ihre Arme auszubreiten und Ihre Hände für seine Berührung und seine mächtige Kraft zu öffnen.

Warum suchen wir Jesus heute nicht genauso flehentlich wie die Frau in der Heiligen Schrift vor so langer Zeit? Was hält uns davon ab, uns nach seiner lebensspendenden Berührung auszustrecken? Wo wünschen Sie sich ganz persönlich Heilung?

Jesus, ich glaube fest, dass deine Berührung heilsam ist für Leib und Seele. Danke für die Wunder, die du jeden Tag vollbringst. Ich bitte dich: Hilf uns, die Angst abzulegen, die unser Herz betrübt und uns von dir trennt. Gib mir den Glauben, der mich dazu ermutigt, mir einen Weg durch die Menge zu bahnen, um deinen Mantel zu berühren. Schenke mir eine so tiefe Leidenschaft für dich, dass mich nichts davon abhalten kann, das Wunder zu erleben, das du mir zugedacht hast. Ich vertraue auf deine Kraft, Macht und Herrlichkeit. Amen.

26

Geduld

Haltet nun also geduldig aus, Geschwister,
bis der Herr wiederkommt! Denkt an den Bauern,
der darauf wartet, dass auf seinem Land
die kostbare Ernte heranreift. Ihretwegen fasst er
sich in Geduld, bis der Herbstregen und der
Frühjahrsregen auf das Land gefallen sind.

Jakobus 5,7

Geduld

Die letzten zehn Jahre waren für mich aufregend und anstrengend zugleich. Schon als kleines Mädchen hatte ich tief in meinem Inneren eine Leidenschaft für die Malerei entwickelt.

Aber ich wollte auch unbedingt heiraten und träumte von einer großen Familie. Im Geschichtsunterricht in der Highschool schweiften meine Gedanken regelmäßig ab. Oft malte ich mir ein rauschendes Hochzeitsfest aus oder kritzelte die Namen meiner künftigen Kinder auf einen Block. Kein Wunder, dass ich in diesem Fach nur eine Vier bekam. Nicht gerade ein Ruhmesblatt! Aber mein Mann und meine vier Kinder sind ein Segen, der mich mit großer Dankbarkeit und Freude erfüllt.

Dabei muss ich an eine ausgedehnte Fahrradtour mit meiner Familie denken. In frischer Frühlingsluft radelten wir auf wunderschönen Wegen an der Küste entlang. Leider war die Stimmung trotzdem getrübt, weil ich mich gerade sehr über meinen Sohn geärgert hatte. Während ich zwischen spanischem Moos und riesigen Eichen hindurch in die Pedale trat, rief ich in meiner Ungeduld zu Gott: „Was mache ich als Mutter nur falsch, Herr? Warum will er einfach nicht auf mich hören?“

Als ich in diesem Moment aufsah, fielen mir ganz außergewöhnliche Bäume auf. Ihre Stämme und Wurzeln waren gedreht und gewunden, aber doch wirkten sie stark und solide, und jeder Ast strebte nach oben.

Irgendetwas an den Bäumen half mir zu erkennen, dass ich meine Aufgabe als Mutter getan hatte und auch weiterhin tun würde. Ich würde auch künftig den Samen der Gerechtigkeit in meine Kinder pflanzen. Gleichzeitig würde ich unserem himmlischen Vater vertrauen, dass er die Saat begießt und nährt und diese wunderbaren Kinder nach *seinem* Plan zu den einzigartigen Erwachsenen heranwachsen lässt, zu denen er sie geschaffen hat.

Es mag Zeiten geben, in denen die Umstände aussichtslos erscheinen. Vielleicht haben sich Ihre Kinder ganz anders entwickelt als erhofft, Ihre Ehe ist in eine Sackgasse geraten oder es gibt in Ihrem Leben eine Beziehung, die Sie wie eine wuchernde Pflanze einengt und fast erstickt. Hätten Sie es dann nicht auch am liebsten, dass sich die Dinge sofort, hier und heute ändern würden? Aber Gott mutet es uns zu, wie mir bei meinen Kindern, die Saat gehorsam auszustreuen, geduldig zu warten und darauf zu vertrauen, dass er sich um den Garten kümmert.

Wenn Sie Ihre derzeitige Lebensphase betrachten: Welche Saat säen Sie gerade aus? Ist der Boden, den Sie bebauen, fruchtbar oder unfruchtbar? Wie erleben Sie es, dass Gott Ihren Garten pflegt? Wo in Ihrem Leben wünschen Sie sich mehr Geduld?

Lieber Vater, ich bitte dich heute um den Mut, weiter zu pflanzen, auch wenn der Boden nicht fruchtbar zu sein scheint. Stärke meinen Glauben an dich und das Vertrauen darauf, dass du der Meistergärtner in meinem Leben bist, der das Unkraut entfernt und sorgfältig gesäte Saat aufgehen und wachsen lässt. Bitte hilf mir, meinen Blick von meiner Ungeduld weg und hin zur Dankbarkeit zu wenden und mit Freude zu beobachten, wie du in meinem Leben wirkst.

27

Sturm

Wenn dann ein Wolkenbruch niedergeht
und die Wassermassen heranfluten und
wenn der Sturm tobt und mit voller Wucht
über das Haus hereinbricht, stürzt es nicht ein;
es ist auf felsigen Grund gebaut.

Matthäus 7,25

Sturm

Als ich eines frühen Morgens mein Tagebuch zur Hand nahm, tobte draußen ein heftiger Gewittersturm. Es regnete in Strömen, es donnerte und die Blitze schlugen beunruhigend nahe bei unserem Haus ein. Zwischen Blitzen und Donnerschlägen gab es aber auch Momente der Ruhe und Stille.

Während der Regen herunterprasselte, musste ich daran denken, wie Gottes Volk in der Wüste durch Wasser gereinigt wurde. Ich meditierte über meinen Wunsch, ein reines, heiliges Leben zu führen – frei von Stürmen.

Leider gibt es aber immer wieder Stürme, und meistens brechen sie plötzlich und ohne Vorwarnung über uns herein. In der Nacht vor diesem starken Sturm hatte ich den eindrucksvollsten Sonnenuntergang erleben dürfen, den Sie sich vorstellen können. Es war, als hätte ihn Gott selbst mit seinem Pinsel in herrlichen Rosatönen gemalt. Ehrfürchtig hatte ich zugesehen, wie die Sonne am Horizont versank.

Nichts hatte auf einen Sturm hingedeutet. Doch von einer Sekunde auf die andere war er losgebrochen. Als ich nun wach lag und Tagebuch schrieb, fragte ich mich, wie gut ich für Stürme gerüstet bin. Wie bereite ich mich vor auf peitschende Böen und strömenden Regen?

Wir erleben natürlich nicht nur heftige Stürme, sondern manchmal auch nur kleine Schauer – kurze, kräftige Güsse, die uns bis auf die Knochen durchnässen, aber schon bald in einen Regenbogen oder strahlenden Sonnenschein übergehen. Wir kennen auch diesen grauen, ungemütlichen Nieselregen, der kein Ende nehmen will und uns auf die Stimmung schlägt. Manche Stürme aber erschüttern uns bis ins Mark mit ihrer zerstörerischen Gewalt und Heftigkeit. In jedem Fall möchte ich vorbereitet und ausgerüstet sein. Ich möchte mein Lebenshaus auf festen Grund bauen, damit ihm weder Sturm noch Sturzflut etwas anhaben kann.

Gott hat damals Noah ein Versprechen gegeben, das auch mir und Ihnen heute gilt: Egal wie stark der Sturm tobt, unser Schöpfer wird danach auch wieder die Sonne scheinen lassen. Er wird dem Regen Einhalt gebieten und den Donner verhallen lassen. Er wird die Wolken wegschieben und seinen Frieden und seine Zuversicht über mein Leben legen. Es ist an mir, mich an die Hoffnung zu klammern, die er uns in Jesus gibt und in seinem Wort für uns ausspricht. Wenn ich daran festhalte, werde ich ruhig. Die Stürme gehen vorüber, aber seine Liebe und Gnade sind ewig.

Durchleben Sie gerade eine stürmische Zeit, die Ihr Leben erschüttert? Ich möchte Sie heute einladen, in Gottes unerschütterlichen Zusagen Schutz und Wärme zu finden.

Du großer Gott, danke, dass du Herr bist auch der Stürme, die über mein Leben hereinbrechen. Ich danke dir, dass du versprochen hast, den Donner zum Schweigen zu bringen. Danke, dass du mein Kapitän sein willst. Den Blick auf dich gerichtet, will ich mich wappnen für die Stürme, die vor mir liegen, und keine Angst haben vor den Blitzen, die über mir zucken.

28

Folgen

Aber Ruth erwiderte:
„Besteh nicht darauf, dass ich dich verlasse!
Ich will mich nicht von dir trennen.
Wo du hingehst, da will auch ich hingehen.
Wo du bleibst, da bleibe ich auch.
Dein Volk ist mein Volk,
und dein Gott ist mein Gott.“

Ruth 1,16 (Hfa)

Folgen

Vor einiger Zeit reisten wir als Familie nach Dallas, um zwei unserer drei Töchter zu besuchen. Das College, an dem sie studierten, hatte zu einem Elternwochenende eingeladen. Bei dieser Gelegenheit konnten wir auch gleich den 21. Geburtstag unserer Ältesten feiern. Es mag wie ein Klischee klingen, aber es kommt mir tatsächlich so vor, als sei es erst gestern gewesen, als die Hebamme sie in meine Arme legte und ich andächtig ihr Gesicht betrachtete. Wie wunderbar hatte unser Gott sie gemacht, bis ins kleinste Detail! Dieses winzige Wesen war ein einzigartiges Abbild unseres Schöpfers – und von Clark und mir.

Immer wenn ich die Geschichte von Ruth und Noomi in der Bibel lese, rührt mich die Liebe dieser beiden Frauen zueinander neu an. Voller Hingabe fleht Ruth ihre Schwiegermutter Noomi an, bei ihr bleiben zu dürfen. Wo immer sie hingehe, werde Ruth ihr folgen, verspricht sie Noomi. Mir kommt dabei das Lied von Carole King in den Sinn: „Where you lead, I will follow, anywhere." (Wo auch immer du hingehst, dahin will ich folgen.)

Mich als Mutter treffen diese Worte ganz besonders, und das in zweierlei Hinsicht.

Zum einen in meiner Rolle als Vorbild. Ich bete nicht nur darum, dass meine Kinder meinem Beispiel gerne folgen, sondern vor allem, dass ich selbst einen Weg beschreite, dem sie auch folgen können. Ich möchte ihnen Charakterstärke, Integrität, Gnade, Demut, Vergebung, Großzügigkeit, Weisheit, Wahrheit und Liebe vorleben.

Zum anderen muss ich beim Lesen von Ruths Worten an Noomi auch prüfen, ob ich Gott mein Herz tatsächlich genauso hingebe. „Herr, will ich wirklich dorthin gehen, wohin du gehst? Bin ich bereit, das Volk, unter das du mich sendest, zu meinem Volk zu machen? Gehe ich wirklich unbeirrt in deinen Fußstapfen?“

Ruths Hingabe ist inspirierend. Für Noomi war dies mit einer großen Verantwortung verbunden. Als Mutter, die Jesus nachfolgt, kann ich viel daraus lernen.

In wessen Fußstapfen treten Sie? Wer folgt Ihnen? Welches Beispiel oder Vermächtnis hoffen Sie denen zu hinterlassen, die Ihnen folgen?

Lieber Vater, ich wünsche mir die Integrität von Noomi und ein Herz, wie Ruth es hatte. Bitte schenke mir Vertrauen, dir und den Menschen zu folgen, die mir auf deinem Weg vorangehen. Gib mir auch die Kraft, selbst andere in rechter Weise zu führen und ihnen Vorbild zu sein. Danke, dass ich an deinem Beispiel lernen kann, mutig und freundlich zu leiten.

29

Wege

Doch das enge Tor
und der schmale Weg führen
ins Leben, und nur wenige
finden diesen Weg.

Matthäus 7,14

Wege

Straßen sind in der Bibel ein typischer Schauplatz wunderbarer Begebenheiten und eindrücklicher Ereignisse. Beispiele dafür gibt es genug – Marias langer, mühsamer Ritt auf der Straße nach Bethlehem, Jesu bitterer und doch notwendiger Weg entlang der Via Dolorosa zum Kreuz, sein Weg nach Emmaus nach seiner Auferstehung, auch Saulus' unglaubliche Bekehrung auf dem Weg nach Damaskus. Viele Wunder trugen sich zu Jesu Zeit auf der Straße zu.

Leider lösen die heutigen Straßen bei mir eher Kopfschmerzen aus. Mir wird nämlich regelmäßig angst und bange, wenn mein Mann am Steuer sitzt und ich auf dem Beifahrersitz.

Sosehr ich meine schöne Stadt Charlotte in North Carolina auch liebe, ich muss immer mehr feststellen, dass es hier einige höchst rücksichtslose Fahrer gibt, deren Ungeduld und Aggression jeder Mutter eines Fahranfängers den Angstschweiß auf die Stirn treiben. Als mein Jüngster vor einigen Jahren seinen Führerschein machte, versicherte ich ihm immer wieder, dass ich zu seinen Fähigkeiten mehr Vertrauen hätte als zu denen manch anderer Verkehrsteilnehmer mit ihren hochriskanten Fahrmanövern.

In den frühen Jahren unserer Zivilisation entwickelten sich aus den alltäglichsten Begegnungen manchmal große Wunder. Heute gehen wir wie selbstverständlich davon aus, dass alles so läuft, wie wir uns das vorstellen. Unsere Straßen dienen dem Transport; sie sind kein Ort mehr, an dem wir Gnade, Gastfreundschaft, Freundlichkeit, Geduld oder Frieden üben. Es ist unwahrscheinlich, dass Sie an irgendeinem Freitag in den Dreck spucken, den Schlamm jemandem in die Augen reiben und ihm damit das Augenlicht wiedergeben. Aber die Straßen und Wege, auf denen Sie täglich unterwegs sind – sowohl im übertragenen als auch im wörtlichen Sinn –, können dennoch ein Schauplatz sein, an dem sich Gottes Allmacht zeigt.

Lassen wir uns nicht ablenken oder vom dichten „Verkehr" dieser Welt und des Lebens gefangen nehmen. Fahren wir lieber gemeinsam mit vielen anderen auf der Autobahn, die zu einem höheren Ort führt.

Kennen Sie dieses Gefühl, plötzlich an einem Ziel anzukommen, ohne zu wissen, wie Sie überhaupt dorthin gelangt sind? Als hätten Sie gedanklich den Tempomat eingeschaltet?

Ich möchte Sie einladen, innezuhalten und nachzuprüfen, zu welchen Zielen Sie unterwegs sind. Erkennen Sie lohnende Ziele oder wäre es vielleicht Zeit für eine Kurskorrektur? Es ist gut, wenn wir unser ganz persönliches GPS – unser „gottgeschenktes Peilungssystem" – ab und zu neu kalibrieren.

Lieber Vater, manche Pfade, die du mich gehen hast lassen, kamen mir düster und bedrohlich vor. Aber du hast mir auch Wege geebnet, die an ruhig fließenden Wassern entlangführen. Hilf mir, die Richtung zu erkennen, die du mir weist, damit ich nicht von deinem Weg abkomme.

30
Güte

Doch ich bin gewiss, dass ich
am Leben bleiben und sehen werde,
wie gütig der Herr ist.

Psalm 27,13

Güte

Ich hoffe, dass ich nicht die Einzige bin, die gelegentlich mit Gott spricht, als sei er der Flaschengeist aus Aladins Wunderlampe. Traurig, aber wahr: Manchmal reibe ich dreimal am Tag wie Aladin an der Lampe (oder auch nur zweimal, denn ich vergesse vor dem Mittagessen schon mal das Tischgebet) und trage Gott dann meine Bitten vor.

„Herr", sage ich ach so ehrfürchtig, „mein Tag ist heute richtig mies gelaufen. Sorg doch bitte endlich dafür, dass die Leute um mich herum mich nicht immer so nerven." (Es liegt nie an mir, müssen Sie wissen; es liegt immer an den anderen.)

Ich bin ehrlich beschämt über meine flapsige Haltung in solchen Momenten.

Zu anderen Zeiten sind meine Gebete und Bitten wirklich tief, reichen weit über das Alltägliche hinaus. Sie sind innig und emotional, manchmal voll echter Verzweiflung. Ob es um die Zukunft unserer Kinder geht, um unseren Berufsweg, unsere Ehe, um das Gewinnen unseres Teams oder um das flehentliche Eintreten für Freunde, deren sehnlicher Kinderwunsch sich noch nicht erfüllt hat – wir möchten Gottes Güte erfahren und erleben.

Ich bin mir ganz sicher: Gott antwortet immer auf unsere Gebete, wenn auch nicht immer so, wie wir es uns erwarten. Deshalb möchte ich zu jeder Zeit wie Daniels Freunde sagen: „Aber auch wenn er es nicht tut, …" (nachzulesen in Daniel 3,1-24). Auch wenn Gott *nicht* so antwortet, wie ich es gerne hätte, werfe ich mein Vertrauen in ihn nicht weg. Auch wenn Gott *anders* handelt, ändert das nichts an seiner Güte. Auch wenn ich *nicht* die Nachricht erhalte, die ich mir wünsche – er ist immer noch gut.

Tiefe Hoffnung kann sich nur auf die Güte des Herrn gründen. Wir dürfen gewiss sein, dass seine Güte größer ist als Dunkelheit und Enttäuschung.

In welcher Gestalt bestimmt ein solches „nicht" im Augenblick Ihr Denken? Ich lade Sie ein: Lassen Sie Gottes Güte in Ihr Herz dringen und es stärken. Er ist gut, war es immer schon und wird es immer sein.

Du mein Gott, danke, dass du mich immer wieder an deine Güte erinnerst. Hilf mir, meine Erwartungshaltung zurückzustellen und fest darauf zu vertrauen, dass du mir alle Dinge zum Besten dienen lässt, egal was kommt. Ich bete um eine Leidenschaft für dich, die nicht von äußeren Umständen abhängt – ob in tiefster Verzweiflung, im ganz Alltäglichen oder in Sternstunden des Erfolgs. Danke, dass du in deiner Freundlichkeit und Gnade für mich da bist.

31

Narbe

Er schenkt denen Heilung,
die ein gebrochenes Herz haben, und
verbindet ihre schmerzenden Wunden.

Psalm 147,3

Narbe

Anfang des Jahres 2000 waren wir mitten in der Bauphase unseres neuen Hauses, die sich über drei Jahre hinzog. Für mich war diese Zeit eine echte Herausforderung, aber auch ein Anlass, Gott auf eine ganz neue Weise nahezukommen. Bis unsere Entscheidung für einen Neubau festgestanden hatte, waren manche Hürden zu überwinden gewesen. Als dann endlich die Pläne gezeichnet waren, der Kostenvoranschlag durchgerechnet und das Fundament gelegt war, konnten wir es kaum erwarten, mit dem Bau zu beginnen.

Es war uns wichtig, während des ganzen Prozesses immer wieder nach Gottes Willen zu fragen, den Bau aber gleichzeitig entschlossen voranzutreiben. Beobachten zu können, wie die Holzrahmen unserem neuen Heim langsam seine Konturen verliehen, machte mich überglücklich. Doch als ich wieder einmal die Baustelle besichtigte, entdeckte ich zu meiner großen Bestürzung einige Balken, die mir nicht einwandfrei erschienen. Sie waren voller Astknoten – hässliches Holz, das für unser künftiges Heim doch sicher nicht tragfähig genug war. Besorgt trug ich dem Bauleiter meine Bedenken vor. Er aber versicherte mir: „Frau Neilson, je mehr Äste im Holz sind, desto stärker ist es."

Während der gesamten Bauphase konnte ich immer wieder etwas Erstaunliches feststellen: Jedes Mal, wenn ich Angst hatte, die Kontrolle zu verlieren, wenn ich nahe daran war, meinen Zweifeln Raum zu geben, war es mir, als flüstere der Herr mir leise zu: „Komm zurück zu mir." Besonders berührte mich sein Zuspruch, den er mir nach der Erklärung des Bauleiters ins Herz gab: „Je mehr Astknoten in unserem Leben sind, desto stärker sind wir."

Ich wurde an so manche Prüfung, manchen Kampf, an manche über-

wundene Herausforderung erinnert – an Erfahrungen, die mir ins Herz gezeichnet waren, unverkennbare Spuren hinterlassen und meinen Glauben gestärkt hatten. Mir ging dabei auf, dass die knorrigen Astknoten in den Balken, die unser Haus stützen, den zurückgebliebenen Narben dieser Erfahrungen ähneln. Jesus gebraucht sie, um mich zu prägen und mir Widerstandskraft zu geben.

Nachdem ich mich mit dem unansehnlichen Holz versöhnt hatte, konnten mein Mann und ich es im Namen des Herrn annehmen und schrieben sogar eine Bibelstelle in das Gebälk.

Ich war tief bewegt, als unser Bautrupp im letzten Schritt zur Versiegelung des Innenrahmens das Holz mit einer Trockenbauwand verkleidete. Nun waren die Astmarken mit einer reinen weißen Fläche bedeckt – genauso, wie Jesus meine Wunden bedeckte, als er am Kreuz hing. Sein Blut wurde für mich vergossen – für alle meine knorrigen Äste, meine Sünden, meine Narben. Er hat mich mit seiner Gerechtigkeit bekleidet. Was für ein schönes Bild!

Das Wort Narbe wird normalerweise nicht mit etwas Positivem in Verbindung gebracht. Aber ich sehe die Dinge jetzt anders. Ich habe die Stellen in meinem eigenen Leben, die sich als Narben zeigen, schätzen gelernt.

Können Sie sich vorstellen, einige Ihrer Narben als Symbole für Stärke oder Sieg zu sehen?

Lieber Herr, du hast mich auf meinem Weg mit dir schon durch manch schwierige Situation geführt. Hilf mir, meine Narben aus diesen Prüfungen nicht zu verbergen, sondern sie mit Zuversicht zu tragen, weil du Gutes an mir getan hast. So sollen auch andere, die mich sehen, ermutigt werden, dir ihr Vertrauen zu schenken.

32

Identität

Vielmehr wissen wir:
Wenn jemand zu Christus gehört,
ist er eine neue Schöpfung.
Das Alte ist vergangen;
etwas ganz Neues hat begonnen!

2. Korinther 5,17

Identität

Bei der Erziehung meiner Kinder wird mir mehr und mehr bewusst, wie viele Dinge in dieser Welt um ihre Beachtung buhlen: Nachrichten, die sozialen Medien, Werbung, sportliche oder schulische Leistungen, der Applaus anderer – das und noch vieles mehr will ihre Beachtung und Hingabe bekommen. Umso wichtiger scheint es mir, dass meine Kinder ihre Identität schützen und sie allein in Gott finden. Mögen sie die tiefe Wahrheit begreifen, dass sie in ihm eine neue Schöpfung sind. Sie brauchen nicht dem Schema zu entsprechen, in das die Welt sie pressen will.

Auch ich bin gegenüber solchen Versuchungen nicht immun. Ich weiß zwar, dass ich nach Gottes Bild geschaffen bin und dass er mir eine besondere Begabung geschenkt hat, ihn durch Kunst zu ehren. Ich weiß auch, dass er mich dazu bestimmt hat, seine Tochter zu sein. Das heißt aber noch lange nicht, dass ich mich von dieser Rolle nicht durch alles Mögliche ablenken lasse: durch die sozialen Medien, die Anerkennung anderer, das Streben nach mehr oder die Frage, wie meine Familie mich sieht.

Medien und Meinungen greifen jeden Tag nach uns und wir müssen ständig unseren Blick wieder neu an dem Bild ausrichten, zu dem wir geschaffen sind. Wir sind das, was wir nach Gottes Willen sein sollen, und nicht das, was die Welt oder unser unruhiges Herz uns vorgaukeln wollen.

Es ist mein Gebet, dass Sie Ihren sichersten Identitätsschutz – das Wort Gottes – gebrauchen, um in dem Boden, den er für Sie bereitet hat, feste Wurzeln zu schlagen. In Ihm sind Sie eine neue Schöpfung mit einer reinen Identität in Christus.

Welche Rolle in Ihrem Leben scheint Ihnen für Ihre Identität die wichtigste zu sein? Sind Sie in erster Linie Mutter? Ehefrau? Tochter? Sohn? Vorgesetzte? Künstler? Student? Schriftstellerin? Chauffeurin (Ihrer Kinder)? Kind Gottes?

Nehmen Sie sich einen Augenblick Zeit und hören Sie in sich hinein. Als was bezeichnen Sie sich selbst normalerweise?

Überlegen Sie dann, zu welcher Identität Sie von Gott berufen sind! Wie könnte diese (neue) Identität aussehen?

Lieber Vater, danke, dass du mich nach deinem Bild geschaffen und mir dennoch meine ganz eigene Identität verliehen hast. Danke, dass du mich zu einem Leben mit dir erwählt und mir eine Ewigkeit bei dir versprochen hast, frei von den Etiketten, die ich mir selbst aufklebe und die andere versuchen, mir aufzudrücken. Hilf mir heute, Herr, mich von solchen falschen Etiketten zu befreien und mir stattdessen darüber klar zu werden, wer ich in dir bin.

33

Hirte

Er sorgt für sein Volk wie ein guter Hirte.
Die Lämmer nimmt er auf den Arm
und hüllt sie schützend in seinen Umhang.
Die Mutterschafe führt er behutsam ihren Weg.

Jesaja 40,11 (Hfa)

Hirte

Einer meiner Lieblingsnamen für Gott ist *Jahweh-Rohi,* was übersetzt „der Herr, unser Hirte" bedeutet. Als wir uns im Bibelkreis einmal mit dieser Eigenschaft Gottes beschäftigten, stieg ein Bild von Gott vor meinem inneren Auge auf. Er führt uns auf seinem Weg und ich wage zu behaupten, dass es oftmals nicht der Weg ist, den wir bevorzugen würden.

Vor Jahren wanderten mein Mann und ich durch die fünf Ortschaften der Cinque Terre, einem zerklüfteten Küstenabschnitt an der italienischen Riviera. Ehrgeizig, wie wir waren, brachen wir schon früh am Morgen auf, um alle fünf Dörfer zu erwandern. Der Hoteldirektor warf einen Blick auf uns und riet uns, doch lieber mit dem Zug zu den ersten beiden Orten zu fahren, um den schwierigsten Teil auszulassen, und dann die restliche Strecke zu laufen. Wir aber waren uns einig, dass wir es zu Fuß schaffen würden, und machten uns auf den Weg.

Der Anfang der Wanderung war steil und felsig. Schon nach fünf Minuten fragten mein Mann und ich uns, ob wir uns nicht doch etwas überschätzt hatten. Doch aufgeben kam nicht infrage. Wir spornten uns gegenseitig zum Durchhalten an und stapften weiter. Irgendwann wurde der Weg ebener, aber auch schmaler und auf einer Seite fiel das Gelände steil ab. Die Sicht nach vorne war eingeschränkt, weil der Pfad von Büschen überwachsen war. Wir aber ließen uns nicht beirren und setzten einen Fuß vor den anderen.

Ist es auf unserem Lebensweg mit dem Herrn nicht genauso? Manchmal kann der Pfad steil, steinig oder felsig sein – oder alles zusammen. Meistens ist der Weg schmal, denn Gottes Wort sagt uns in Matthäus 7,13-14: „Geht durch das enge Tor! Denn das weite Tor und der breite Weg führen ins Verderben, und viele sind auf diesem Weg. Doch das enge Tor und der schmale Weg führen ins Leben, und nur wenige finden diesen Weg."

Auf der Wanderung mit den steilen, felsigen Abschnitten und später auf dem schmalen Pfad, wo wir nur einen Fuß vor den anderen setzen konnten, kamen wir schließlich um eine Biegung: Mit einem Mal hatten wir die großartigste Aussicht vor uns, die man sich nur vorstellen kann – einfach atemberaubend.

Wir haben einen Gott, der uns liebt und der uns durch alles führen wird, was auf uns zukommt. Ob es um unsere Ehe, unsere Finanzen, unsere Kinder oder unsere Gesundheit geht – halten wir uns fest an Gottes Wort und Wesen. Er ist der gute Hirte.

„Was ist denn der Glaube? Er ist ein Rechnen mit der Erfüllung dessen, worauf man hofft, ein Überzeugtsein von der Wirklichkeit unsichtbarer Dinge", heißt es in Hebräer 11,1. Diese Dinge sind es, die uns antreiben, einen Fuß vor den anderen zu setzen.

Gott möchte unser Hirte sein, uns aber auch gebrauchen, um anderen Menschen Orientierung zu geben. Haben Sie schon einmal darüber nachgedacht, welche Herde er Ihnen anvertraut hat? Wie kann Gott Ihnen helfen, sie zu führen?

Danke, Vater, dass du über uns wachst und unser Hirte bist, der sich um jeden Einzelnen kümmert. Wenn sich jemand aus deiner Herde verirrt, dann bist du da, um ihn in Sicherheit zu bringen.
Vater, du hast mir aber auch meine eigene Herde anvertraut. Ich möchte dich um deine göttliche Weisheit bitten. Hilf mir, jeden Einzelnen in Liebe zu leiten.

34
Loslassen

Nur wenn der Sohn euch frei macht,
seid ihr wirklich frei.

Johannes 8,36

Loslassen

An einem wunderschönen Sommertag war ich mit meiner Mutter, meiner Schwester und meinen drei Stiefschwestern zu einem „Mädelsausflug" am Strand. Unsere damals noch kleinen Kinder hatte ich bei Clark, meinem Mann, zu Hause gelassen und ihnen versprochen, eine große Schale mit Haifischzähnen mitzubringen (die findet man an der Küste Floridas gar nicht so selten!).

Ich liebe den Strand. Für mein Leben gern gehe ich am Wasser entlang spazieren und lobe Gott für seine herrliche Schöpfung. Beim Rauschen der Meereswellen, die am Ufer auslaufen, finde ich wunderbar zur Ruhe.

An diesem Morgen ging ich den anderen voraus – betete, sprach mit Gott, während ich Haifischzähne einsammelte. Ich fand so viele, dass ich richtig übermütig wurde. Dann hörte ich ganz leise eine Stimme in mir flüstern: „Kannst du diese Zähne, die du gefunden hast, loslassen?"

Ich ging weiter und tat so, als ob ich das sanfte Wispern in meinem Herzen nicht hören würde, aber es wurde immer deutlicher. „Kannst du sie loslassen, Anne?" Nach längerem Ringen kniete ich schließlich nieder und legte alle Haifischzähne als kleines Häufchen fein säuberlich zurück an den Strand. Enttäuscht trennte ich mich von meinem Fund und dachte daran, dass meine Schwester bald hinter mir auftauchen und meinen würde, sie hätte mit diesen vielen Zähnen den Jackpot geknackt.

Als ich aufblickte, sah ich etwa einen Meter vor mir entfernt eine unglaublich schöne Muschelschale von einer Muschelart, die am Strand von Ponte Vedra sehr selten ist. Meist findet man sowieso nur kleine, zerdrückte Muscheln und Haifischzähne. Ich war sprachlos. Als ich sie aufhob, hörte ich wieder diese leise Stimme, die sprach: „Siehst du? Wenn du dich hingibst, wenn du mir vertraust, wenn du mir gehorsam bist, siehst du, was ich dann tue?“

Glücklich nahm ich die Muschel mit nach Hause. Sie erinnert mich bis heute eindrücklich daran: Wenn wir loslassen, woran wir uns klammern, und Gott in unserem Leben wirken lassen, dann befreit er uns aus unserer begrenzten Denkweise. Er kann viel mehr tun, als wir uns jemals vorstellen könnten.

Die Muschelschale lag lange Zeit neben meiner Küchenspüle. Sie diente als tägliche Erinnerung, immer auf die Stimme meines himmlischen Vaters zu hören, zu vertrauen, zu gehorchen und zu erleben, was er in unserem Leben tun kann.

Ruft Gott Sie vielleicht auf, etwas in Ihrem Leben loszulassen? Ruft er Sie auf, etwas abzugeben, das Ihnen nicht mehr guttut?

Haben Sie es schon einmal erlebt, dass Loslassen und Vertrauen zu etwas Größerem geführt hat?

Du guter Gott, hilf mir, deine Stimme zu hören. Herr, es kann so schwer sein, Liebgewonnenes, Wünsche und Abhängigkeiten loszulassen. Meine alte Natur möchte so oft lieber an Gewohntem festhalten, aber ich bitte dich: Gib mir die Kraft, dir mit Leidenschaft und voller Vertrauen zu folgen – in die Freiheit und in die Weite.

35

Gebet

Wendet euch, vom Heiligen Geist geleitet, immer und überall mit Bitten und Flehen an Gott. Lasst dabei in eurer Wachsamkeit nicht nach, sondern tretet mit Ausdauer und Beharrlichkeit für alle ein, die zu Gottes heiligem Volk gehören.

Epheser 6,18

Gebet

Ich mag die Worte *Religion* und *religiös* nicht. Für mich ist Glaube eine Beziehung zu einem lebendigen Gott, der eine persönliche Beziehung zu mir haben möchte – und nicht irgendeine religiöse Pflichtübung.

Gott liebt mich. Er sieht mich und kennt mein Leben – mit allen seinen Höhen und Tiefen. Er möchte, dass ich zu ihm schreie, wenn ich leide und traurig bin, und er möchte, dass ich mich freue und ihm danke, wenn ich froh und glücklich bin.

Jede Beziehung lebt von der persönlichen Kommunikation, umso mehr, wenn wir uns echte Vertraulichkeit wünschen.

Gebet ist genau das: Kommunikation mit einer lebendigen Person, nämlich mit Jesus. Ihm vertrauen von ganzem Herzen, ganzer Seele und mit all meinem Denken. Mich von ihm trösten lassen. Mich von ihm leiten lassen. Mich von ihm gehalten wissen.

Schon als kleines Kind lernte ich zu beten. Aber erst als ich Gottes Wort – die Bibel – kennenlernte, wurde das Gebet zur Grundlage meiner Beziehung zu Jesus. „Das Wort Gottes ist lebendig und wirksam. Es ist schärfer als das schärfste Schwert und durchdringt unsere innersten Gedanken und Wünsche" (Hebräer 4,12 NL). Es entlarvt alle Lügen, die die Welt uns glauben machen will.

Gott wünscht sich nichts mehr, als dass wir eine persönliche Beziehung zu ihm haben. Aber wie soll das gehen? Einfach, indem wir mit ihm reden. Nicht nur abends vor dem Schlafengehen. Oder am Morgen am Frühstückstisch. Sondern den ganzen Tag über. Mitten in unseren Sorgen und mitten in unseren Freuden. Beten ist Beziehung.

Haben Sie eine solche Beziehung zu Jesus? Haben Sie ihm bewusst Ihr Leben übergeben oder ihn gebeten, Ihr Herr und Retter zu sein?

Damit die Beziehung zu ihm nicht getrübt wird, ist es wichtig, immer wieder zu prüfen, ob es Dinge in unserem Leben gibt, die nicht im Einklang mit Gottes Wort stehen. Bringen wir sie vor ihn und bitten wir ihn täglich, unser Herz zu reinigen und unseren Geist zu erneuern.

Machen wir es uns doch einmal richtig bewusst, was das heißt: Der Gott des Himmels und der Erde sieht jeden Einzelnen von uns und wünscht sich Gemeinschaft mit uns. Er hat uns beschenkt mit seinem Heiligen Geist. Geben wir ihm Raum. Suchen wir Ruhe vor dem Lärm der Welt und lauschen wir auf sein leises Flüstern.

Wir können die Kraft des Gebets aber nicht nur allein, sondern auch gemeinsam mit anderen erfahren. Hier können wir einander ermutigen und uns gegenseitig aufbauen.

All dies ist Grund zur Freude! 1. Thessalonicher 5,16-18 sagt uns: „Freut euch, was auch immer geschieht! Lasst euch durch nichts vom Gebet abbringen! Dankt Gott in jeder Lage! Das ist es, was er von euch will und was er euch durch Jesus Christus möglich gemacht hat."

Haben Sie die Kraft des Gebets in Ihrem Leben schon erfahren?

Lieber Gott, ich bete darum, dass du mich lehrst, wie ich das Gespräch mit dir vertiefen kann. Wecke und erhalte in mir die Sehnsucht nach ständiger Gemeinschaft mit dir. Ich möchte in allen Höhen und Tiefen meines Lebens mit dir reden und auf dich hören – nicht nur, wenn ich dir aus vollem Herzen diene, sondern auch, wenn ich mich von dir entfernt habe.

36

Anvertrauen

Vertraue dem Herrn an, was du vorhast,
dann werden deine Pläne gelingen.

Sprüche 16,3

Anvertrauen

Die Zeit des Kennenlernens hatte für meinen Mann und mich tatsächlich fast etwas Märchenhaftes. Damals hatte ich gerade mein Leben ganz dem Herrn übergeben, fragte nach seinem Willen und vertraute darauf, dass er mir zu seiner Zeit – nicht zu meiner – den richtigen Ehemann zeigen würde. Im Juni 1993 verabredeten Clark und ich uns zum ersten Mal. Es war ein Blind Date; wir hatten uns vorher noch nie gesehen. Im Laufe der nächsten zwei Monate trafen wir uns ungefähr zehn Mal.

Im August lud er mich ans Meer ein, wo ich seine Eltern kennenlernen und übers Wochenende bleiben sollte. Ich erinnere mich noch gut, wie ich an jenem Samstag mit Notizzetteln voller Gebetsanliegen am Strand saß und für Freunde und Familienmitglieder betete. Während ich die heranrollenden Wellen beobachtete, flüsterte Gott mir eine Frage ins Ohr: „Was wünschst du dir von einem Mann? Welche Erwartungen hast du?“ – „Ich möchte gerne, dass mein künftiger Ehemann den Herrn liebt“, antwortete ich, „dass er freundlich und aufgeschlossen ist und viel Sinn für Humor hat.“ Und wieder vernahm ich ganz leise Gottes Stimme: „Bist du bereit, mir zu vertrauen?“

Achtundvierzig Stunden später saß Clark mir gegenüber und sagte: „Ich liebe dich. Ich will den Rest meines Lebens für dich da sein. Willst du mich heiraten?“

Ups! Das ging aber schnell, Herr!

Inzwischen sind sechsundzwanzig Jahre vergangen. Wir haben vier Kinder. Ich wollte immer eine große Familie und liebe dieses erfüllte, aktive Leben, das wir uns zusammen aufgebaut haben, sehr. Wir sind überaus dankbar für die Kinder, die Gott uns anvertraut hat. Das Familienleben war oft kräftezehrend und verlangte uns manches ab. Aber wir stellten uns den Herausforderungen, weil uns immer bewusst war, wie wertvoll es ist. Als Eltern war es unser tiefster Wunsch, dass unsere Kinder glücklich sind, dass sie ihr Leben meistern und sich anderen gegenüber mitfühlend zeigen.

Meine Aufgabe als ihre Mutter ist es damals wie heute, Gottes Wahrheit wie eine Saat in ihre Herzen zu säen. Zu Beginn der zehnten Klasse brachten wir unsere älteste Tochter in ein Internat. Mir war gar nicht wohl bei dem Gedanken, dass ich die tägliche Erziehung meines Kindes nun in andere Hände legen musste.

Als ich wieder nach Hause kam, schüttete ich mein Herz vor Gott aus. Da erinnerte er mich sanft an jenen Tag am Strand, als er mich aufgefordert hatte, ihm meine künftige Ehe anzuvertrauen. Hatte er nicht sein Versprechen gehalten? Da ging mir auf, dass ich ihm genauso auch meine vier Kinder anvertrauen durfte, die mir so viel bedeuteten. Ich brauchte mir keine Sorgen um ihre Erziehung zu machen, denn er selbst hielt sie sicher in seiner allmächtigen Hand.

Was ist Ihnen anvertraut? Was vertrauen Sie Gott an? Ich möchte Sie einladen, sich einen Moment Zeit zu nehmen, um diesen wechselseitigen Aspekt in Ihrer Beziehung zu Gott zu bedenken. Je mehr wir ihm anvertrauen, desto mehr vertraut er auch uns an.

Lieber Vater, heute möchte ich die Menschen, die ich liebe, in deine Hand legen. Wie oft bin ich versucht, ihr Leben zu kontrollieren, weil ich zu wissen meine, was das Beste für sie ist. Dabei weißt du es doch viel besser. Du hast mich mit den Menschen um mich herum so reich beschenkt. Ich bitte dich, dass sie deine Wahrheit und Liebe erfahren und bei dir Schutz und Frieden finden.

37
Geben

Jeder soll für sich selbst entscheiden,
wie viel er geben möchte, und soll den Betrag
dann ohne Bedauern und ohne Widerstreben
spenden. Gott liebt den, der fröhlich gibt.

2. Korinther 9,7

Geben

Ich fand es spannend, meine drei Töchter aufwachsen zu sehen – ganz besonders, als sie mit Make-up, Mode und Parfüm zu experimentieren begannen. In ihren Teenie-Jahren cremten sie sich gerne mit angenehm fruchtig duftenden Lotionen ein.

Nun sind die drei erwachsen. Heute haben sie eine Vorliebe für teurere Düfte und kennen sich in Parfüm- und Kosmetikabteilungen ziemlich gut aus. Manche ihrer Parfüms und Lotionen erinnern mich noch heute an ihre Jung-Mädchen-Jahre und wir haben sogar ein gemeinsames Lieblingsparfüm: *Scent of Peace*, den *Duft des Friedens* also.

In Sachen Make-up sind meine Kenntnisse eher begrenzt. Vor ein paar Jahren bemerkte meine älteste Tochter einmal, dass ich ihnen zwar viel über Gott, aber nur wenig über Frisuren und Make-up beigebracht hätte.

Als Simon der Aussätzige ein Abendessen zu Jesu Ehren gab, kam eine der anwesenden Frauen mit dem Wertvollsten, was sie besaß, auf Jesus zu. Begeistert und verschwenderisch schüttete sie ihr teures Parfümöl über ihren Erlöser, salbte erst seinen Kopf und dann seine Füße, weinte und wischte die Tränen mit ihrem Haar ab. Was für ein schönes Bild der Hingabe zu Jesu Füßen!

Diese bemerkenswerte Frau gab Gott alles, was sie hatte. Sie zerbrach ihren Alabasterkrug, um den wertvollen Inhalt für ihren König zu opfern.

Ich erinnere mich, wie ich damals versuchte, meine Töchter eher zur Zurückhaltung zu erziehen – und genau dies taten die Jünger auf dieser Feier auch. Sie schimpften mit der Frau, weil sie ihre Güter so leichtfertig verschwendete. Hätte man das Parfümöl nicht lieber verkaufen und das Geld den Armen geben sollen?

Ich bin so dankbar, dass mein Gott diejenigen in die Arme schließt, die sich in Demut und Ehrfurcht zu seinen Füßen beugen, und dass er die Kritiker solcher Großzügigkeit zum Schweigen bringt. Es macht mich demütig, wie diese Frau das Wertvollste, was sie hatte, für Christus hingab.

Gieße ich alles, was ich habe, zu seiner Ehre aus? Oder behandle ich Gott eher wie Simon der Aussätzige, der zwar seine Tür für Jesus öffnete, ihn aber nicht mit einem Kuss, einer Salbung oder einer wertschätzenden Gabe begrüßte? Mein Herz neigt wohl eher zu Simons Haltung. Zu oft denke ich, dass meine offene Tür genug ist, und sehe es als selbstverständlich an, dass Jesus bei mir zu Gast ist.

Gut, dass Gott zu großzügigem Geben ermutigt. Er ist ein Gott der Fülle, der das, was wir ihm geben, gerne zu seiner Ehre vermehrt.

Gibt es in Ihrem Leben etwas besonders Wertvolles, was Sie mit Gott teilen könnten? Etwas ganz Kostbares, das Sie in seinem Namen und zu seiner Ehre ausgießen wollen?

Lieber Gott, bitte hilf mir, meinen Alabasterkrug zu finden – meine kostbarste Gabe. Und dann gib mir den Mut, ihn als Opfer aufzubrechen und Jesus mit meinem besten Parfümöl zu salben, ohne an den Preis zu denken. Du hast mich so reich beschenkt. Heute möchte ich dir gerne etwas zurückgeben.

38
Suchen

Wenn ihr mich sucht, werdet ihr mich finden.
Ja, wenn ihr von ganzem Herzen nach mir fragt,
will ich mich von euch finden lassen.

Jeremia 29,13-14 (Hfa)

Suchen

Es gibt Tage, an denen anscheinend alles rundläuft. Die Kinder streiten nicht, das Haus ist sauber, die Arbeit wird erledigt und der Tag vergeht ohne besondere Herausforderungen. An anderen Tagen aber ist „der Wurm drin", ohne dass Sie so genau sagen könnten, warum. Die Stimmung ist gereizt, es knallt wegen jeder Kleinigkeit, die Kinder sind unzufrieden, Wäsche liegt verstreut herum, Sie können nie ungestört bei einer Tätigkeit bleiben.

Ich habe die Erfahrung gemacht, dass meine Tage viel friedlicher sind, wenn ich in allem, was ich tue, zuerst Gott suche.

Meine Tochter Catherine war etwa neun Jahre alt, als sie eines Sonntags in der Kirche ein kleines schwarzes Stofftier verlor. Die Tränen flossen, während wir die Flure und Sonntagsschulräume durchsuchten, doch der kleine Stoffhund blieb verschwunden. Wir beteten, dass Gott uns helfen würde, ihn zu finden. Vor allem die Nächte waren schwierig, denn Catherine vermisste ihr Plüschtier sehr. Schließlich fanden wir ein anderes Stofftier, mit dem sie kuscheln konnte, und alles war gut.

Ein paar Wochen später fühlte ich mich plötzlich während der Morgenandacht in der Kapelle unserer Kirche gedrängt, um den verlorenen Stoffhund zu beten. Ich kam mir etwas albern vor. Wohlgemerkt, wir waren gerade ins Gebet für unsere Pastoren, unsere Familien und Menschen in Not vertieft – wahrlich wichtigere Gebetsanliegen als ein Plüschtier! Aber der Gedanke ließ mich nicht los, also gab ich nach und betete um den verlorenen Hund.

Als ich fertig war, packte ich meine Sachen zusammen und machte mich auf den Weg zum Auto. Plötzlich bekam ich den Impuls, beim Gemeindebüro vorbeizugehen. Ich hatte einen anstrengenden Tag vor mir und hätte den leisen Wink fast nicht beachtet, weil ich Wichtigeres zu tun hatte.

Trotzdem schaute ich im Büro vorbei und fragte Stella, die Sekretärin, ob noch irgendwo anders in der Kirche Fundsachen aufbewahrt würden. Sie fragte mich, was ich denn suche. Als sie es hörte, öffnete sie die unterste Schublade ihres Schreibtisches und zog den kleinen schwarzen Hund heraus. Anbei war eine Notiz mit der Bitte, die kleine Finderin an einem bestimmten Tag bis 10 Uhr anzurufen, falls der Stoffhund nicht abgeholt werden würde. Genau an diesem Tag war ich „zufällig" um 9:50 Uhr ins Gemeindebüro gekommen.

Ich verließ die Kirche mit dem Hund in der Hand und einer sehr wichtigen Botschaft im Herzen: Gott möchte, dass ich ihn in *allen* Dingen suche und mit *allem* zu ihm komme – mit meinen großen Anliegen genauso wie mit scheinbar unbedeutenden. Auch wenn ich nicht immer genau dann Antworten auf meine Gebete bekomme, wenn ich sie haben will oder meine, sie zu brauchen – Gott hat die Fäden in der Hand und sein Timing stimmt immer.

Zu welchen Dingen sagt Gott in Ihrem Leben „Ja" und wozu sagt er „Nein" oder „noch nicht"? Manchmal müssen wir warten und ihn noch einmal oder auf eine andere Art und Weise bitten. Hat Gottes perfektes Timing Sie schon einmal daran erinnert, dass wir immer mit Wundern rechnen dürfen?

Guter Gott, mein Gebet soll nichts Einmaliges oder zeitlich Begrenztes sein, sondern ein Zwiegespräch, das niemals endet. Zu jeder Zeit will ich deine Nähe suchen. Mein „Amen" soll keinen Schlusspunkt setzen, sondern mir bewusst machen, dass ich immer mit dir verbunden bin.

39
Vergeben

Geht freundlich miteinander um,
seid mitfühlend und vergebt einander, so wie
auch Gott euch durch Christus vergeben hat.

Epheser 4,32

Vergeben

Mein Mann Clark und ich sind dankbar dafür, dass wir eine partnerschaftliche Ehe führen können, die auf Gottes Liebe, auf Freundschaft und gemeinsamen Erfahrungen beruht. Aber als ich über diese Andacht zum Thema Vergebung nachdachte, kamen einige unschöne Erinnerungen hoch.

Am Anfang unserer Ehe stritten wir viel, und wenn ich ehrlich bin, tun wir das heute noch. Gerade muss ich an eine bestimmte Auseinandersetzung denken. Wie so oft konnte sich hinterher keiner von uns erklären, wie unser Streit so hatte eskalieren können. Innerhalb kürzester Zeit waren wir beide total verärgert. Getrieben von Stolz und verletzten Gefühlen wollten wir am liebsten unsere Sachen packen und weglaufen. Das erscheint manchmal einfacher, als die Meinungsverschiedenheiten auszuräumen.

Da lag ich nun schmollend im Dunkeln, peinlichst bemüht, die unsichtbare Gefechtslinie, die wir im Bett gezogen hatten, nicht zu überschreiten. Es war mir klar, dass ich Clark vergeben musste, aber mein Herz war noch nicht so weit. Wenn ich mich ungerecht behandelt fühle, gehe ich förmlich in meiner Opferrolle auf und schreie durch mein nachtragendes Schweigen geradezu nach Rache. Aber in Wirklichkeit schließe ich mich nur in einem Gefängnis ein und lasse nicht einmal Gott an mich heran, der mich von meinen Verletzungen befreien und mein zerrissenes, gekränktes Herz besänftigen möchte.

Mitunter sind die Verletzungen weit mehr als nur kleine Narben in unserem Inneren. Traumatische Erfahrungen wie Missbrauch, Verrat oder Verbrechen können tiefe Wunden in unsere Seele schlagen. Solche Erlebnisse sind extrem schwer zu bewältigen. Aber selbst wenn wir von so etwas betroffen sind, dürfen wir gewiss sein: Gott möchte uns aus dem Schmerz heraus in die Freiheit führen – auch wenn der Weg bestimmt nicht einfach ist.

Vergebung ist ein Prozess, bei dem wir unsere schlimmsten, schmerzhaftesten Verletzungen aufdecken und sie unserem Herrn Jesus Christus anvertrauen. Das Wunderbare an ihm ist, dass er uns nicht einfach nur Mitleid und ein bedauerndes Lächeln entgegenbringt. Er weiß wirklich, was wir durchmachen. Er kann sich in jede Kränkung, in jede Ungerechtigkeit einfühlen. Denn er hat Verrat, Verlust und körperliche Misshandlung an sich selbst erfahren. Er ist da in unserem Leid, weil er es bereits für uns ertragen hat. Und was das Unbegreiflichste ist: Er hat uns bereits vergeben, wenn wir anderen Menschen Schmerz zugefügt oder an ihm gesündigt haben.

Vergebung erfordert Opferbereitschaft. Wir sind aufgerufen, den Schlamassel aufzuräumen, den andere täglich in unserem zerbrechlichen Herzen anrichten. Gott weiß, dass wir dieses Durcheinander nicht zu verantworten haben. Aber wir brauchen einen vergebungswilligen Geist, der bereit ist, Bitterkeit loszulassen. Heilung geschieht nicht immer sofort, aber sie geschieht, selbst während Sie diese Zeilen lesen. Der Schorf kann aufweichen, die Wunden können sich schließen und die Narben können verblassen. Wir können frei werden.

Gibt es jemanden, dem Sie verzeihen müssen? Oder eine Sache, für die Sie um Vergebung bitten müssen? Tun Sie den Schritt. Gleich hinter der nächsten Ecke wartet eine große Freiheit auf Sie.

Lieber Herr, du kennst die Verletzungen, die ich nicht loslassen kann, und den Ärger, der sich in mir angestaut hat. Du hast mir so viel vergeben. Nun bitte ich dich, dass du mein Herz bereit machst, auch denen zu vergeben, die mich verletzt haben. Ich danke dir, dass deine Vergebung kein Ende hat.

40
Sinn

Eines aber wissen wir: Alles trägt zum Besten derer bei, die Gott lieben; sie sind ja in Übereinstimmung mit seinem Plan berufen.

Römer 8,28

Sinn

Wenn ich jemanden ganz bestimmt nicht beneide, dann das Empfangspersonal beim Arzt, beim Friseur oder (schauderhaft) bei der Zulassungsstelle, wo ich kürzlich einige Zeit zubringen musste. An jedem dieser Orte sollte eigentlich geordnet ein Termin auf den anderen folgen. Doch wehe, wenn diese Ordnung gestört wird und es zu Verspätungen, Beschwerden, unvorhergesehenen Notfällen oder gar zum Chaos kommt! Dann werden die Mitarbeiter schnell zum Sündenbock. Auch ich habe dann schon manchmal genervt reagiert.

Achten wir darauf, in der Geschäftigkeit unseres Lebens nicht betriebsblind zu werden. Sonst verpassen wir vielleicht die besondere Aufgabe, die Gott uns für diesen Tag zugedacht hat. Es könnte nämlich sein, dass er gerade uns dazu bestimmt hat, andere in einer schwierigen Situation zu ermutigen. Er stellt seine Leute immer wieder dahin, wo er sie für seine Ziele gebrauchen kann.

Vor einiger Zeit war ich in einem Kaufhaus, um schnell noch ein paar Geschenke zu besorgen. Nebenbei scrollte ich mich durch mein Handy und ging die eingegangenen SMS, Sprachnachrichten und E-Mails durch. Die Verkäuferin hatte offenbar meinen Ehering bemerkt und machte mir dafür ein Kompliment. Ich bedankte mich höflich und schaute wieder auf mein Telefon, völlig gefangen von den vielen Nachrichten.

Da hörte ich sie fragen, ob ich das Geheimnis einer langen und glücklichen Ehe kennen würde. Verwirrt hob ich den Blick, senkte ihn aber sofort wieder, bis ich endlich dem leisen Flüstern in meinem Inneren folgte und mein Telefon in meine Handtasche steckte.

Erst jetzt fiel mir auf, wie schön diese Frau war, und ich hörte mit schwerem

Herzen zu, als sie mir von der Scheidung erzählte, die sie gerade durchmachte. Ich konnte unser Gespräch nach und nach in eine seelsorgerliche Richtung lenken. Später ließ ich ihr ein Exemplar meines früheren Buches *Angels in Our Midst* zukommen, um ihre erschöpfte Seele etwas aufzurichten.

Gott erinnerte mich daran, auf seine Stimme zu hören. Eine ganz alltägliche Begebenheit wurde zum göttlichen Auftrag, durch den diese Frau ein offenes Ohr für ihre Sorgen finden konnte. Ich hatte an diesem Tag eine Aufgabe bekommen, von der ich am Morgen beim Aufwachen noch nichts geahnt hatte.

Gott ist ein Meister im Planen. Immer wieder schickt er uns Menschen über den Weg, denen wir zum Segen werden können. Und in der Zwischenzeit sollten wir einfach aufmerksam sein und tun, was uns vor die Hände kommt. Sehen wir verschobene Termine oder ein Gespräch mit einem Fremden nicht als Zufall an – dahinter könnte sich mehr Sinn verbergen, als wir vermuten.

Vielleicht haben Sie gerade heute eine besondere Aufgabe. Oder morgen. Oder in einem Monat. Oder vielleicht erst in vierzehn Jahren. Unser himmlischer Vater hat nur für Sie in seinem Kalender ein Datum rot markiert.

Erinnern Sie sich an Begegnungen in Ihrem Leben, hinter denen Sie Gottes Plan erkennen konnten? Hat Gott Ihnen schon manches Mal einen Auftrag aufs Herz gelegt, der Sie überrascht hat?

Lieber Vater, ich würde gerne im Voraus wissen, was mir heute bevorsteht, aber das ist utopisch. Ich kann nicht wissen, was dieser Tag mir bringt oder wen ich treffen werde, aber ich bitte dich, dass du mir deine heilige Perspektive schenkst. Egal, wer oder was mir begegnet – ich will dahinter dich sehen.

Collection dirigée par
Thierry Discepolo

SERGE HALIMI & DOMINIQUE VIDAL, *« L'opinion, ça se travaille… » Les médias, l'OTAN & la guerre du Kosovo*

OBSERVATOIRE DE L'EUROPE INDUSTRIELLE (CEO), *Europe Inc. Liaisons dangereuses entre institutions & milieux d'affaires européens*

NOAM CHOMSKY, *Responsabilités des intellectuels*
(Préface de Michael Albert)

MICHEL BARRILLON, *D'un mensonge « déconcertant » à l'autre. Rappels élémentaires pour les bonnes âmes qui voudraient s'accommoder du capitalisme*

DENIS DIDEROT, *Apologies*
(Présentation de Michel Barrillon)

PAUL NIZAN, *Les Chiens de garde*
(Préface de Serge Halimi)

FRONT DE LIBÉRATION DU QUÉBEC, *Manifeste d'Octobre 1970*
(Postface et notes de Christophe Horguelin)

BP 2326, F-13213 Marseille cedex 02
http://www.lisez.com/agone

ISBN 2-910846-38-5

Coédition Comeau & Nadeau Éditeurs
c.p. 129, succ. de Lorimier
Montréal, Québec H2H 1V0

ISBN 2-922494-34-9

NOAM CHOMSKY

De la guerre comme politique étrangère des États-Unis

Traduction de l'anglais & annexes de Frédéric Cotton

Préface de Jean Bricmont

« D'une mauvaise réputation...
Lire Noam Chomsky en France »

AGONE
COMEAU & NADEAU

Je remercie Mmes Diana Johnstone et Anne Morelli pour leurs précieux conseils lors de la rédaction de cette préface.

D'une mauvaise réputation...

Lire Noam Chomsky en France

> Le ton qu'il adopte et ses critiques sans concessions ont depuis longtemps fait en sorte que Chomsky soit rejeté dans la Sibérie du discours américain. Ce sort n'est pas mérité. Ce que Chomsky a à dire est légitime. S'il y a quelque chose de neuf à notre époque, c'est qu'il faudra un jour ou l'autre répondre aux questions que pose Chomsky. Que nous soyons d'accord avec lui ou non, nous y perdons en ne l'écoutant pas.
>
> *Business Week*, 17 avril 2000

LE NEW YORK TIMES, dont le moins qu'on puisse dire est qu'il n'aime pas Chomsky (c'est d'ailleurs réciproque), écrit néanmoins qu'il peut être considéré comme le plus grand intellectuel vivant – pour se plaindre aussitôt des « bêtises » que Chomsky profère sur la politique extérieure des États-Unis. Pourtant, il reste splendidement ignoré en France, en dehors des départements de linguistique. Peut-être les historiens des idées expliqueront-ils un jour le paradoxe que présente cet intellectuel juif américain qui eut l'audace, dans un contexte anglo-saxon où cela ne le servait guère, d'appeler sa linguistique « cartésienne », de se proclamer « enfant des Lumières », de contribuer à faire connaître à ses compatriotes une pensée européenne méprisée dans l'Amérique triomphante de l'après-guerre, et dont on peut néanmoins affirmer que, de tous les pays occidentaux, c'est en France que son œuvre est la plus méconnue et la plus incomprise.

Lorsque son nom est évoqué, ce n'est que trop souvent pour l'associer à Faurisson ou à Pol Pot, en le faisant passer pour l'archétype de l'intellectuel « qui se hait lui-même » (soit comme juif, soit comme américain) et qui passe son temps à minimiser ou à nier divers génocides, et cela parce que leur évocation pourrait servir l'impérialisme occidental. Il est, par ailleurs, tout à fait remarquable que ce « plus grand intellectuel vivant » n'ait trouvé qu'un éditeur marginal, Spartacus, pour publier en 1984 ses *Réponses inédites à mes détracteurs parisiens*, compilation de lettres et d'une interview non publiées ou publiées de façon tronquée et adressées à des journaux comme *Le Monde*, *Le Matin de Paris*, *Les Nouvelles littéraires*, pour répondre, entre autres, à des attaques de Jacques Attali et de Bernard-Henri Lévy.

D'où l'importance de la publication des articles rassemblés ici, ainsi que de quelques autres publications [1]. Ces textes permettront aux lecteurs francophones de se faire une idée objective de ce géant politique méconnu et, indirectement, de jeter un regard critique sur un establishment intellectuel qui l'a si efficacement tenu dans l'ombre ; géant chez qui l'on trouve non seulement une étude lucide de la politique contemporaine mais aussi une analyse originale de l'idéologie, du rôle des intellectuels et des médias, ainsi qu'une défense et une illustration de ce que pourrait être un socialisme libertaire adapté à notre temps.

Mon but dans cette préface un peu inhabituelle sera d'expliquer pourquoi la pensée de Chomsky dérange tant, particulièrement en France depuis vingt-cinq ans, ainsi que de dissiper certains malentendus fort répandus et qui pourraient éloigner des lecteurs parfaitement honnêtes.

Le discrédit jeté sur Chomsky remonte à la fin de la guerre du Vietnam. Pendant cette guerre, ses écrits jouissaient d'une certaine audience dans les milieux qui y étaient opposés, y compris en France. Mais il y avait déjà, à l'époque, un malentendu implicite. Dans les mouvements français anticoloniaux, anti-impérialistes ou marxistes (ainsi que chez leurs adversaires) dominait une mentalité de « prise de parti ». Il fallait choisir son camp : pour les États-Unis ou pour l'URSS (ou pour la Chine) ; pour l'Occident ou pour les révolutions nationalistes du tiers-monde [1]. L'attitude de Chomsky était foncièrement différente. Il est ce qu'on pourrait appeler un rationaliste au sens classique du terme, un libertaire à qui l'idée de prise de parti est totalement étrangère. Non pas qu'il soit un intellectuel « au-dessus de la mêlée » – rares sont les intellectuels plus engagés que lui –, mais son engagement est exclusivement en faveur d'idées comme la vérité et la justice, et non d'un

1. Cette attitude s'étendait bien au-delà de la politique, puisque Louis Althusser, dont l'influence sur toute une génération d'intellectuels fut énorme, caractérisait sa démarche « matérialiste » comme étant une *prise de parti* en philosophie [2]. Bernard-Henri Lévy estime, quant à lui, qu'il faut penser comme on fait la guerre [3]. On peut constater que, dans le discours politique, des assertions purement factuelles sont souvent jugées en fonction de leurs « conséquences », réelles ou supposées telles, et non de leur véracité.

camp historique et social quel qu'il soit [1]. Son opposition à la guerre n'était pas basée sur l'idée que la révolution vietnamienne allait offrir un avenir radieux aux peuples d'Indochine mais simplement sur l'observation que l'agression américaine au Vietnam, loin d'être motivée par la défense de la démocratie, visait à empêcher toute forme de développement indépendant en Indochine (ainsi qu'ailleurs dans le tiers-monde) et que, par conséquent, elle ne pouvait qu'avoir des conséquences catastrophiques.

Comme les écrits de Chomsky sont extraordinairement rigoureux et bien documentés, il offrait aux opposants à la guerre du Vietnam des outils intellectuels précieux et la différence d'attitude entre lui et ses partisans en France pouvait passer pour secondaire. Par ailleurs, à la fin de cette guerre, la gauche (au sens large du terme) était, à l'échelle mondiale, plus forte qu'elle ne l'avait jamais été depuis la défaite du nazisme. Une contre-offensive était inévitable. L'occasion en fut toute trouvée lorsque des « *boat people* » se mirent à fuir un Vietnam épuisé et dévasté par la guerre et, plus encore, lorsque les Khmers rouges commirent de gigantesques massacres au Cambodge. Un mécanisme de culpabilisation de tous ceux qui s'étaient opposés à la guerre, et plus généralement à l'impérialisme, se mit en place, leur attribuant la responsabilité de ces événements (ainsi que d'autres tragédies qui se sont produites dans les pays post-coloniaux). Comme le fait remarquer Chomsky, c'est au moins aussi absurde que de

1. Attitude que les marxistes ont d'ailleurs souvent dénoncée, à tort, comme « idéaliste ».

reprocher à des Soviétiques opposés à l'invasion de l'Afghanistan par leur pays les atrocités commises par les rebelles afghans après le retrait des troupes de l'URSS [4]. Ceux-ci pourraient très bien répondre que l'invasion a mené à un désastre et que, en s'y opposant, ils ont fait tout ce qui était en leur pouvoir pour empêcher une catastrophe dont la responsabilité incombe à ceux qui ont déclenché l'invasion, pas à leurs adversaires. Mais l'analogue de cet argument presque banal est quasiment inaudible dans le camp occidental [1].

En France, la mentalité de camp avait mené pas mal d'opposants aux guerres coloniales à se faire des illusions sur la possibilité de lendemains qui chantent dans les sociétés décolonisées ; ce qui a rendu le processus de culpabilisation particulièrement efficace, d'autant plus que cela se passait à une époque où l'intelligentsia française effectuait un *grand tournant* qui allait l'amener à se distancier du marxisme, des pays dits socialistes ainsi que des révolutions du tiers-monde. Lorsque l'influence des « nouveaux philosophes » domina le petit monde des intellectuels médiatiques, ceux-ci se trouvaient majoritairement alignés sur une position soutenant presque systématiquement la politique occidentale vis-à-vis du tiers-monde et qui, bien que nominalement libérale, est accompagnée d'une pratique d'intimidation et de démonisation de l'adversaire pas très éloignée du

1. Cette comparaison n'est donnée que pour démontrer l'absurdité du raisonnement dominant en Occident. Les situations étaient néanmoins fort différentes, l'intervention soviétique en Afghanistan étant en partie motivée par des considérations de sécurité territoriale totalement absentes de l'agression américaine au Vietnam.

stalinisme d'antan. Cela explique pourquoi une bonne partie des intellectuels français, surtout ceux de la « génération soixante-huit », devint de plus en plus passive politiquement, plus encore qu'ailleurs en Europe, d'abord dans la lutte contre les Euro-missiles, ensuite contre la guerre du Golfe, puis lors du génocide rwandais, pour finir franchement belliciste lors des interventions occidentales en Bosnie et au Kosovo [1].

De son côté, n'ayant jamais eu d'illusions à perdre, Chomsky n'avait aucun combat à abandonner. Par conséquent, il est resté, comme en témoignent les écrits rassemblés ici, à la pointe de la lutte contre les interventions militaires et les embargos qui, de l'Amérique Centrale à l'Irak et au Kosovo, ont fait des centaines de milliers de morts. Mais pour tous ceux qui avaient effectué le grand tournant, Chomsky passait pour un anachronisme aussi bizarre que dangereux. Comment pouvait-il ne pas avoir compris que le bon camp, aujourd'hui, était celui de l'Occident, défenseur des droits de l'homme, et le mauvais celui de la barbarie à visage humain des pays socialistes et des dictatures post-coloniales ?

Pour répondre à cette question, il faut commencer par analyser plus en détail la démarche intellectuelle de Chomsky. Une bonne partie de son œuvre est consacrée à l'analyse du fonctionnement des mécanismes idéologiques dans nos

1. Si la tendance générale fut au repli et à la passivité, les philosophes méditatiques ont soutenu très tôt – et activement – la politique étrangère américaine menée par Reagan ; ainsi les Bernard-Henri Lévy et André Glucksmann ont-ils signé aux côtés d'un Jean-François Revel une pétition adressée au Congrès des États-Unis en soutien aux *contras* du Nicaragua. [nde]

sociétés. Ces mécanismes sont, fondamentalement, faciles à comprendre, au moyen de l'observation suivante : lorsqu'un historien étudie une société dans un passé lointain, mettons l'Empire romain, il essaye de relier les actions des dirigeants de l'époque à leurs intérêts économiques et politiques, ou du moins à la perception que ceux-ci en ont. Cette façon de procéder est tellement naturelle qu'il ne faut même pas la justifier. En particulier, loin de prendre les intentions avouées des dirigeants comme étant leur véritable motivation, c'est la structure «cachée» de la société (les relations de pouvoir ou les contraintes institutionnelles) mise à jour par l'historien qui permet d'analyser le discours officiel comme justification idéologique. Cette attitude s'étend à l'analyse de sociétés comme l'Union Soviétique hier ou la Chine et l'Iran aujourd'hui. Peu d'analystes occidentaux expliquent le comportement des dirigeants de ces sociétés en privilégiant les motivations que ces dirigeants ou leurs idéologues préférés mettent en avant pour justifier leurs actions.

Il existe néanmoins une exception à cette attitude méthodologique générale, et c'est là que se révèle le biais idéologique : nos propres sociétés, aujourd'hui. Les choses changent alors du tout au tout. Il devient quasi obligatoire, si on veut être pris au sérieux, d'accepter les intentions proclamées de nos gouvernants comme étant les véritables ressorts de leurs actions. On peut bien sûr critiquer, et cela est souvent fait de façon virulente, la capacité qu'ont nos dirigeants à atteindre les objectifs proclamés, les moyens dont ils disposent, leur intelligence, etc. Mais mettre en question la pureté de leurs motivations ou chercher à expliquer leurs actions en termes de contraintes que des acteurs plus puissants qu'eux font peser sur leurs actions revient à se mettre à l'écart du discours « respectable ». Par exemple, on peut discuter à l'infini des moyens et de la stratégie mis en œuvre par l'OTAN lors de la guerre du Kosovo mais pas mettre en question l'idée qu'il s'agissait là d'une guerre humanitaire. On peut critiquer tant qu'on veut la façon dont la guerre du Vietnam a été conduite, mais il faut toujours souligner qu'elle avait pour but de défendre un Sud Vietnam indépendant. On peut critiquer les moyens utilisés par les États-Unis en Amérique Centrale dans les années 1980 mais pas douter du fait qu'ils voulaient défendre ces pays face à la menace soviétique ou cubaine.

L'argument qui sous-tend ce curieux dualisme dans l'approche des phénomènes politiques est que nos sociétés sont « réellement différentes », à la fois des sociétés passées et de sociétés comme l'URSS ou la Chine, parce que nos gouvernements, étant civilisés et démocratiques, sont réellement soucieux de valeurs comme les droits de l'homme ou la démocratie. Appelons cette idée la « thèse de notre singularité ». Les partisans de cette thèse concéderont volontiers que nous n'avons pas toujours agi ainsi dans le passé ; certes, il y eut le colonialisme qui fut condamnable et la guerre froide nous a amené à soutenir trop de dictatures ; mais les choses ont maintenant changé et nous travaillons *vraiment* à la construction d'un monde meilleur.

La thèse de notre singularité passe souvent pour évidente parce que, en effet, les libertés démocratiques et les droits de l'homme sont souvent mieux respectés « chez nous » qu'ailleurs. Mais cela n'implique rien concernant la politique étrangère des États-Unis et de leurs alliés. En effet, il est facile d'imaginer, par exemple, que dans une société où existent certaines formes démocratiques, une oligarchie économique arrive à contrôler suffisamment le gouvernement et les médias pour orienter la politique étrangère vers des buts qui sont loin d'être nobles. Quoi qu'il en soit de cette possibilité, on peut tenter d'évaluer empiriquement la thèse de notre singularité en utilisant des arguments du type « deux poids, deux mesures ». Comparons deux situations tragiques (guerre, famine, attentat, etc.) plus ou moins semblables et regardons comment réagissent nos gouvernements et comment les médias les présentent. Lorsque la responsabilité de ces situations peut être imputée à nos ennemis, on observe que les réactions sont indignées et que la présentation se fait sous le jour le plus défavorable. Par contre, si la responsabilité incombe à des gouvernements occidentaux ou à leurs alliés, on se déclare impuissant et les horreurs sont minimisées. Pourtant, il est évident que, si les actions des gouvernements étaient réellement motivées par les intentions altruistes généralement proclamées, ils devraient avant tout agir sur les situations tragiques dont ils sont responsables, au lieu de se concentrer sur celles qui sont attribuables à leurs ennemis. Lorsqu'on constate que c'est presque systématiquement l'inverse qui se produit, on doit retenir l'accusation d'hypocrisie. Une bonne partie de l'œuvre de Chomsky est consacrée à des comparaisons de ce genre, et les conclusions qui s'en dégagent ne sont flatteuses ni pour les gouvernements occidentaux ni pour la façon dont les médias présentent leur action [I].

Ceci nous ramène à l'Indochine et, en particulier, au Cambodge. Les écrits de Chomsky sur ce sujet sont souvent dénoncés comme une « défense de Pol Pot », alors qu'il s'agit d'une comparaison entre les réactions des gouvernements et des médias face à deux atrocités ayant eu lieu à la même époque : d'une part les massacres des Khmers rouges au Cambodge, d'autre part ceux qui furent commis par les Indonésiens lors de l'invasion du Timor-Oriental [6]. On trouvait là un parfait exemple des comparaisons que Chomsky a utilisées pour démontrer le caractère idéologique du discours dominant. Dans le cas du Cambodge, on assistait à une indignation virulente [II] ainsi qu'à un grand nombre d'exagérations et de mensonges

I. Il faut souligner que la critique des médias faite par Chomsky s'éloigne fort de la critique dominante, laquelle s'énonce le plus souvent en termes de catégories comme les risques du direct, la pression due à la compétition ou le manque de formation des journalistes. Ces catégories, qui sont socialement neutres, peuvent expliquer des erreurs contingentes mais n'expliquent nullement les biais systématiques que l'on observe dans l'information. Pour rendre compte de celles-ci, il faut faire appel à la structure de propriété et de pouvoir qui domine le système des médias [5].

II. L'hypocrisie de cette indignation était manifeste : personne ne proposait de solution réaliste, les États-Unis étant peu disposés à intervenir dans un pays, le Cambodge, dont ils venaient d'être chassés. Le comble de l'hypocrisie fut atteint néanmoins lorsque les Vietnamiens mirent fin au régime de Pol Pot : dès ce moment, les Occidentaux se mirent à soutenir les Khmers rouges de différentes façons, à l'ONU mais aussi, indirectement, sur le plan militaire [7]. *A contrario*, dans le cas de l'Indonésie, de simples pressions occidentales auraient sans doute suffi pour arrêter les massacres.

concernant les Khmers rouges [1]. Dans le cas du Timor, les médias observèrent un silence presque complet alors que les États-Unis et leurs alliés livraient à l'Indonésie des armes dont ils savaient très bien qu'elles étaient utilisées au Timor. Par exemple, le ministre des Affaires étrangères français de l'époque, de Guiringaud, en visite à Djakarta pour signer un accord militaire, déclara ensuite que la France ne placerait pas l'Indonésie dans une situation embarrassante aux Nations unies sur la question du Timor [8]. Il est facile d'imaginer les réactions indignées si une démarche semblable avait eu lieu au Cambodge (avant l'invasion vietnamienne, c'est-à-dire avant que les États-Unis ne se mettent à soutenir les Khmers rouges). Mais pour l'Indonésie, il n'y en eut pratiquement aucune.

Il serait facile de dresser une longue liste de non-indignations sélectives, qui comprendrait la Turquie et les Kurdes, Israël et les Palestiniens, sans oublier l'Irak où, au nom du droit international, on fait mourir à petit feu un million de personnes. En Irak, le droit est sacré et l'humanitaire sans importance. Au Kosovo, deux mille

1. La situation idéologique n'était pas sans rappeler l'histoire des bébés belges assassinés par les Allemands durant la Première Guerre mondiale. Il n'y a aucun doute que les Allemands avaient commis de nombreuses atrocités à l'époque et, de même, il n'y a aucun doute que ces atrocités ont été fortement exagérées par la propagande anglo-française pour entraîner les États-Unis dans la guerre. Les pacifistes de l'époque, Bertrand Russell par exemple, se trouvèrent, comme Chomsky aujourd'hui, dans la situation peu enviable de devoir rétablir la vérité au risque de passer pour des apologistes du meurtre.

morts et l'humanitaire prime sur le droit [I]. Où est la logique? Évidemment, on peut toujours répondre que les comparaisons ne sont pas parfaites, mais les différences vont dans les deux sens et ce qu'il faut souligner n'est pas tant la similitude plus ou moins exacte entre situations différentes (qui sont néanmoins comparables) mais plutôt le caractère incroyablement et systématiquement biaisé de la façon dont elles sont présentées à l'opinion – et cela, rien ne peut le justifier.

L'attitude de Chomsky consistant à faire ce genre de comparaisons entrait directement en conflit avec la mentalité de prise de parti, surtout celle qui domine depuis le grand tournant : le Bien (l'Occident et ses alliés) et le Mal (le nationalisme du tiers monde et les pays dit socialistes) sont incomparables. Pire, Chomsky a toujours estimé qu'il devait d'abord dénoncer les crimes commis par les gouvernements sur lesquels il pouvait espérer agir, c'est-à-dire les nôtres, parce qu'il s'en estime plus directement responsable – évitant ainsi d'adopter l'attitude hypocrite qu'il reproche à nos gouvernements et à nos médias. Alors qu'il n'y avait dans sa démarche aucune illusion sur les régimes révolutionnaires ni aucune apologie des crimes commis par les « autres », il était inévitable qu'elle soit dénoncée comme tombant dans ces travers par ceux-là mêmes qui avaient entretenu de telles illusions et fait de telles apologies par le passé [II]. Ce qui explique en grande partie l'ostra-

I. Le chiffre de deux mille mort est l'estimation occidentale du nombre total de victimes, avant l'attaque de l'OTAN.

II. En fait, Chomsky, prévoyant ce qui allait se passer, écrivait, déjà en 1970, qu'« aucune personne rationnelle n'approuvera la violence

cisme dont Chomsky a été victime en France à partir de cette période. Rien n'est pire, pour des « repentis » (dont le repentir est d'ailleurs largement récompensé), que celui qui ne se repent pas parce qu'il n'a à se repentir de rien. On peut bien sûr comprendre psychologiquement la réaction qui s'est emparée à cette époque de l'intelligentsia française (brûler ce qu'on a adoré et adorer ce qu'on a brûlé), mais il n'en reste pas moins qu'il y a quelque chose d'irritant dans l'attitude de ces intellectuels, toujours très influents dans les médias français, et qui se vengent toute leur vie, sur le dos des autres, des erreurs qu'eux-mêmes ont commises lorsqu'ils étaient jeunes.

Un autre aspect structurel du fonctionnement de l'idéologie est l'existence d'un débat aussi vif

et la terreur. En particulier, la terreur d'un État post-révolutionnaire, qui est tombé entre les mains d'une sombre autocratie, a plus d'une fois atteint des niveaux de sauvagerie indescriptibles. Néanmoins, aucune personne compréhensive ou humaine ne condamnera trop vite la violence qui se produit souvent lorsque des masses longtemps dominées se soulèvent contre leurs oppresseurs, ou font leurs premiers pas vers la liberté et la reconstruction sociale » [9]. Il citait également des remarques semblables de Kant à propos de la Révolution française et de Bertrand Russell sur la Révolution russe, lequel écrivait, avec son ironie habituelle : « Chaque échec de l'industrie, chaque règlement tyrannique dû à une situation désespérée est utilisée par l'Entente pour justifier sa politique. Si un homme n'a ni à boire ni à manger, il s'affaiblira, perdra sa raison et finira par mourir. En général, cela n'est pas considéré comme une bonne raison pour infliger la mort en affamant les gens. Mais, en ce qui concerne les nations, la faiblesse et la lutte sont considérés comme moralement répréhensibles et sont supposés justifier des punitions supplémentaires... Est-il surprenant que les grandes proclamations de sentiments humanitaires de la part des Anglais soient accueillies avec froideur dans la Russie soviétique ? [10] » Des remarques similaires pourraient être faites aujourd'hui sur l'Irak ou la Serbie.

que possible à l'intérieur de limites strictes. En général, le débat porte sur des questions d'efficacité et de compétence : sommes-nous suffisamment habiles ? avons-nous la détermination nécessaire pour atteindre le but recherché ? Ou encore : sommes-nous moralement obligés de poursuivre ces nobles objectifs [1] ? Ce qu'il importe de comprendre – et qui éclaire le fonctionnement de l'idéologie –, c'est que plus le débat est violent concernant les moyens et plus il est focalisé strictement sur cette question, plus l'hypothèse implicite concernant la noblesse des buts recherchés s'en trouvera renforcée. C'est cette distinction entre critique portant sur l'efficacité et critique portant sur la légitimité et la sincérité qui sépare les critiques acceptables dans notre société de celles qui ne le sont pas.

Pour finir, il faut brièvement aborder l'affaire Faurisson, qui, bien qu'ancienne, donne encore lieu à certaines des attaques les plus virulentes contre Chomsky en France. Professeur de littérature à l'université de Lyon, Robert Faurisson fut suspendu de ses fonctions à la fin des années 1970 et poursuivi devant les tribunaux parce qu'il avait, entre autres, nié l'existence des chambres à gaz pendant la Deuxième Guerre mondiale. Une pétition pour défendre sa liberté d'expression a rapidement circulé à l'époque et fut signée par plus de cinq cents personnes, dont Chomsky. Cela a pro-

1. Ainsi se demandera-t-on si la France est ou n'est pas moralement obligée d'intervenir militairement pour défendre les droits de l'homme – comme, par exemple, au Kosovo. Une critique chomskyenne sortira de ce débat, en étudiant par exemple la politique de la France en Afrique, pour montrer que, quel que soit le but réellement poursuivi, celui-ci ne peut en aucun cas être la défense des droits de l'homme.

voqué de violentes réactions en France, à la suite desquelles Chomsky écrivit un court texte insistant sur le fait que partager les opinions de quelqu'un et lui reconnaître le droit de les exprimer sont deux choses très différentes. De nouveau, la mentalité de prise de parti rendait cette distinction élémentaire difficilement compréhensible dans ce pays où, si vous défendez la liberté d'expression de quelqu'un, c'est que vous êtes dans son camp.

Chomsky donna ce texte à Serge Thion – alors un de ses amis –, en lui disant de l'utiliser à sa guise. Il commit là une erreur, la seule dans cette affaire. En effet, Thion fit paraître ce texte comme « avis » au début du mémoire en défense publié par Faurisson. Chomsky a toujours souligné qu'il n'était jamais entré dans ses intentions de publier son texte là et qu'il a cherché, mais trop tard, à en empêcher la parution. Notons que ce texte ne défend nullement les positions de Faurisson mais se limite à la question de la liberté d'expression [11]. Quoi qu'il en soit, depuis vingt ans, il est pratiquement impossible de mentionner le nom de Chomsky, sur quelque sujet que ce soit, sans que quelqu'un dise : « Ah oui, celui qui a préfacé le livre de Faurisson. »

Lorsqu'on condamne Chomsky dans l'affaire Faurisson, il faut au minimum dire ce que l'on condamne exactement : une erreur tactique fort ancienne ou le principe même de la défense inconditionnelle de la liberté d'expression ? En ce qui concerne ce principe, il y a plusieurs remarques à faire. Tout d'abord, la France ne possède pas la tradition libertaire en matière d'expression d'opinions qui existe aux États-Unis, où la position de Chomsky ne choque personne et, pour l'essentiel, est admise à travers presque tout le spectre politique [12]. Une loi comme la loi Gayssot qui réprime en France le négationnisme entrerait immédiatement en conflit avec le premier amendement à la constitution (qui garantit la liberté d'expression). L'American Civil Liberties Union, dans laquelle militent de nombreux antifascistes, porte plainte devant les tribunaux si l'on interdit au Ku Klux Klan ou à des nazis de manifester, en uniforme, dans des quartiers à majorité noire ou juive – comme à Skokie (Illinois) en 1978. On peut ne pas être d'accord avec cette attitude, mais il faut au moins être conscient du fait que le débat se déroule entre deux traditions politiques différentes (toutes deux d'ailleurs issues des Lumières), l'une dominante en France, l'autre aux États-Unis, et non entre un Noam Chomsky élu représentant d'une ultra-gauche dévoyée et la France républicaine.

Par ailleurs, les gens qui reprochent à Chomsky, et donc aux Américains, leur attitude en matière de liberté d'expression donnent rarement une réponse claire à la question fondamentale : interdire, soit, mais quoi et sur quelle base ?

— Invoquera-t-on la fausseté manifeste ? Mais il faudrait alors interdire une grande partie des discours pseudo-scientifiques ou religieux. Qui souhaite se risquer dans cette entreprise ?

— Invoquera-t-on la nocivité du discours ? Mais les discours les plus nocifs, ici et maintenant, ne sont en général pas ceux qui sont poursuivis devant les tribunaux et qui, presque par définition, émanent de gens marginaux (dont l'existence n'est d'ailleurs connue que grâce à la publicité que leur assurent les poursuites dont ils font l'objet [1]), mais bien toutes les justifications de l'impérialisme et du bellicisme assurées par les discours dominants. Après tout, les victimes du colonialisme, de la guerre du Vietnam ou de l'embargo contre l'Irak se comptent par millions; et les discours qui justifient ou justifiaient ces entreprises, loin d'être interdits, sont en général bien récompensés.

— Invoquera-t-on le caractère odieux des propos tenus? Mais on se heurte alors au problème du blasphème et de sa censure : presque tous les croyants se sentent blessés par les propos tenus par les athées ou par les adhérents d'autres religions. Est-il sage de confier au législateur le soin de distinguer entre propos vraiment odieux et propos qui ne paraissent odieux qu'en fonction de préjugés religieux?

Je ne prétends pas, par ces brèves remarques, montrer qu'aucune réponse satisfaisante ne peut être donnée à ces questions mais simplement rappeler leur existence et souligner qu'une réponse, si elle peut être donnée, requiert à tout le moins une réflexion plus approfondie que celles qui accompagnent généralement les condamnations sommaires à l'encontre de la position défendue par Chomsky.

Finalement, la sincérité de cette position, qui consiste à défendre la liberté d'expression indépendamment de l'opinion exprimée, position qui n'est d'ailleurs pas différente de celle de

1. Chomsky mentionne le cas d'un certain Arthur Butz, une sorte de Faurisson américain qui enseigne à l'université Northwestern mais dont presque personne n'a jamais entendu parler vu que sa liberté d'expression n'est nullement en danger.

Voltaire [I], ne peut être mise en doute. Même si l'on soupçonnait Chomsky d'avoir une sympathie secrète pour les idées de Faurisson, ou de considérer l'idée même de génocide comme un mythe impérialiste, ou quelque autre absurdité de ce genre [II], on pourrait difficilement l'accuser de sympathie pour des dissidents soviétiques qui soutenaient l'agression américaine au Vietnam, ou qui professaient un obscurantisme religieux digne du Moyen Âge. Pourtant, Chomsky a aussi défendu leur liberté d'expression, ainsi que le droit d'enseigner pour des gens qu'il considérait comme des criminels de guerre (des conseillers gouvernementaux à l'époque de la guerre du Vietnam). Comme le fait remarquer Chomsky, personne (sauf parfois à l'extrême gauche) n'a jamais soulevé d'objections dans ces cas-là.

Lire Chomsky est, tout d'abord, un acte d'autodéfense intellectuelle légitime et indispensable dans un monde où des cohortes d'intellectuels disciplinés et de médias serviles jouent le rôle d'une prêtrise séculière au service des puissants. Il nous permet d'éviter les fausses évidences et les indignations sélectives qui nous sont quotidiennement infligées par le discours dominant. Mais il nous apprend aussi que, si l'on veut changer le monde, il faut le comprendre de façon objective et qu'il y a une grande différence entre un certain romantisme révolutionnaire qui fait, à terme, plus

I. Voltaire disait à M. Le Riche qu'il détestait ce qu'il écrivait mais qu'il donnerait sa vie pour que celui-ci puisse continuer à l'écrire.

II. Chomsky a décrit à plusieurs reprises l'holocauste nazi comme étant l'explosion la plus fantastique de folie collective de l'histoire humaine [13].

de tort que de bien et une critique sociale qui est à la fois à la fois radicale et rationnelle. C'est pourquoi, à une époque où renaît, après des années de désespoir et de résignation, une contestation globale du système capitaliste, la façon qu'a Chomsky de combiner lucidité, courage et optimisme est plus indispensable que jamais.

JEAN BRICMONT
Louvain-la-Neuve, janvier 2001

Notes

1. Écrits les plus récents pour le public francophone : *L'An 501. La conquête continue* (Écosociété-EPO, Montréal-Bruxelles, 1995), *Les Dessous de la politique de l'Oncle Sam* (Écosociété-EPO-Le Temps des Cerises, Montréal-Bruxelles-Paris, 1996), *Responsabilité des intellectuels,* (Agone, Marseille, 1998), *Entretiens avec Noam Chomsky* (Écosociété, Montréal, 1998), *Le Nouvel Humanisme militaire* (Page Deux, Lausanne, 2000), *Deux heures de lucidité. Conversations avec Noam Chomsky* (Les Arènes, Arles, 2001). Notons que trois éditeurs seulement sont français et un seul parisien.
2. Lire *Lénine et la philosophie*, Maspéro, Paris, 1982.
3. Lire la dernière section de *La Pureté dangereuse*, Grasset, Paris, 1994.
4. Noam Chomsky, *Power and Prospects : Reflections on Human Nature and the Social Order*, South End Press, Boston, 1998.
5. Lire Edward S. Herman et Noam Chomsky, *Manufacturing Consent. The political Economy of the Mass Media*, Pantheon Books, New York, 1988 et Noam Chomsky, *Necessary Illusions. Thought Control in Democratic Societies*, Pluto Press, London, 1989.
6. Noam Chomsky et Edward S. Herman, *The Political Economy of Human Rights* (2 volumes), South End Press, Boston, 1979.

7. Lire John Pilger, *Hidden Agendas*, Vintage, London, 1998.
8. *Le Monde*, 14 septembre 1978.
9. Noam Chosmky, *For Reasons of State*, Pantheon, New York, 1970, p. 393.
10. Lire Noam Chomsky, *Problems of Knowlege and Freedom. The Russell Lectures*, Pantheon, New York, 1971 et Bertrand Russell, *The Practice and Theory of Bolshevism*, Allen and Unwin, London, 1920.
11. La version anglaise de ce texte, « Some elementary comments on the rights of freedom of expression », est disponible sur <www.zmag.org/chomsky/articles/8010-free-expression.html>.
12. Le *New York Times* rendait compte de l'« affaire Chomsky-Faurisson » sous le titre : « Une tempête française dans une demi-tasse. » Lire l'article de Chomsky, « His right to say it », *The Nation*, 28 février 1981, <www.zmag.org/chomsky/articles/8102-right-to-say.html>.
13. De nombreux articles de Chomsky sur ces sujets sont disponibles sur <www.zmag.org/chomsky/articles.cfm>.

Quelques tentatives maladroites de faire le bien

Interventions militaires au Vietnam & en Amérique centrale (1985)

LORSQU'ON prend un couple quelconque d'événements historiques et qu'on se demande s'ils présentent des différences ou des points communs, la réponse est toujours à la fois « oui et non ». Une étude approfondie des faits en fera surtout ressortir les différences quand une analyse plus globale en soulignera les similitudes. Dans les deux cas qui nous intéressent ici – le Vietnam et l'Amérique centrale –, la question est de savoir si le niveau d'analyse qui permet de les rapprocher est véritablement pertinent. Selon moi, la réponse est oui.

Ce niveau d'analyse à partir duquel les deux situations apparaissent similaires concerne les modalités de l'interventionnisme américain, ses conséquences et, surtout, la manière dont il est inscrit, de fait, dans les institutions américaines. Sur ces points précis, les ressemblances me semblent même assez substantielles :

-1- L'intervention américaine fut, dans les deux cas, aussi révélatrice que décisive.

-2- Les conséquences de l'intervention furent terrifiantes.

-3- Les motivations de cette intervention reposent sur une conception géopolitique bien définie, inchangée depuis des lustres et profondément enracinée dans les institutions américaines.

Ce que je souhaite démontrer ici, une simple enquête un peu sérieuse suffirait à le révéler. Je commencerai par exposer la conception géopolitique générale des États-Unis car n'en rien savoir limite singulièrement, à mon avis, les chances de comprendre un tant soit peu ce qui se passe dans le monde. En revanche, lorsqu'on en connaît les grandes lignes directrices, les événements trouvent naturellement leur place et on peut même passer pour un assez bon prophète. On discutera ensuite des effets de la géopolitique américaine au Vietnam et de ce qu'elle implique aujourd'hui – et promet dans un futur proche – en Amérique centrale.

Néanmoins, dans un premier temps, je pense qu'il serait bon de confronter mon point de vue au point de vue officiel – qu'on pourrait qualifier moins charitablement de propagande partisane –, sur lequel se fondent la plupart des réflexions sur cette question. C'est ce point de vue officiel qui s'exprime par exemple dans le *New York Times* quand Anthony Lewis y affirme que l'intervention américaine au Vietnam n'était au départ qu'« une tentative maladroite de faire le bien » qui a finalement tourné au « désastre » ; ou quand on regrette avec l'éminent spécialiste de l'Asie, John King Fairbank, que notre présence au Vietnam ait été le fruit d'un « souci exagéré de justice et d'un altruisme désintéressé ». Le même ajoute un peu plus loin que ce qu'il appelle notre « défense » du Sud Vietnam fut non seulement mal pensée mais mal appliquée. On a pu lire aussi sous la plume de Stanley Karnow – dont on vante d'ordinaire l'angélisme critique mais qui fait, depuis quelque temps, l'objet de virulentes critiques de la part de l'aile droite politique pour avoir préféré la simple obéissance à la servilité – que « la défense du Sud Vietnam » était « une croisade vouée à l'échec ». Certes « noble » mais néanmoins « vaine », même si elle répondait aux « meilleures intentions du monde ».

Soulignons que ce florilège de commentaires émane des esprits « critiques » de l'aile accommodante, dits les « colombes », du spectre politique américain, et qu'on trouverait difficilement des condamnations plus sévères de la guerre du Vietnam chez les universitaires et les journalistes.

Si j'ai rappelé ces quelques déclarations, c'est que tout le reste en découle *a fortiori.* Le débat public sur le Vietnam se situe entre *cette* position et celle, à peine différente, des Ronald Reagan et autres Norman Podhoretz. Ce sont là les limites imposées au débat et, si vous ne les acceptez pas, vous vous excluez vous-même de l'exquise compagnie des gens bien élevés. Voilà pour le point de vue officiel sur la guerre du Vietnam que je souhaite à présent confronter à ce qui se passe dans le monde réel.

Dans le monde réel, la stratégie mondiale des États-Unis a toujours été à la fois complexe et prudente – ce qui semble assez logique pour une superpuissance de premier ordre dirigée par un groupe social dominant assez étroit et possédant un sens aigu de la hiérarchie. Comme c'est le cas dans la plupart des sociétés humaines, le pouvoir des membres de ce groupe social repose sur la propriété et sa capacité à diriger l'économie. Durant la Seconde Guerre mondiale, conscients qu'à l'issue des combats l'Amérique deviendrait une puissance mondiale de premier plan destinée à exercer une influence hégémonique presque sans exemple dans l'histoire, les stratèges américains travaillèrent à lui permettre de relever le défi.

De 1939 à 1945, le Conseil des relations extérieures et le Département d'État américain se livrèrent à des analyses approfondies. Un groupe d'études, baptisé Groupe d'études guerre-paix, travailla pendant six ans pour produire analyses et stratégies géopolitiques détaillées. Le Conseil des relations extérieures représentait, en réalité, la contribution personnelle du milieu des affaires américain à l'élaboration de la politique extérieure des États-Unis. On trouvait également au sein de ces groupes d'études tous les décideurs du Département d'État, à l'exception toutefois du secrétaire d'État lui-même.

Ce sont eux qui conçurent le projet de ce qu'on appelle le « grand domaine ». Ce grand domaine recouvrait toutes les régions destinées à subvenir aux besoins de l'économie américaine, c'est-à-dire, selon l'un de ses concepteurs, l'espace mondial « stratégiquement indispensable pour s'assurer la maîtrise du monde ». Le grand domaine devait donc comprendre, au minimum, l'hémisphère occidental, l'Extrême-Orient et l'ancien empire britannique dont nous accélérions alors le démantèlement pour mieux le reprendre nous-mêmes. C'est là ce qu'on appelle « l'anti-impérialisme » dans les universités américaines. Le grand domaine devait aussi inclure l'Europe de l'Ouest et du Sud et les pays producteurs de pétrole au Moyen-Orient. En fait, il aurait dû tout comprendre si cela s'était avéré possible. Toujours en vue de cette subordination totale aux intérêts nationaux des États-Unis, on attribua des stratégies spécifiques à certaines régions du grand domaine ainsi qu'aux institutions internationales chargées de l'organiser et d'en assurer le contrôle.

Est-il besoin de souligner que, lorsque nous parlons de l'intérêt national, cela ne concerne pas nécessairement le *peuple* américain. Il s'agit plutôt de l'intérêt de ceux qui dominent, contrôlent, possèdent ou influencent l'économie américaine. Les planificateurs américains admettaient bien, en outre, que d'autres formes d'organisation mondiale, reposant sur un moindre contrôle, était envisageables, mais elles ne pouvaient se concrétiser, selon eux, qu'au « prix » d'une transformation interne de la société américaine vers plus d'égalité – ce qui n'est manifestement pas à l'ordre du jour.

À l'égard de l'Extrême-Orient, le plan était plus ou moins le suivant : étant entendu que le Japon, pauvre en ressources naturelles, redeviendrait tôt ou tard le cœur industriel de la région, l'Asie du Sud et du Sud-Est devait faire office à la fois de débouché et de fournisseur. Tout cela, bien sûr, s'intégrant dans un système mondial dominé par les États-Unis.

Pour l'Amérique latine, le projet fut exposé dans le détail par le secrétaire à la Guerre, Henry Stimson. En mai 1945, il expliquait comment nous devions éliminer et démanteler les systèmes régionaux dominés par d'autres puissances mondiales – en particulier la Grande-Bretagne – tout en conservant, et même en accroissant, notre propre pré carré. À propos de l'Amérique latine, il s'exprimait en ces termes : « Je pense que ce n'est pas trop demander que d'avoir notre petit secteur dans un coin qui n'a jamais vraiment intéressé personne. »

Le principe qui est à la base de cette stratégie globale a été exprimé en de nombreuses occasions (nous sommes une société très ouverte et si l'on veut savoir vraiment ce qui se passe, on le peut ; cela demande un peu de travail mais les documents sont disponibles et l'histoire aussi). L'une des démonstrations les plus lucides et les plus éclairantes de cette stratégie est l'œuvre de George Kennan, considéré comme un planificateur particulièrement humain, libéral et réfléchi – raisons pour lesquelles, justement, il dut quitter le Département d'État. Kennan dirigeait l'équipe chargée de la planification politique au Département d'État à la fin des années 1940. Dans le document qui suit, il en indiquait le principe directeur : « Avec seulement 6,3 % de la population mondiale, nous représentons près de 50 % de la richesse mondiale. [...] Dans cette situation, il est impossible que nous n'éveillions pas l'envie et le ressentiment. Notre tâche principale, dans les années à venir, est de mettre en place un système de relations internationales qui nous permette de maintenir ce déséquilibre. [...] Nous ne devons pas nous leurrer en imaginant que nous pouvons, aujourd'hui, nous payer le luxe de l'altruisme et de la charité. Nous devrions cesser d'évoquer des principes aussi irréalistes et flous que les droits de l'homme, l'amélioration du niveau de vie et la démocratisation. Le jour n'est pas loin où nous allons devoir nous positionner en termes de rapport de forces pur. Et moins nous serons alors bridés par des slogans idéalistes, mieux nous nous en trouverons. » (PPS, 23 février 1948)

Rappelons qu'il s'agit là d'un document top secret. Les slogans idéalistes doivent continuer, bien entendu, à être relayés par les milieux universitaires, l'école, les médias et l'ensemble du réseau idéologique afin de pacifier la population dans son ensemble et donner du poids à la fable du « point de vue officiel » dont j'ai déjà parlé. Souvenons-nous aussi que Kennan est le représentant de l'aile la plus libérale, humaine et accommodante du spectre politique américain. Cela n'en reste pas moins à la fois lucide et parfaitement clair.

Les propos de Kennan inspirent de nombreuses questions. Néanmoins, je n'en retiendrai qu'une : pense-t-il bien à ce qu'il dit lorsqu'il suggère que « les droits de l'homme, l'amélioration du niveau de vie et la démocratisation » devraient être abandonnés en tant qu'objectifs n'ayant rien à faire avec la politique étrangère américaine ? En réalité, si l'on fait retour sur l'histoire américaine, on se trouve devant un tableau bien différent. La politique des États-Unis s'est souvent vigoureusement – voire violemment – opposée à ces principes : droits de l'homme, démocratisation, amélioration du niveau de vie.

C'est particulièrement vrai en Amérique latine et il y a d'excellentes raisons pour cela. En effet, la promotion de ces généreux principes ne peut aller de pair avec la mise en place de mesures drastiques destinées à maintenir la disparité des situations et à permettre l'exploitation des ressources mondiales. Bref, à garantir ce que nous pourrions appeler la « cinquième liberté » (il y en avait quatre, mais on a tendance à en oublier une) : la liberté de voler. La seule qui compte. Les autres libertés servent avant tout à assurer le spectacle. Pour garantir la liberté de voler et d'exploiter, il *faut* s'opposer avec la plus grande fermeté à la démocratisation, à l'amélioration du niveau de vie et aux droits de l'homme. Et, *de fait*, dans le monde réel nous nous y opposons fermement.

Les propos de Kennan que nous venons de citer s'appliquaient plus particulièrement à l'Extrême-Orient, mais ils valaient aussi pour le continent sud-américain. Dans une note destinée aux ambassadeurs américains, Kennan rappelait que l'un des points essentiels de la politique américaine est « la protection de nos matières premières ». Et de qui devrions-nous protéger *nos* matières premières ? Des populations indigènes, bien sûr, qui pourraient bien avoir leur mot à dire sur l'amélioration du niveau de vie, la démocratisation et les droits de l'homme. Tous principes parfaitement inconciliables avec le maintien des disparités économiques. Et comment protéger *nos* matières premières des populations indigènes ? La réponse ne se fait pas attendre : « La réponse définitive peut paraître déplaisante, mais [...] nous ne devrions pas hésiter devant la répression policière mise en place par les gouvernements locaux. Cela n'est pas déshonorant puisque les communistes sont par nature des traîtres. [...] Il vaut mieux avoir un régime fort au pouvoir qu'un gouvernement libéral conciliant avec les communistes – voire infiltré par eux. »

Nouvelle question : qui sont les communistes ? « Communiste » est un terme habituellement utilisé dans la théologie politique américaine pour désigner les gens qui pensent sérieusement que « le gouvernement est directement responsable du bien-être des gens ». Je cite ici les termes d'un rapport de 1949 émanant des services de renseignements du Département d'État, véritable mise en garde contre la doctrine sinistre et diabolique, susceptible de menacer « nos matières premières » si nous n'étions pas en mesure de la réduire au silence.

On comprend mieux, à présent, que John F. Kennedy ait pu affirmer en son temps que « les gouvernements militaro-civils tels que celui du Salvador sont les plus efficaces quand il s'agit de contenir la progression du communisme en Amérique latine ». Au moment même où Kennedy s'exprimait ainsi, il jetait les bases de ces escadrons de la mort qui massacrèrent, depuis, des dizaines de milliers de gens (escadrons qui s'inscrivent, notons-le, dans le cadre de l'Alliance pour le progrès et sont sans doute aujourd'hui le dernier effet encore visible de ce programme).

Au milieu des années 1950, une étude approfondie, menée sous la direction de William Yandell Eliot, professeur au Département d'études administratives et politiques de Harvard, s'interrogeait sur la nature du communisme et les modalités de son expansion. Cette étude concluait très justement que la principale menace communiste réside dans le fait que les instances des pays communistes évoluent économiquement généralement « selon des modes qui diminuent à la fois leur désir et leur aptitude à venir compléter les économies industrialisées de l'Ouest». C'est vrai et cela offre une définition du communisme parfaitement opérationnelle pour le discours politique américain. Notre gouvernement y adhère d'ailleurs parfaitement.

Si un gouvernement est assez fou ou sournois pour entreprendre une telle évolution économique, il devient immédiatement un ennemi et rejoint le camp de «l'impitoyable conspiration monolithique» que dénonçait Kennedy. Il est alors considéré, si c'est bien le genre de politique qu'il entend mettre en œuvre, comme étant passé chez les Russes.

Selon ces principes de base, on peut assez aisément prédire les mouvements de la politique étrangère américaine. Ainsi, par exemple, l'attitude américaine vis-à-vis du Nicaragua après la révolution de 1979 aurait pu être prédite rien qu'en observant l'augmentation rapide de ses budgets de l'Éducation et de la Santé, la mise en place effective de la réforme agraire ou la spectaculaire baisse du taux de mortalité infantile qui valut au Nicaragua d'être récompensé par l'Organisation mondiale de la santé (OMS) pour ses réussites en matière de santé; et cela en dépit des conditions catastrophiques héritées de la dictature de Somoza, que *nous* avions installée, supportée – et continué de supporter jusqu'à la fin (même si l'on a dit à ce propos un nombre incalculable de bêtises). Si un pays se lance dans le type de politique que je viens de décrire, c'est à l'évidence un ennemi, partie prenante de «l'impitoyable conspiration monolithique», et ce sont bien entendu les

Russes qui sont aux commandes. Car il s'agit bien d'une conspiration. Une conspiration destinée à nous dérober ce qui nous appartient, et avant tout « nos matières premières ». Une conspiration pour nous empêcher de « maintenir les disparités », objectif premier de notre politique étrangère.

Pour savoir pourquoi nous nous acharnons à ruiner le Nicaragua, il suffit de lire, par exemple, un chapitre du rapport d'Oxfam, rendu public en 1985. Rédigé par le responsable du bureau latino-américain d'Oxfam, Jethro Pettit, cet article propose une interview avec Esmilda Flores, paysanne en coopérative : « "Avant la révolution, nous ne participions à rien. On apprenait juste à faire des tortillas, à cuisiner les haricots et à faire ce que nos maris nous disaient de faire. En cinq ans seulement, il y a eu beaucoup de changements – et ça continue !" Esmilda Flores travaille dans une coopérative agricole dans les montagnes au nord d'Esteli, au Nicaragua. Avec sept autres femmes et quinze hommes, elle travaille une terre qui était auparavant une plantation de café appartenant à un propriétaire toujours absent. Après la révolution de 1979, les familles qui travaillaient la terre en sont devenues les propriétaires. Elles ont diversifié la production en introduisant du blé, des haricots, des patates, des choux, et en lançant un élevage de vaches laitières. "Avant, on devait louer un petit lopin pour y faire pousser ce qu'on pouvait, explique Flores, et on devait remettre la moitié de notre récolte au propriétaire ! Maintenant, on travaille aussi dur qu'avant – aux champs et à la maison –, mais c'est différent parce qu'on travaille pour nous." Il s'est produit un bouleversement radical dans les habitudes culturelles (chez les femmes) du fait de leur importante implication dans la reconstruction sociale du Nicaragua. Les femmes ont pris en main le programme d'alphabétisation pour adultes, à la fois comme élèves et comme professeurs. Elles occupent un rôle clé dans le programme de santé rurale et dans les campagnes de vaccinations. »

À l'évidence, un pays comme celui-là est un pays ennemi et nous devons prendre les mesures drastiques qui s'imposent pour faire en sorte que la « gangrène ne s'étende pas », selon la terminologie en usage chez nos stratèges planificateurs. En fait, lorsqu'on lit des reportages comme celui-là ou qu'on étudie les statistiques de la santé et de l'éducation, les conditions alimentaires, la réforme agraire, etc., on comprend parfaitement les raisons de l'hostilité américaine à l'encontre du Nicaragua et le niveau de fanatisme, voire d'hystérie, qu'elle atteint. C'est la conséquence de la conception géopolitique exposée plus haut.

Il est pourtant raisonnable de penser que les hérétiques qui s'obstinent à exploiter leurs propres ressources pour satisfaire leurs propres besoins et croient qu'un gouvernement doit se consacrer à assurer le bien-être de sa propre population peuvent très bien ne pas être soviétiques par nature – et d'ailleurs, bien souvent, ils ne le sont pas. En Amérique latine, ce sont souvent des membres de groupes d'études bibliques devenus des groupes d'entraide, d'organisations religieuses, paysannes, etc. Pourtant, quand nous nous en serons mêlé, ils seront devenus des clients de l'Union soviétique. S'ils se rapprochent, alors, de l'Union soviétique, c'est parce qu'ils n'ont personne d'autre vers qui se tourner pour les protéger de la terreur et de la violence que nous, Américains, déchaînons systématiquement contre eux lorsqu'ils entreprennent de lancer des programmes tels que ceux que nous venons de décrire.

C'est d'ailleurs tout bénéfice pour la politique américaine. Il est remarquable, en effet, que les États-Unis tentent de s'inventer régulièrement – et assez systématiquement – des ennemis dès qu'un pays lui échappe effectivement. Nous souhaitons alors faire de ce pays une base soviétique pour justifier l'agression que nous devons mener contre lui, en accord avec les principes géopolitiques qui nous guident et assurent notre mainmise sur une grande partie du globe. Aussi est-ce ce que nous faisons pour mieux pouvoir nous « défendre » ensuite. Nous pratiquons la légitime défense contre le Grand Satan, l'empire du Mal, « l'impitoyable conspiration monolithique ».

Globalement, l'Union soviétique joue le même petit jeu dans son domaine plus restreint et cela dépeint assez bien la réalité de la Guerre froide.

Concrètement, comment tout cela s'applique-t-il en Indochine et en Amérique centrale ? Commençons par l'Indochine.

Restons, bien sûr, dans le monde réel, pas dans celui des fictions télévisées. C'est dans ce monde réel que le Département d'État américain reconnut explicitement, en 1948, Ho Chi Minh comme le seul leader nationaliste vietnamien de réelle importance, et affirma que le succès du nationalisme vietnamien pouvait représenter une menace pour le domaine réservé des États-Unis. En conséquence, il fallait passer à l'action. La menace ne se situait pas tant au Vietnam, qui n'était pas vraiment vital pour les intérêts américains (la liberté de voler n'y rapportait pas grand-chose). Le problème était d'empêcher « la gangrène de s'étendre », c'est-à-dire, en l'occurrence, de stopper cette gangrène que représente un développement économique et social réussi. Dans un pays aussi pauvre, ayant sévèrement souffert du colonialisme européen, un tel développement pouvait avoir un effet d'entraînement dangereux et servir de modèle à d'autres peuples désireux de s'en inspirer, conduisant ainsi le domaine réservé américain à sa ruine.

Nous avons là, soit dit en passant, la version rationnelle de la « théorie des dominos ». Il existe même un scénario destiné à terroriser les populations, quitte à en rire par la suite s'il ne se concrétise pas : Ho Chi Minh descendra de sa jonque à Boston pour y violer vos sœurs – ou tout autre fantasme du même calibre.

C'est le caractère exemplaire d'un développement social et économique réussi, la peur de voir « la gangrène » s'étendre, qui poussent les États-Unis à s'opposer aussi fanatiquement aux politiques de développement durable dans les pays marginaux. En vérité, plus le pays est petit et sans influence réelle, plus le danger est grand. Ainsi, à La Grenade par exemple, dès que le régime de Maurice Bishop commença à prendre des mesures progressistes, il devint immédiatement la cible des États-Unis. Ce confetti des Caraïbes ne représente pourtant pas, à l'évidence, une menace militaire potentielle et nous n'avons nul besoin d'exploiter ses ressources naturelles. Non, la menace est d'un tout autre ordre : si un petit pays de rien du tout, sans ressources naturelles, arrive à s'extraire par ses propres moyens du carcan de misère et d'oppression que nous avons contribué à lui imposer, d'autres pays aux ressources naturelles plus vitales pourraient vouloir s'y essayer à leur tour.

C'est bien cette logique qui est à l'origine de la sauvage agression américaine au Laos dans les années 1960. On assista alors à la campagne de bombardement la plus intensive de l'histoire avec le pilonnage du Cambodge quelques années plus tard. Cette agression n'avait aucun rapport avec la guerre du Vietnam – comme l'admit d'ailleurs le Département d'État. La cible des bombardements était une révolution assez modérée qui se développait dans le nord du Laos et qui devait en conséquence être écrasée au plus vite. Le Laos était à peine un pays. La plupart de ses habitants ne savaient même pas qu'il existait un pays appelé Laos. Mais quand ces trucs apparurent dans le ciel et commencèrent à les prendre pour cibles ; quand ils durent, pendant deux ans, se cacher dans des trous ou des grottes, ils prirent conscience de ce qu'était leur pays. Ils ont aussi appris quelque chose sur le monde en général. Quelque chose que les Occidentaux cultivés ne comprennent pas ou, du moins, prétendent ne pas comprendre. Il nous fallait détruire le Laos, car si un progrès quelconque devait avoir lieu dans un pays aussi reculé et « arriéré », l'effet d'entraînement n'en serait que plus fort. Répétons-le, notre réaction était prévisible et découle des principes géopolitiques américains dont nous venons de parler.

Pour empêcher « la gangrène de s'étendre », il fallait d'abord soutenir la France dans la reconquête de son ancienne colonie. C'est ce que nous fîmes. Quand la France se décida à jeter l'éponge, nous fournissions à peu près 80 % de sa dépense de guerre et, en fait, il s'en était fallu de peu que nous utilisions l'arme nucléaire, en 1954, en Indochine.

Il y eut, en 1954, un règlement politique (les accords de Genève) auquel les États-Unis s'opposèrent farouchement. Pour le rendre inopérant, nous avons immédiatement installé au Sud Vietnam un régime terroriste, qui s'empressa bien entendu (avec notre soutien) de suspendre les élections prévues par les accords de Genève et se livra à des agressions terroristes contre sa propre population, en particulier contre les forces anti-françaises – c'est-à-dire les Viêt-cong. Lorsque John F. Kennedy devint président en 1961, ce régime avait déjà probablement fait près de 80 000 victimes (avec nos armes et des soldats conseillés par nos mercenaires). Comme il se doit, ces actes de violences contre la population ne firent que renforcer la résistance qui reçut, en 1959, l'autorisation des instances communistes de recourir à son tour à la violence pour assurer sa propre défense – cela après bien des années et des dizaines de milliers de victimes assassinées. Faute de soutien populaire, comme les États-Unis durent l'admettre plus tard, le gouvernement que nous avions établi commença immédiatement à s'effondrer.

À partir de 1959, la résistance sud-vietnamienne bénéficia d'un certain soutien de la part du nord du pays pour répondre aux agressions incessantes, inspirées par les États-Unis, contre la population. Gros problème pour Kennedy ! Il est essentiel de bien comprendre comment il a tenté de le régler. C'est là l'une des différences entre le Vietnam et l'Amérique centrale sur laquelle je reviendrai un peu plus loin. En 1961-1962, Kennedy se lança simplement dans une guerre contre le Sud Vietnam. Ces années-là, l'US Air Force se livra au pilonnage intensif et à la défoliation du territoire sud-vietnamien, et en particulier des régions agricoles où vivait 80 % de la population. Ce n'était que le premier volet d'un programme qui devait conduire plusieurs millions de personnes dans des camps de concentration entourés de barbelés – les fameux « hameaux stratégiques » – que surveillaient des militaires armés. Dans le seul but de les « protéger » – ce sont nos termes ! – de la guérilla pour laquelle ils avaient, de notre propre aveu, une inclination particulière. N'est-ce pas ce que nous appelons « agression armée » lorsque d'autres pays que les États-Unis s'y livrent ? Dans notre cas, il s'agit de « légitime défense ».

À partir de ce moment là (1961-1962), notre « défense » du Sud Vietnam prit de l'ampleur, avec tout aussi peu de succès, cependant, que les années précédentes. La résistance s'accrut et, en 1965, les États-Unis furent contraints de procéder à l'invasion terrestre du Sud Vietnam : nouvelle étape dans l'escalade de la violence. On se mit également à bombarder le Nord Vietnam, entraînant, comme prévu, les troupes du Nord à pénétrer au Sud Vietnam, quelques mois plus tard.

Ne nous y trompons pas, la cible principale des États-Unis était bien le Sud Vietnam puisque, lorsque les bombardements sur le Nord Vietnam commencèrent, en février 1965, on intensifia également le pilonnage du Sud Vietnam, qui durait pourtant depuis déjà plusieurs années. Le Sud Vietnam fut trois fois plus bombardé que le Nord et c'est lui qui, toute la guerre durant, supporta le plus fort de l'agression américaine en Indochine. Une guerre que nous avons exporté un peu plus tard au Laos et au Cambodge.

On considère souvent que les États-Unis ont subi une défaite au Vietnam. Il s'agit selon moi d'une erreur. Ils ont remporté finalement une victoire, certes partielle mais une victoire significative. On s'en persuade aisément si l'on se reporte aux objectifs initiaux de cette guerre. Si les États-Unis n'ont pas atteint leurs but ultime, qui était de permettre au Vietnam de partager l'heureux destin de Haïti ou de la République dominicaine, ils ont cependant obtenu des résultats de première importance.

Au regard de ces résultats, la guerre américaine contre le Vietnam est un véritable succès. Tout d'abord, ce fut un massacre énorme : la première période de la guerre – la guerre française – a fait probablement près d'un demi-million de victimes. De 1954 à 1965, nous avons réussi à tuer 160 000 ou 170 000 Vietnamiens de plus – des paysans pour la plupart. De 1965 à 1975, l'addition s'élève sans doute à quelque 3 millions de morts. Un autre million de morts au Laos et au Cambodge. Le total s'élèverait donc à 4 ou 5 millions de personnes tuées. Score respectable quand on pense qu'il s'agissait d'empêcher la réussite du développement social et économique au Vietnam. En outre, les bombardements particulièrement violents, sans parler des opérations terrestres meurtrières, provoquèrent l'exode de près de 10 millions de réfugiés.

Le pays fut dévasté et l'agriculture rendue impossible par la destruction générale et la présence des bombes n'ayant pas explosé. Un succès total. Le Vietnam ne risque plus de passer pour un modèle de développement social et économique aux yeux de qui que ce soit. En fait, il serait même miraculeux qu'il survive à cette épreuve. La gangrène ne s'étendra pas. D'ailleurs, nous nous en assurons en confortant notre position dans les régions avoisinantes.

Contrairement à ce qu'on tente actuellement de nous faire croire, les libéraux américains étaient favorables à la guerre presque tout le temps qu'elle a duré. En 1965 par exemple, nous avons appuyé un coup d'État en Indonésie qui entraîna le massacre de près de 700 000 personnes – pour la plupart des paysans sans terres –, transformant en quelques mois le pays en un véritable « paradis pour investisseurs ». Un article du *New York Times* considérait cet événement comme « un rayon de lumière en Asie ». Globalement, les intellectuels américains s'en réjouirent sous prétexte que ces merveilleuses nouvelles venues d'Indonésie prouvaient la sagesse de notre politique au Vietnam, qui avait finalement encouragé les généraux indonésiens à s'emparer du pouvoir.

De la même manière, alors que nous étions supposés rester sous le coup de notre soi-disant défaite au Vietnam, nous avons tout de même trouvé la force de soutenir un coup d'État militaire aux Philippines, qui, après avoir renversé la « démocratie » – ou du moins ce qu'il en restait –, installa un régime terroriste de type latino-américain, massivement soutenu par nous et fervent adepte de la torture. Tout cela, je le répète, participe de notre objectif de destruction du Vietnam : installer des bases de soutien en Indonésie, aux Philippines et ailleurs, dans lesquelles on pratique allègrement la torture, le terrorisme et où l'on massacre... On peut alors être certain, en effet, que la gangrène ne s'étendra pas et qu'on n'assistera pas à l'« effet dominos » tant redouté, faute de succès vietnamien en matière de développement. En ce sens, il s'agit d'une victoire majeure pour les États-Unis.

Depuis la fin de la guerre contre le Vietnam, la politique des États-Unis consiste à s'assurer que les choses en resteront là. Nous poursuivons une politique qui, aux dires même de certains milieux d'affaires conservateurs non américains (Le *Far Eastern Economic Review* par exemple), consiste à « saigner le Vietnam ». C'est-à-dire à infliger à ce pays le maximum de souffrances dans l'espoir, non seulement de faire durer ses difficultés mais aussi de faire en sorte que seuls les éléments les plus durs et les plus brutaux de la population s'en sortiront. Ainsi pourra-t-on, *a posteriori*, justifier l'agression initiale des États-Unis en arguant justement de cette brutalité. Ce raisonnement est quasi systématique et magistralement intériorisé par notre système idéologique. D'ailleurs, nous soutenons aujourd'hui, au Cambodge, les forces de Pol Pot. Le Département d'État explique que, si nous soutenons la coalition du Kampuchéa démocratique, largement dominée par les Khmers rouges, c'est en raison de sa continuité avec le régime de Pol Pot. En outre, nous le faisons indirectement en coopération avec la Chine et par bien d'autres moyens. Cela, toujours, dans l'intention de « saigner le Vietnam ». Il n'est pas question, bien entendu, de proposer au Vietnam la plus petite aide ou réparation que nous lui devons pourtant à l'évidence. Les États-Unis bloquent non seulement l'aide internationale mais aussi celle que proposent unilatéralement d'autres pays.

Prenons un exemple : l'un des effets secondaires de la guerre américaine contre l'Indochine est la quasi-disparition des troupeaux de buffles. Dans cette société essentiellement paysanne qu'est le Vietnam, les buffles assurent aussi bien le rôle de tracteurs que de fertilisants. Pour souligner l'inhumanité des communistes, le *Washington Post* publia en 1985 des photos de paysans indochinois attelés à la charrue. Même si les photos en question n'étaient pas – comme c'est probable – des faux émanants des renseignements thaïlandais, la disparition presque totale des buffles suffirait à les expliquer.

L'Inde tenta bien, en 1977, d'envoyer un petit nombre de buffles (une centaine) au Vietnam pour lui permettre de surmonter cette difficulté. Les États-Unis tentèrent immédiatement de l'en empêcher en menaçant d'annuler une partie de l'aide humanitaire qui lui est habituellement destinée. Les Mennonites américains voulaient envoyer des stylos aux Cambodgiens : le Département d'État tenta là encore de les en empêcher. Les mêmes Mennonites préparaient un envoi de pelles pour permettre de déterrer les bombes n'ayant pas explosé au Laos : nous aurions pu le faire avec du matériel plus adapté mais il n'en était bien sûr pas question puisque même la livraison de ces pelles nous a semblé scandaleuse.

Une famine terrible frappe le Laos dont le système agricole a été complètement anéanti dans biens des régions par nos bombardements intensifs. Les États-Unis se sont empressés de l'expliquer par la nature essentiellement maléfique des communistes. Nous entretenons des relations diplomatiques avec le Laos. Nous y avons même une ambassade. Pourtant, de tous les pays disposant d'excédents alimentaires et entretenant des relations diplomatiques avec le Laos, seuls les États-Unis ne lui sont pas venus en aide au plus fort de la famine. Une information à ce propos : nous possédons les plus importants surplus de riz de la planète.

Quelques protestations se sont d'ailleurs fait entendre à ce sujet sous l'administration Carter. « Les droits de l'homme [étant alors] au cœur de notre politique », il fallait faire quelque chose, d'autant plus que la question du Laos commençait à heurter l'opinion publique. Il fut donc annoncé en fanfare et dans un élan enthousiaste d'autoglorification que les États-Unis y enverraient une infime quantité de riz (quantité véritablement ridicule). On apprit cependant quelque temps plus tard que le riz expédié avait été soustrait d'une contribution américaine à un programme des Nations unies qui devait indirectement profiter au Laos. Cette contribution fut, par la suite, tout bonnement annulée. Il est difficile de concevoir le niveau d'hypocrisie de cette politique et de la rhétorique qui nous la sert.

Notons, en passant, que Carter montra, lors d'une conférence de presse, de quoi il était capable. Questionné sur le Vietnam en 1977 – époque à laquelle il se répandait en sermons sur les droits de l'homme –, il affirma que nous n'avions aucune dette particulière envers ce pays puisque la « destruction [avait] été mutuelle » – ce dont une promenade dans les rues de Boston suffit à nous convaincre en effet. Le fait qu'un président des États-Unis puisse dire des choses pareilles n'est pas particulièrement surprenant – d'ailleurs, que peut-on en attendre d'autre. Ce qui est en revanche particulièrement intéressant et significatif, c'est l'absence, dans la presse, de commentaires sur ses propos. Ces déclarations, dignes d'Hitler ou de Staline, n'ont fait l'objet d'aucun commentaire particulier de la part de l'intelligentsia américaine, de la presse, ou de qui que ce soit d'autre. Il semble que tout le monde admette que nous n'avons aucun tort vis-à-vis du Vietnam puisque « la destruction était mutuelle ».

Venons-en à présent à l'Amérique centrale, « notre petit secteur dans un coin qui n'a jamais vraiment intéressé personne ». L'interventionnisme américain en Amérique centrale remonte à 1854, lorsque la marine américaine bombarda et rasa San Juan del Norte, ville portuaire du Nicaragua. En 1984, ce port fut occupé durant quelques jours par des *contras* venus du Costa Rica et la presse en fit toute une affaire. Ce qu'elle négligea de raconter, cependant, ce sont nos antécédents historiques dans cette ville. Le fait que notre pilonnage et, finalement, la destruction du port, il y a cent trente et un ans, n'était pas un caprice mais un acte de vengeance : en 1854, un millionnaire américain nommé Cornelius Vanderbuilt s'était ancré au port. Un fonctionnaire local ayant osé lui faire payer les taxes portuaires, la marine américaine rasa la ville.

Il s'agit là de notre première intervention militaire au Nicaragua. Il y en eut bien d'autres depuis. Dans le premier tiers de ce siècle, nous avons procédé à des interventions militaires à Cuba, au Panama, au Mexique et au Honduras. Nous avons même occupé Haïti durant dix-neuf années. Sous la présidence de Wilson, nous avons quasiment restauré l'esclavage, incendié les villages, détruit, torturé et laissé un héritage dont l'un des plus misérables pays de l'une des plus misérables régions du globe subit encore les conséquences. Woodrow Wilson, l'infatigable apôtre du droit à l'autodétermination, s'illustra en envahissant le Mexique et Haïti et en organisant, à grand renfort de torture et de saccage, une guerre contre-insurrectionnelle en République dominicaine. Cette intervention américaine entraîna l'instauration de l'interminable dictature militaire de Trujillo, l'une des pires que nous ayons installées dans la région. Les États-Unis ont envahi à plusieurs reprises le Nicaragua, laissant finalement derrière eux – conséquence habituelle des interventions américaines – une dictature militaire aussi brutale que corrompue.

Après la Seconde Guerre mondiale, de nombreuses interventions ont eu lieu dans maints endroits. Au Guatemala, par exemple, nous nous sommes arrangés pour interrompre, en 1954, une expérience démocratique. Il s'agissait pourtant d'un régime réformiste, capitaliste et démocratique, du type *new-deal*, que notre intervention a permis d'éliminer, laissant à sa place un véritable enfer sur terre, probablement le régime de la période contemporaine le plus proche de l'Allemagne nazie. Nous sommes ensuite plusieurs fois intervenus pour qu'on n'y change rien. En 1963, la probabilité d'une nouvelle élection libre inquiéta Washington. C'est pourquoi Kennedy soutint un nouveau coup d'État militaire. À la fin des années 1960, le système terroriste qui avait nos faveurs n'ayant réussi qu'à renforcer la résistance interne, nous dûmes envoyer nos bérets verts pour mener une campagne contre-insurrectionnelle qui fit entre 8 000 et 10 000 victimes. Le vice-président du Guatemala dénonça, à l'époque, les attaques aériennes au napalm menées par l'aviation américaine basée au Panama. Ces révélations calmèrent, pour un temps, le jeu. Mais, à la fin des années 1970, la violence reprit de plus belle. Les États-Unis se trouvaient pourtant alors quelque peu empêchés pour participer directement au massacre par une nouvelle législation sur les droits de l'homme, votée par le Congrès. Il arrive qu'on lise régulièrement dans la presse, ou ailleurs, que les États-Unis ont cessé de soutenir militairement le Guatemala en 1977. Il semble bien que ce soit faux. L'aide militaire a continué à peu près au même niveau qu'auparavant. Il se trouve seulement que n'avons plus envoyé de bérets verts. Malheureusement, nous ne pouvons plus participer aussi activement que nous le souhaiterions à notre jeu préféré.

Dans cette nouvelle étape de ce que la hiérarchie catholique conservatrice elle-même appelle un « génocide », des milliers de personnes ont été assassinées, indiennes pour la plupart. Ne pouvant plus nous en charger nous-mêmes, nous nous en remettons à nos amis : néo-nazis argentins ou Israël, qui font parfaitement l'affaire et ont fait en effet un travail remarquable. Le rôle d'Israël fut apprécié à sa juste valeur en Occident. L'*Economist* londonien, par exemple, rend compte assez favorablement des succès israéliens dans l'organisation de certains massacres de grande envergure et les compare au relatif échec américain au Salvador à la même époque. L'ampleur de ces massacres est encore mal connue mais, pour donner un ordre d'idée, on est pratiquement certains aujourd'hui que, sur cette seule période, à peu près 100 000 enfants ont perdu au moins un de leurs parents.

Voilà pour le Guatemala. Il y eut aussi des interventions militaires à Cuba, en République dominicaine, au Salvador, à la Grenade. Une guerre terroriste contre Cuba dure maintenant depuis le milieu des années 1960. Cuba a probablement été la principale cible du terrorisme international bien que, comme Orwell aurait pu le prédire, le système idéologique américain présente cette nation comme la *source* même de ce terrorisme. C'est maintenant le tour du Nicaragua.

Le résultat de ces interventions américaines est absolument catastrophique. Toute cette région est frappée par la famine mais les récoltes sont destinées à l'exportation vers les États-Unis. Esclavage, pauvreté poignante, torture, massacres et toutes les horreurs imaginables. Au seul Salvador, d'octobre 1979 (une date à laquelle je reviendrai) à décembre 1981, près de 30 000 victimes et 600 000 réfugiés. Ces chiffres ont quasiment doublé depuis lors. La plupart des meurtres ont été perpétrés par des groupes armés – dont les fameux « escadrons de la mort » – formés par les Américains. L'efficacité des massacres au Salvador s'est récemment accrue depuis l'implication directe des forces armées américaines. L'aviation américaine, basée au Honduras et au Panama, coordonne maintenant les raids aériens sur le Salvador, permettant ainsi à l'aviation gouvernementale de tuer plus efficacement sur le terrain les paysans en fuite et de raser les villages. Le nombre des assassinats à fortement augmenté.

Au même moment, la guerre contre le Nicaragua faisait des milliers de morts anonymes venus s'ajouter au 50 000 morts des derniers mois de la dictature de Samoza. Depuis que nous avons renversé le gouvernement démocratique du Guatemala, quelque 150 000 personnes ont été assassinées (selon le Comité des droits de l'homme au Guatemala, basé au Mexique bien évidemment) par les troupes armées soutenues par les États-Unis et parfois même avec la participation militaire directe de nos soldats. Ainsi jetées à la figure, ces statistiques peuvent perdre toute signification. Néanmoins, on comprend mieux ce qu'elles signifient à la lecture attentive des récits rédigés par les réfugiés eux-mêmes. Par exemple, celui qu'ont fait quelques personnes qui parvinrent à s'enfuir d'un village de la province de Quiché que les troupes gouvernementales avaient investi. Après avoir cerné la population et l'avoir réunie dans la mairie, les soldats firent sortir tous les hommes et les décapitèrent. Ils violèrent et assassinèrent ensuite toutes les femmes, puis tuèrent les enfants en leur fracassant la tête à coups de pierres. C'est à cela que nos impôts ont servi – parfois par l'intermédiaire de nos amis – depuis le renversement de la démocratie au Guatemala où nous avons su, bien sûr, maintenir efficacement l'ordre.

Le coup d'État de 1954, organisé par les États-Unis, fut considéré par John Foster Dulles, alors secrétaire d'État, comme un « nouveau chapitre glorieux » de notre histoire, dans « la plus pure tradition des États américains ». Il est certain que la plus petite tentative d'apporter le moindre changement constructif dans cette chambre des horreurs imaginée par les États-Unis eux-mêmes n'a jamais provoqué de leur part autre chose qu'une nouvelle démonstration de violence. Ce dossier historique – l'un des plus honteux de l'histoire moderne – est bien entendu très mal connu chez nous. Pourtant, dans une société vraiment libre, il devrait être soigneusement étudié et honnêtement enseigné dans les écoles, jusque dans ses plus horribles et plus sordides détails.

Tout au long de cette période, on a toujours prétendu officiellement qu'il s'agissait d'assurer la sécurité de l'Amérique. Au Vietnam, c'est en agressant les populations sud-vietnamiennes que nous nous protégions. C'est ce qu'Adlai Stevenson et les Nations unies appelaient une « agression interne » – une formule qu'Orwell aurait sans doute appréciée à sa juste valeur et dont nous usons quotidiennement. « Agression interne » signifie que les Vietnamiens nous agressent, nous et nos clients, sur le territoire même du Vietnam. Nous avons dû bien souvent nous défendre ainsi d'« agressions internes ». Comme par exemple, aujourd'hui, au Nicaragua. Lorsque nos armées mercenaires attaquent le Nicaragua, nous prétendons que nous assurons la défense du Mexique, de l'Amérique centrale dans son ensemble – et, pour finir, de nous-mêmes – contre l'impérialisme russe ou contre une « agression interne ».

Il faut observer tout cela à la lumière de l'histoire. Presque tout ce qui se passe de nos jours s'est déjà produit auparavant sous des formes proches – voire similaires. Notre amnésie historique locale nous empêche de le voir. Tout paraît nouveau et, de ce fait, incompréhensible. Il doit s'agir d'une « erreur stupide ».

À la fin des années 1920 par exemple, le président Coolidge envoya une fois de plus les marines au Nicaragua. À cette époque, nous défendions le Nicaragua contre le Mexique (aujourd'hui, c'est l'inverse). Nous défendions donc le Nicaragua contre le Mexique, supposé, à cette époque, être un client des bolcheviques. Défendant donc le Nicaragua contre l'impérialisme russe, nous finîmes par installer la dictature de Somoza. Lorsque nous décidâmes d'envoyer nos troupes au Nicaragua, le président Coolidge déclara que « le Mexique comparaissait en accusé devant le tribunal mondial ». Notons que le message reste identique, même quand les rôles ont été intervertis : sus aux Nicaraguayens !

Mais comment faisions-nous lorsqu'il n'était pas encore question de se défendre contre les bolcheviques ? Par exemple, avant la révolution bolchevique, lorsque Wilson envoyait les soldats américains en Haïti ou en République dominicaine, il ne pouvait s'agir de nous défendre contre l'impérialisme russe. Pas de problème : il s'agissait alors de se protéger contre les « Huns ». Apparemment, l'influence des Allemands se faisait lourdement sentir en Haïti. Un certain Thorpe, commandant des forces armées dans cette région, expliquait que la « machination allemande » était évidente en Haïti si l'on en jugeait par le type de résistance qu'opposaient les « négros ». À l'évidence, ils ne pouvaient pas l'avoir inventée eux-mêmes. C'était donc, inévitablement, l'œuvre des Allemands. Les mêmes impressions valaient partout à l'époque. Ainsi, par exemple, en République dominicaine, la résistance était le fait de gens que le président Theodore Roosevelt qualifiait, lors d'une intervention antérieure, de « satanés bronzés », de « timbrés », de « négros », tous termes par lesquels on désigne habituellement les gens dont on est obligé de se protéger. Les responsables manifestes des « agressions internes ».

À présent, permettez-moi de remonter encore un peu plus loin. En effet, la notion de légitime défense a de profondes racines dans l'histoire américaine. Au XIXe siècle, quand nous décimions consciencieusement la population indienne d'Amérique, sans doute nous défendions-nous contre les attaques des sauvages, menées à partir de la Floride espagnole et du Canada anglais. Il nous fallut donc nous emparer de la Floride et nous installer dans l'Ouest – toujours pour nous défendre contre ces attaques. En 1846, nous avons certainement été contraints de nous défendre contre le Mexique. Cette agression mexicaine avait manifestement ses racines loin à l'intérieur du territoire mexicain, mais que ne ferait-on pas pour assurer sa protection. Sur la lancée – toujours pour nous défendre –, il nous fallut occuper le tiers du territoire mexicain et, en particulier, la Californie. Tout cela, sous prétexte de défense préventive. Les Anglais étaient-ils sur le point d'occuper le Mexique ? Nous avons dû – par pur souci de sécurité – leur infliger une raclée. Et ainsi de suite... L'identité de l'empire du Mal change, mais les faits restent toujours sensiblement les mêmes. Si l'histoire américaine était correctement enseignée, les gens n'ignoreraient rien de tout cela. Car c'est bien là le cœur de notre histoire.

Revenons, pour en finir avec l'Amérique latine, à la formule de Kennan : « Droits de l'homme, démocratisation et amélioration du niveau de vie. » J'aimerais savoir s'ils ont aussi peu à voir avec notre politique étrangère qu'il le prétend. Regardons-y de plus près.

Les droits de l'homme, pour commencer. C'est une question parfaitement empirique. On peut parfaitement analyser la manière dont la politique américaine se réfère aux droits de l'homme. Cela a déjà été fait en ce qui concerne l'Amérique latine et d'autres régions du globe. Le grand spécialiste des droits de l'homme en Amérique latine, Lars Schoultz, s'est penché consciencieusement sur la question dans une étude publiée en 1981 dans la revue *Comparative Politics*. Il tente d'établir un rapport entre le respect des droits de l'homme dans un pays donné et le niveau de l'aide fournie par les États-Unis. Se fondant sur une conception assez étroite des droits de l'homme, qu'il définit essentiellement comme le « droit de ne pas subir la torture » – c'est-à-dire le droit de ne pas être menacé de torture par un gouvernement et ses représentants –, il découvre en effet un lien entre le respect des droits de l'homme dans certains pays et la politique étrangère américaine. En fait, plus les droits de l'homme sont bafoués, plus l'aide américaine est importante. Forte corrélation, donc. En revanche, il n'y a pas de lien direct entre l'aide fournie et les besoins réels des populations. Cette aide est avant tout militaire, en effet, et s'est perpétuée pendant toute la durée de l'administration Carter. Pour citer Schoultz, « notre aide a eu tendance à profiter de façon disproportionnée aux gouvernements latino-américains qui torturent leurs populations ainsi qu'aux régimes les plus évidemment hostiles aux droits de l'homme de l'hémisphère ». Kennan aurait-il finalement sous-estimé ce problème ? La question des droits de l'homme, quoi qu'il en dise, inspire directement notre politique étrangère. En vérité, nous professons vis-à-vis d'eux une haine certaine. Nous venons précisément en aide aux gouvernements qui pratiquent la torture et plus ils le font plus nous les aidons. C'est du moins ce qui transparaît de cette étude comme de bien d'autres.

Mais une corrélation n'est pas une théorie. Ce n'est pas non plus une explication. Il nous faut une explication et certaines nous viennent immédiatement à l'esprit. Le fait que les dirigeants américains apprécient tout bonnement la torture est l'une d'entre elles. C'est une explication possible mais tout de même fort improbable. La véritable raison est sans doute celle que propose Kennan lui-même : les droits de l'hommes n'ont rien à voir avec la politique étrangère. Nous préférons quelque chose d'autre. D'autres travaux suggèrent une théorie susceptible d'expliquer cette corrélation.

Edward Herman a travaillé à peu près sur les mêmes thèmes que Schoultz mais sur une base plus large. Il conclut à la même corrélation : plus les droits de l'homme sont bafoués, plus notre aide est importante. Cependant, il va plus loin et éclaire ce qu'il se passe réellement. Il établit un rapport entre l'aide américaine et le climat pour l'investissement, les opportunités offertes aux milieux d'affaires, que l'on peut mesurer par les plus ou moins grandes facilités offertes aux entreprises étrangères de rapatrier leurs profits. Il semble évident qu'il existe, là aussi, une étroite corrélation. Plus les conditions d'investissement sont bonnes, plus nous apportons notre soutien aux gouvernements étrangers. Nous avons là une théorie valable. Ce ne sont certes pas les droits de l'homme qui guident notre politique étrangère mais bien – et avant tout – l'amélioration des conditions d'investissement pour les entreprises étrangères. Nous touchons là au cœur de la conception géopolitique des États-Unis.

Demandons-nous à présent comment il est possible d'améliorer les conditions de l'investissement étranger dans un pays du tiers monde. C'est assez simple, en fait : assassinez les prêtres, torturez les leaders paysans, détruisez les mouvements populaires et pratiquez le massacre à grande échelle. Vous aurez sans aucun doute favorisé les investissements. Ainsi, il existe bien une corrélation latente entre l'aide américaine et les violations des droits de l'homme. Il semble désormais logique

que nous soyons plus désireux de venir en aide aux pays qui violent continuellement les droits fondamentaux de l'être humain et qui torturent leurs populations. C'est la conclusion qui s'impose.

Voilà pour les droits de l'homme. Mais qu'en est-il de l'amélioration des conditions de vie? L'Amérique latine a connu indéniablement une certaine croissance économique. Le produit national brut continue de progresser mais il faut pourtant se rendre à l'évidence : une très grande part de la population voit ses difficultés s'accroître et souffre de la famine. Ainsi, pour prendre l'exemple du Brésil, le plus grand pays d'Amérique latine, on a pu y assister, après que nous avons renversé la démocratie en appuyant le coup d'État militaire de 1964, à ce que certains appellent un « miracle économique ». Si Kennedy décida personnellement de soutenir ce coup d'État, c'est Johnson qui s'en donna finalement les moyens. Lincoln Gordon, ambassadeur de Kennedy, qualifia ce coup d'État militaire d'« unique victoire importante de la liberté en ce tournant du XXe siècle ». Nous avons pris la responsabilité d'instaurer le premier État de type nazi, fondé sur la sécurité nationale en Amérique latine et doté de moyens de torture d'un haut niveau technologique. Un État, toujours selon Gordon, « pleinement démocratique, [...] le meilleur gouvernement que le Brésil ait jamais eu ». Dans ce cas, il y eu un véritable « effet dominos » dans toute l'Amérique du Sud. Résumons-nous : miracle économique, accroissement du produit national brut, mais aussi des conditions de vie déplorables pour la majeure partie de la population. Cette histoire s'est reproduite un peu partout à travers ce continent où les États-Unis sont intervenus avec succès d'Haïti à la République dominicaine en passant par le Nicaragua, le Guatemala, etc.

En voilà assez concernant l'amélioration des conditions de vie, passons à présent à la démocratisation. Ici, c'est bien simple, nous sommes régulièrement intervenus pour renverser les gouvernements démocratiques. Et c'est parfaitement compréhensible. En effet, plus un pays est démocratique, plus il est à l'écoute de sa population et donc plus il est attentif à se conformer à la dangereuse doctrine selon laquelle « un gouvernement est directement responsable du bien être de sa population » plutôt qu'à satisfaire les intérêts de Big Brother. C'est pourquoi il nous faut intervenir. La démocratie a du bon mais seulement si nous pouvons la contrôler et nous assurer qu'elle va dans le sens que nous avons décidé. Exactement à la manière des Russes lorsqu'ils autorisèrent la tenue d'« élections démocratiques » en Pologne. C'est toujours la même histoire. Au Guatemala, le gouvernement démocratique échappait à notre contrôle : il fallait le renverser. Idem pour le Chili d'Allende. La République dominicaine a elle aussi longtemps fait l'objet de notre attention dévouée. La campagne contre-insurrectionnelle initiée par Woodrow Wilson au début des années 1920 aboutit à la dictature de Trujillo, l'une des dictatures les plus brutales et des plus corrompues que nous ayons soutenues en Amérique latine. Au début des années 1960, il semblait possible pour ce pays de s'engager dans une voie plus démocratique. En 1962, les élections portèrent au pouvoir le démocrate libéral Juan Bosch. L'administration Kennedy resta calme mais il est intéressant d'observer la manière dont elle réagit finalement à cet événement (en gardant à l'esprit que les États-Unis dominaient si totalement ces pays que bien souvent leurs politiques générales émanaient des ambassades américaines elles-mêmes). Donc, l'ambassade américaine contrecarra tous les efforts de Bosch pour s'assurer le soutien de la population. Ainsi, la réforme agraire, celle du monde ouvrier et tout ce qui pouvait assurer une base populaire au nouveau régime – par ailleurs menacé d'un nouveau coup d'État militaire – furent-ils empêchés par l'administration Kennedy. Le coup d'État eut lieu et les États-Unis qui l'avaient, en fin de compte, rendu possible s'empressèrent de reconnaître le nouveau gouvernement. Un régime militaire du type de ceux que nous préférons fut instauré. En 1965, un autre coup d'État, mené, celui-là, par des officiers libéraux, réformistes et constitutionnalistes, menaça de restaurer la démocratie en République dominicaine. Nous sommes donc à nouveau intervenus. Cette fois-là, nous avons carrément envoyé des troupes. Une guerre sanglante s'ensuivit, qui fit des milliers de victimes. Finalement, nous avons pu rétablir un régime dictatorial terroriste, fervent adepte de la torture. En outre, ce pays fut désormais totalement soumis au pouvoir des entreprises américaines. Après le coup d'État, la République dominicaine fut pratiquement achetée par la Gulf and Western Inc. et autres firmes. Le pays tomba au plus bas, courbé sous le poids des difficultés et d'une pauvreté écrasante. On put alors envisager d'organiser des élections, tant il était devenu évident que rien de dangereux ne pourrait en découler. Dans un tel état d'effondrement, on pouvait même autoriser l'élection de sociaux-démocrates. Cela n'avait plus aucune espèce d'importance. Ce gouvernement ne serait jamais en mesure, de toute façon, de faire quoi que ce soit pour soulager sa population. Du moins, cette partie de la population qui n'avait pas été tuée ou contrainte à fuir. En République dominicaine, quelque 20 % de la population avait émigré aux États-Unis ou dans des endroits plus faciles d'accès tels que Porto Rico. Au total, 40 % de la population a fini par fuir le pays.

Pour continuer à propos de la démocratisation, tournons-nous à présent vers le Salvador. Des élections démocratiques s'y déroulèrent en 1972 et 1977. À chaque fois, l'armée intervint pour les interrompre et instaurer une dictature militaire. N'ayant aucun intérêt particulier dans cette région, les locataires de Washington s'en moquaient éperdument. Le pays subit donc, dans l'indifférence générale, les habituelles atrocités. Pourtant, à la fin des années 1970, deux événements éveillèrent une certaine inquiétude. En premier lieu, la chute de la dictature Somoza en 1979. On a raconté pas mal d'histoires à ce propos, mais la vérité est que l'administration Carter soutint Somoza jusqu'au bout, même après que les milieux d'affaires locaux, alliés naturels des États-Unis, se furent retournés contre le dictateur. Devant ce signe alarmant, les États-Unis commencèrent à s'intéresser au Salvador. Un autre événement s'avéra plus inquiétant encore : l'émergence d'organisations populaires et démocratiques du type de celles que j'ai déjà mentionnées – groupes d'études bibliques devenus organisations d'entraide, coopératives paysannes, syndicats et toutes sortes d'autres mouvements qui semblaient susceptibles de jeter les bases d'un fonctionnement démocratique au Salvador.

Évidemment, la démocratie ne signifie pas grand chose quand les individus, en tant que tels, se retrouvent confrontés à une hyper-concentration du pouvoir économique. Elle n'a de sens que si les gens peuvent s'organiser de manière à obtenir des informations, se forger une opinion sur les différentes questions, avoir des projets, participer activement au jeu politique, promouvoir leurs idées, etc. Si un tel système d'organisation peut s'instaurer, alors, et alors seulement, la démocratie est envisageable. Sinon, cela revient à avoir le choix tous les deux ans entre Coca-Cola et Pepsi. Au Salvador, on pouvait observer, au travers de certaines organisations populaires, des signes allant dans le sens d'une démocratie réelle. Dès lors, il nous fallait agir pour l'empêcher. Les États-Unis ne pouvaient décidément pas le tolérer.

Les deux progrès que nous venons d'évoquer pour le Salvador obligèrent les États-Unis à entrer en action. En octobre 1979, les Américains vinrent en aide au coup d'État réformiste contre la dictature de Carlos Romero, qui semblait devoir prendre le chemin de celle de Somoza. Que se passa-t-il ensuite ? Les États-Unis insistèrent pour que les éléments les plus durs et les plus brutaux de l'armée tiennent un rôle important dans la nouvelle junte. Les assassinats reprirent de plus belle, immédiatement après le coup d'État. Début 1980, l'aile gauche des démocrates-chrétiens, les socialistes et les militaires modérés furent exclus de la junte – ou contraints de fuir – et le pays se retrouva aux mains de tueurs du genre de ceux que nous installons habituellement dans notre domaine réservé. Duarte fit son apparition et servit de couverture à l'un des massacres les plus terribles de l'histoire de l'Amérique centrale. L'archevêque Oscar Romero supplia Carter de ne pas fournir d'aide militaire au dictateur : l'aide militaire allait « durcir la répression déjà déchaînée contre les groupes de citoyens en lutte pour la défense des droits les plus fondamentaux de l'être humain ». Comme, bien entendu, il est dans la nature même de la politique américaine de durcir la répression, de multiplier les massacres, de détruire les mouvements populaires et de s'opposer à ce que les droits de l'homme soient dûment respectés, l'aide militaire s'accrut et la guerre civile atteignit des sommets. Monseigneur Romero fut assassiné peu de temps après. En mai 1980 – sous Carter donc –, la guerre menée contre les populations paysannes au nom d'une prétendue réforme agraire s'intensifia. L'une des premières grandes étapes de cette guerre fut l'action conjointement menée par le Honduras et le Salvador sur la Sumpul River, au cours de laquelle 600 personnes qui tentaient de fuir vers le Honduras furent assassinées. La presse américaine resta silencieuse sur ce massacre durant environ quinze mois, alors que la presse étrangère et les revues religieuses l'avaient déjà abondamment commenté. D'ailleurs, la couverture du Salvador par la presse américaine fut particulièrement déplorable cette année-là. En juin 1980, l'université de San Salvador fut prise d'assaut et détruite par l'armée. De nombreux professeurs et étudiants furent tués à cette occasion et la plupart des bâtiments universitaires détruits. En novembre, l'opposition politique fut exterminée tandis que les médias indépendants étaient interdits.

Aux États-Unis, nous ne croyons pas aux bienfaits de la censure. Et nous sommes furieux quand le gouvernement du Nicaragua censure un journal qui soutient l'agression militaire perpétrée contre son propre pays. Bien sûr, *nous* ne ferions jamais cela. Si une improbable superpuissance attaquait les États-Unis et qu'un journal l'encourageait à le faire, nous ne le censurerions certainement pas (en fait, la direction et les employés du journal se retrouveraient rapidement dans des camps de concentration). Nous ne supportons pas la censure. Ce que nous aimons, c'est autre chose ! C'est, par exemple, ce que nous avons fait au Salvador. Pour se débarrasser une bonne fois pour toute de la presse indépendante, nul besoin de la censurer – il n'y a d'ailleurs pas de censure au Salvador. Il suffit de dynamiter les rédactions des journaux et d'assassiner, après les avoir affreusement torturés, les directeurs de publications. Assez rapidement il n'y a plus de journaux à censurer. C'est bien ce qui se passa sous l'administration Carter et la censure n'eut plus d'objet.

Cette guerre eut de nombreux avantages. Par exemple, l'écrasement des mouvements populaires, rendant désormais possible la tenue d'élections démocratiques puisque, dans de telles conditions, elles n'avaient aucun sens. Les élections de

1984 se déroulèrent dans « une atmosphère de terreur et de désespoir », selon les propres termes de Lord Chitnis, secrétaire du département des Affaires humanitaires du Parlement britannique. Ce n'était pourtant pas l'avis de la presse américaine. En fait, un fois que les conditions mêmes de la démocratie ont été éradiqués ; une fois qu'un État terroriste a été fermement installé aux commandes d'un pays, des élections sont parfaitement envisageables – voire souhaitables pour contenter l'opinion publique américaine. Le contraste entre notre intérêt pour ces élections de 1984 et celui que nous avions porté à celles de 1970 est suffisamment instructif. Voilà pour notre réussite. C'est-à-dire pour ce qui concerne la destruction des mouvements populaires et autres. Néanmoins, il nous faut bien admettre un échec. En effet, les Salvadoriens ont continué de rejoindre la guérilla. Au début de toute cette histoire, il n'y avait qu'une petite centaine de rebelles et ils sont désormais plusieurs milliers. C'est bien entendu la preuve que les Russes étaient derrière tout ça – toute personne qui connaît un peu les États-Unis comprendra ce que je veux dire. En fait, il se passait au Salvador sous Carter quelque chose d'assez similaire à ce qui s'était passé au Vietnam dans les années 1950 sous Eisenhower.

À la même époque, nous augmentions notre effort de guerre contre le Nicaragua. Non pas que ce dernier fût un pays brutal ou totalitaire. Car, même si on accepte les sévères critiques qui sont portées assez justement à son encontre, le Nicaragua, en comparaison des gouvernements que nous soutenons, peut passer pour un paradis sur terre.

Nous nous en sommes pris au Nicaragua précisément parce qu'il suit un modèle de développement que nous ne pouvons tolérer. Bien sûr, nous avons utilisé pour nous justifier le fameux argument de la défense des intérêts américains contre l'agression russe. Le Nicaragua ne reçoit-il pas des armes pour se défendre contre nos attaques ? Le ministre des Affaires étrangères du Nicaragua, M. d'Escoto, affirme que la réaction des États-Unis rappelle le « tortionnaire qui arrache les ongles de sa victime et se met en colère quand celle-ci hurle de douleur ». En fait, on aurait une idée plus proche de la réalité si l'on évoquait un criminel qui engage une bande de malfrats pour rouer de coups un enfant qu'il n'aime pas et qui se met à pleurnicher quand le petit lève le bras pour se protéger. C'est à peu près ce qui s'est passé au Nicaragua.

Je dois admettre qu'il n'y a rien là de bien nouveau. Tous ces exemples honteux ne peuvent que nous rappeler que notre culture intellectuelle repose sur deux piliers : la lâcheté morale et l'hypocrisie. Des gens comme Reagan ne sont absolument pas exceptionnels. Il suffit de remonter à l'époque des Pères Fondateurs américains, qui expliquaient à tout un chacun la doctrine des droits naturels et se plaignaient en même temps de l'« esclavage » que leur faisaient subir les collecteurs de taxes britanniques. Oui, « esclavage » est bien le terme dont ils usaient couramment. Samuel Johnson s'étonnait déjà à l'époque : « Comment peut-on supporter d'entendre des propriétaires de nègres en appeler triomphalement à la liberté ? » Et Thomas Jefferson, pourtant lui-même propriétaire d'esclaves, s'inquiétait : « Je tremble pour mon pays quand je pense que Dieu est justice et que Sa justice sera un jour rendue. »

Le problème de Reagan au Salvador rappelle singulièrement celui de Kennedy au Vietnam vingt ans plus tôt. La répression intérieure était particulièrement sévère dans les deux cas et parvenait assez bien à écraser les mouvements populaires, à faire de très nombreuses victimes, etc. Néanmoins, cette répression intérieure renforçait une résistance que l'État que nous avions installé était incapable de contrôler. Kennedy attaqua carrément le Sud Vietnam en le bombardant. Reagan a bien essayé de faire comme lui au Salvador de 1983 à 1985, mais il n'y est pas vraiment parvenu. Il en a été empêché par une opposition politique interne. Il a donc été contraint d'user de méthodes moins directes qui ont certes permis de tuer pas mal de gens et d'accroître la pauvreté, mais pas de briser la résistance. Nous sommes encore un peu à court de bombardements.

J'ai surtout évoqué ici les similitudes entre nos interventions au Vietnam et en Amérique centrale, mais quelles sont les différences ? En réalité, la différence essentielle tient dans le changement radical des États-Unis depuis le milieu des années 1960. Lorsque Kennedy agressait le Sud Vietnam, personne ne s'y opposait vraiment. C'était le début des années 1960. Lorsque Johnson intensifia les attaques contre ce même Sud Vietnam jusqu'à envahir totalement le pays, il n'y eut pas non plus d'opposition manifeste. En réalité, les mouvements de protestation ne commencèrent que lorsque plusieurs centaines de milliers de soldats américains furent directement engagés sur le terrain au Sud

Vietnam – dans une guerre qui s'était alors étendue bien au-delà du Sud Vietnam lui-même.

Au contraire, la tentative de Reagan pour intensifier la guerre contre le Salvador s'est heurtée à une forte opposition aux États-Unis. Et cela est très significatif. Il s'agit d'un des faits les plus marquants de l'histoire contemporaine.

J'ai déjà cité quelques déclarations officielles des « colombes » libérales sur la guerre du Vietnam : « Attachement excessif au sentiment de justice et bienveillance désintéressée » et bla bla bli et bla bla bla… Pourtant, il existait d'autres points de vue bien différents. Ceux de l'opinion publique, par exemple. En 1982, les sondages indiquaient que près de 70 % de la population américaine considérait la guerre du Vietnam non pas comme une « erreur » mais bien comme « fondamentalement immorale et injuste ». Les « leaders d'opinion » sont moins nombreux à partager ce jugement. Quant aux membres des classes supérieures et aux intellectuels, on n'en connaît pratiquement aucun qui ait jamais émis une telle condamnation. C'est d'ailleurs assez caractéristique des classes cultivées que de se soumettre plus facilement à un système d'endoctrinement auquel ils sont particulièrement exposé et dont ils sont les médiateurs privilégiés, au point de l'intérioriser parfaitement. Cette servilité vis-à-vis de la « ligne du parti » ne se limite pas à cet exemple. Quoi qu'il en soit, le véritable problème est qu'il existe un gouffre, un véritable gouffre, entre la plus grande partie de la population et ceux qui se considèrent comme des leaders naturels. Cela porte même un nom technique : « Le syndrome du Vietnam. » Le terme « syndrome» évoque la maladie. La maladie des très nombreuses personnes qui ne veulent plus des massacres, des agressions, des tortures et se sentent solidaires des victimes. Il était donc urgent de soigner cette maladie. Au début des années 1980, on a pu penser que la maladie avait disparu. Du moins, on aurait pu le croire en feuilletant la production intellectuelle des classes dites supérieures. Mais, en réalité, cette maladie n'a jamais vraiment frappé cette frange de la population. En revanche, dans la population générale, la maladie reste très présente et pose un véritable problème : elle empêche, elle freine les interventions et les agressions directes.

J'ignore si cette opposition publique, pourtant bien réelle, peut s'organiser assez efficacement pour empêcher toute intensification des combats en Amérique centrale. Il est probable que le niveau de violence déjà exercé contre les populations de cette région suffise à remplir les objectifs que s'est fixé la politique américaine. Ce qui est certain, cependant, c'est que nous commençons un nouveau chapitre de la honteuse et sordide histoire de la violence, de la terreur et de l'oppression.

Si nous n'en appelons pas à tout notre courage moral et à toute notre honnêteté pour bien comprendre cela et, surtout, pour changer cela, comme c'est assurément possible, alors tout continuera comme avant et notre soi-disant «croisade pour la paix» fera des millions de nouvelles victimes, affamées, torturées, massacrées.

Les fluctuations du statut d'« État scélérat »

Cuba, Corée du Nord, Irak, Libye, Nicaragua (1988)

Le concept d'« État scélérat » joue aujourd'hui un rôle primordial dans l'élaboration et l'analyse des politiques étrangères. Prenons l'exemple de la crise irakienne. Washington et Londres qualifient l'Irak d'« État scélérat » et le considèrent comme une menace pour ses voisins et pour le monde entier. « Nation hors-la-loi » dirigée par une réincarnation d'Hitler, l'Irak doit être contenu par les garants de l'ordre international, j'ai nommé les États-Unis et leur « jeune partenaire » britannique, pour user du terme prudemment utilisé il y a un demi-siècle par le Foreign Office lui-même. Ce concept d'« État scélérat » mérite qu'on s'y attarde. Observons, pour commencer, la manière dont on l'emploie dans la crise actuelle.

Ce qui frappe dans le débat sur l'Irak, c'est qu'il n'a jamais eu lieu. Certes, les grands discours n'ont pas manqué et l'on a discuté à l'infini de la manière dont il fallait procéder. Mais les discussions sont restées cantonnées dans des limites strictes excluant toute évocation de la solution qui s'imposait : les États-Unis et la Grande-Bretagne doivent obéir aux lois et aux traités internationaux qu'ils ont eux-mêmes ratifiés. En l'occurrence, le cadre légal pertinent est la Charte des Nations unies, « traité solennel » considéré comme le socle de la législation internationale et, conformément à l'article 6 de la Constitution américaine, comme partie intégrante de « la loi suprême du pays ». La Charte stipule que « le Conseil de sécurité constate l'existence d'une menace contre la paix, d'une rupture de la paix ou d'un acte d'agression et fait des recommandations ou décide quelles mesures seront prises conformément aux articles 41 et 42 » qui préconisent toutes démarches « n'impliquant pas l'emploi de la force armée » et autorisent le Conseil de sécurité à aller plus loin si ces mesures doivent s'avérer inadéquates. La seule exception à la règle figure dans l'article 51 de la Charte, qui reconnaît « le droit naturel à la légitime défense, individuelle ou collective » en cas d'agression armée… « jusqu'à ce que le Conseil de sécurité ait pris les mesures nécessaires pour maintenir la paix et la sécurité internationales ».

Il existe certains moyens légaux de réagir aux nombreuses menaces qui pèsent sur la paix. Si les voisins de l'Irak se sentent menacés, ils peuvent demander au Conseil de sécurité l'autorisation de prendre les mesures appropriées pour se défendre. Si les États-Unis et la Grande-Bretagne se sentent menacés eux aussi, ils peuvent en faire autant. Mais nul État n'a l'autorité suffisante pour décider unilatéralement de ces questions et pour agir comme bon lui semble. Pas même les États-Unis et la Grande-Bretagne, y compris s'ils pouvaient se vanter d'avoir les mains parfaitement propres, ce qui est loin d'être le cas.

Les États hors-la-loi n'acceptent pas ces conditions : ni l'Irak de Saddam, par exemple, ni les États-Unis. C'est d'ailleurs ce qu'a expressément déclaré le secrétaire d'État américain, Madeleine Albright – alors ambassadrice auprès des Nations unies –, en informant le Conseil de sécurité, à propos d'une précédente crise entre les États-Unis et l'Irak, que les Américains agiraient « multilatéralement s'[ils le peuvent] et unilatéralement s'il le faut ». En effet, « nous considérons que cette zone géographique est vitale pour les intérêts américains ». En conséquence, nous n'acceptons aucune contrainte extérieure. En février 1998, lors de la mission en Irak du secrétaire général des Nations unies, Kofi Annan, Albright campa sur cette position : « Nous lui souhaitons de réussir et, lorsqu'il reviendra, nous étudierons ses propositions et en jugerons selon notre intérêt national. Nous déciderons, alors, de ce que nous devons répondre. » Annan revint en annonçant qu'on était parvenu à un accord. Albright prévint encore : « Il est possible qu'il revienne avec quelque chose qui ne nous convient pas. Dans ce cas, nous poursuivrons notre propre intérêt. » Quant au président Clinton, il annonça que, si l'Irak ne répondait pas aux critères de conformité (élaborés à Washington), « tout le monde comprendra que les États-Unis et – nous l'espérons – l'ensemble de leurs alliés s'autorisent à riposter quand, où et à la manière qu'ils auront décidés ». Comme n'importe quel État brutal et sans scrupules, donc.

Le Conseil de sécurité ratifia à l'unanimité l'accord rapporté par Annan et rejeta la proposition anglo-américaine d'autoriser l'usage de la force en cas de non-respect de l'accord. La résolution du Conseil se contente, à ce sujet, de menacer l'Irak des « plus sévères conséquences », sans plus de précisions. Dans le dernier et si crucial paragraphe de la résolution, le Conseil « décide, conformément aux responsabilités que lui confie la Charte, de rester activement saisi du dossier de manière à assurer la bonne exécution de la résolution ainsi que la paix et la sécurité de la région ». Donc, conformément à la Charte, le Conseil et personne d'autre. On ne pouvait être moins équivoque. Les unes de la presse annoncèrent : « Une riposte militaire immédiate est rejetée » (*Wall Street Journal*) ; « L'ONU contre la proposition des USA sur les représailles en cas de rupture du pacte » (*New York Times*) ; etc. L'ambassadeur anglais auprès des Nations unies « confirmait officieusement à ses collègues que la résolution ne permettait pas aux États-Unis et aux Britanniques d'attaquer les Irakiens s'ils empêchaient » les enquêtes de l'ONU. « C'est au Conseil de sécurité de décider quand il faut user de la force armée », déclarait l'ambassadeur du Costa Rica, résumant ainsi la position du Conseil de sécurité.

À Washington, la réaction fut bien différente. L'ambassadeur américain auprès des Nations unies, Bill Richardson, prétendit que la résolution « n'excluait pas l'usage unilatéral de la force » et que les États-Unis conservaient le droit légal d'attaquer Bagdad quand ils le désireraient. De son côté, le porte-parole du département d'État, James Rubin, rejetait le contenu de la résolution comme ayant moins « d'importance que les discussions qui se sont tenues en privé : je ne dis pas que nous nous moquons de cette résolution », mais « nous avons été clairs sur le fait que nous ne voyons pas la nécessité de retourner devant le Conseil de sécurité si l'accord devait être violé ». Le président lui-même déclara que la résolution nous donnait « le pouvoir d'agir » si les États-Unis n'étaient pas satisfaits de l'attitude de l'Irak. Son secrétariat à l'information précisa que cela signifiait la possibilité d'une réaction armée. « Les USA confirment qu'ils se réservent le droit de punir l'Irak », annonçait la une du *New York Times*. Bref, les États-Unis s'arrogent le droit d'user unilatéralement de la force quand ils le souhaitent.

Certains trouvèrent, cependant, que cette position répondait tout de même trop fidèlement aux obligations solennelles que nous dictent à la fois la Constitution américaine et la législation internationale. Trent Lott, leader de la majorité sénatoriale, accusa l'administration d'avoir « sous-traité » sa politique extérieure à « d'autres » – c'est-à-dire au Conseil de sécurité de l'ONU. Quant au sénateur John McCain, il s'inquiéta de ce que « les États-Unis risquent de subordonner leur puissance aux décisions de l'ONU ». Un devoir que seuls les États « justiciables » semblent tenus, selon lui, de respecter. Le sénateur John Kerry ajoutait qu'il serait « légitime » que les USA envahissent carrément l'Irak si Saddam « s'entêtait à ne pas respecter la résolution des Nations unies et continuait de représenter une menace pour la communauté internationale ». Avec ou sans l'accord du Conseil de sécurité. Une telle décision unilatérale prise par les États-Unis resterait « dans le cadre du droit international » tel que semble le concevoir Kerry.

Ce dernier, une « colombe » libérale que son opposition à la guerre du Vietnam avait portée sur le devant de la scène nationale, expliqua que sa position actuelle n'était pas en contradiction avec son attitude passée. Le Vietnam lui avait appris que la force ne devait être utilisée que lorsque l'objectif était « réalisable et qu'il répondait aux intérêts de la nation ». L'invasion du Koweït par Saddam était donc bien une erreur puisque, comme on le vit par la suite, elle n'était pas « réalisable ».

À l'extrémité libérale du spectre politique, l'accord proposé par Annan fut assez bien reçu mais toujours dans ce cadre strict qui interdit de poser les questions cruciales. Comme on pouvait s'y attendre, le *Boston Globe* déclara que si Saddam n'avait pas fait marche arrière « il aurait été non seulement légitime que les États-Unis attaquassent l'Irak, mais il aurait été irresponsable de ne pas le faire ». CQFD. Les éditorialistes demandaient en même temps « un consensus international pour l'interdiction des armes de destruction massive », considéré comme « la meilleure chance pour le monde d'empêcher une science pervertie de causer des dommages jusqu'alors inimaginables ». Proposition tout à fait raisonnable, et l'on connaît bien les moyens d'y parvenir, mais ce ne sont malheureusement pas ceux que le *Boston Globe* préconise.

Le commentateur politique, William Pfaff, regrettait pour sa part que Washington ne soit pas plus enclin à consulter les « théologiens et les philosophes » tels Thomas d'Aquin et le théologien de la Renaissance, Francisco Suarez, par exemple, à l'instar de ce qu'avait fait une « partie de la communauté intellectuelle » aux États-Unis et en

Grande-Bretagne « dans les années 1950 et 1960 ». Chercher des conseils dans la « philosophie et la théologie » ! Tout, plutôt que revenir aux fondements des législations internationales et nationales contemporaines jugées sans doute trop explicites pour satisfaire les intellectuels professionnels. Un autre commentateur libéral pressa les États-Unis d'assumer le fait que, si leur incomparable puissance « s'exerce effectivement pour le plus grand bien de l'humanité, l'humanité doit avoir un droit de regard sur l'usage qui en est fait », ce qui ne serait permis ni par « la Constitution, ni par le Congrès, ni même par les experts du dimanche soir à la télévision ». En outre, « les autres nations du monde n'ont pas confié à Washington le droit de décider quand, où et comment leurs intérêts devaient être défendus » (Ronald Steel).

En fait, contrairement à ce qu'affirme Steel, la constitution américaine prévoit de tels mécanismes. En particulier en permettant que certains traités, et par exemple le plus fondamental d'entre eux, la Charte des Nations unies, s'intègrent à la « loi suprême du pays ». Elle permet aussi au Congrès de « dénoncer et de punir [...] les offenses faites à la loi des nations » – loi qui s'incarne, à notre époque, dans la Charte des Nations unies. Par ailleurs, le moins qu'on puisse dire, c'est que les autres nations « n'ont pas confié à Washington le droit, etc. » En vérité, elles lui ont fermement dénié ce droit, suivant d'ailleurs en cela les consignes (toutes rhétoriques) de Washington qui avait, pour une très grande part, conçu la Charte.

On tint ensuite régulièrement le compte des violations irakiennes vis-à-vis des résolutions de l'ONU pour mieux faire admettre le droit des deux nations guerrières de recourir unilatéralement à l'usage de la force, et de jouer le rôle de « policiers internationaux » – véritable insulte envers la police, chargée, en principe, de faire respecter la loi et non de la bafouer. Il y eut bien quelques critiques concernant, entre autres choses, l'« abus de pouvoir » américain – léger euphémisme pour parler d'un État qui se met lui-même hors-la-loi.

On pourrait, bien sûr, user d'un argument légal quelque peu alambiqué pour justifier l'attitude anglo-américaine – ce que personne ne tenta réellement de faire, d'ailleurs. La première étape serait de dire que l'Irak a violé la résolution 687 de l'ONU (3 avril 1991), qui décide d'un cessez-le-feu après « l'engagement officiel de l'Irak » d'accepter les articles qui y sont énumérés (destruction des armes, inspection, etc.). Il s'agit là probablement de la plus longue et de la plus précise des résolutions du Conseil de sécurité à ce jour. Néanmoins, il n'y est aucunement fait mention de mécanismes de contrainte. La deuxième étape de l'argumentation consisterait à prétendre que le non-respect de la résolution par l'Irak permet d'invoquer la résolution 678 (22 novembre 1990). Cette dernière autorise les États membres à « user de tous moyens nécessaires au respect et à la mise en œuvre de la résolution 660 » (2 août 1990) qui ordonne à l'Irak de quitter le Koweït et d'« engager immédiatement d'intensives négociations afin de régler leurs différends » et recommande de le faire par l'intermédiaire de la Ligue arabe. La résolution 678 invoque aussi « toutes les autres résolutions sur ce sujet », autrement dit qui ont trait à l'invasion du Koweït et aux agissements irakiens. Quoi qu'il en soit, invoquer la résolution 678 n'avance à rien : elle n'autorise pas l'usage de la force pour imposer la résolution 687, plus tardive, qui concerne des questions totalement différentes et ne prévoit rien de plus que des sanctions.

Mais tout cela est parfaitement vain. Les Anglais et les Américains auraient pu facilement lever tous les doutes en demandant au Conseil de sécurité de les autoriser à «menacer et [à] user de la force» comme le prévoit la Charte. La Grande-Bretagne fit quelques pas dans cette direction jusqu'à ce qu'il devînt évident que le Conseil de sécurité ne donnerait pas son accord. De toute façon, tout cela ne rime à rien dans un monde dominé par des « États scélérats » qui se moquent totalement des lois.

Supposons que le Conseil de sécurité ait finalement autorisé l'usage de la force contre l'Irak pour le sanctionner d'avoir violé la résolution 687 concernant le cessez-le-feu. Cette autorisation aurait été accordée à tous les États – y compris l'Iran, par exemple, qui aurait alors pu envahir le sud de l'Irak pour y soutenir la rébellion. L'Iran est un pays voisin et a été victime d'une guerre chimique menée par les Irakiens et soutenue par les États-Unis. Les Iraniens auraient pu prétendre, non sans quelques raisons, que leur invasion rencontrerait un soutien local. Ce que ni les Anglais ni les Américains ne peuvent faire. Cette réaction iranienne, à supposer qu'elle soit envisageable, n'aurait jamais été tolérée. Elle aurait été, pourtant, bien moins scandaleuse que les projets de nos gendarmes autodésignés. Ce genre d'analyse, quoi qu'il en soit, ne risque guère de nourrir le débat public ni aux États-Unis ni en Grande-Bretagne.

Le mépris des règles internationales est profondément ancré dans la pratique et la culture intellectuelle américaine. Il suffit de rappeler, par exemple, les réactions qu'entraîna le verdict de la Cour internationale de justice en 1986. Les États-Unis s'y voyaient condamnés pour « usage illégal de la force » contre le Nicaragua. La Cour ordonnait qu'ils se retirent et s'acquittent de réparations importantes tout en signifiant que toute aide américaine apportée aux *contras*, quelle qu'en soit la nature, serait considérée comme une « aide militaire » et non « humanitaire ». La Cour fut accusée par tout le monde de s'être elle-même discréditée. Les termes exacts du jugement n'eurent même pas les honneurs de la presse et furent donc totalement ignorés. Le Congrès, dominé alors par les démocrates, vota aussitôt de nouveaux fonds destinés à intensifier cet « usage illégal de la force ». Washington opposa son veto à une résolution du Conseil de sécurité qui rappelait tous les pays au respect de la loi internationale, n'en désignant aucun en particulier bien que son intention soit parfaitement claire. Lorsque l'Assemblée générale des Nations unies proposa une résolution identique, les États-Unis votèrent contre – l'annulant de fait –, avec Israël et le Salvador. L'année suivante, seul Israël renouvela son soutien systématique. Une fois de plus, rien de tout cela ne transpira dans les médias. D'ailleurs, le secrétaire d'État George Schultz n'avait-il pas expliqué, le 14 avril 1986, que le terme de « négociation est un euphémisme qui signifie capitulation si l'ombre du pouvoir ne plane pas sur le tapis vert ». Il condamnait, en outre, tous ceux qui préconisent l'usage de « moyens utopiques ou légalistes tels que médiations extérieures, Nations unies et Cour internationale, en négligeant le “facteur puissance” de l'équation » – jugement qui n'est pas sans précédent dans l'histoire moderne.

Le mépris déclaré pour l'article 51 de la Charte est particulièrement significatif de cette attitude. Il s'exprima fort clairement en 1954, immédiatement après les Accords de Genève pour un règlement pacifique de la situation en Indochine. Ces accords furent considérés comme un véritable « désastre » par Washington qui s'empressa aussitôt de les saper. Le Comité national de sécurité décréta secrètement que, même en cas de « rébellion ou tentative de subversion de la part des communistes locaux ne constituant pas véritablement une agression armée », les États-Unis envisageraient l'usage de la force armée – y compris contre la Chine si elle « s'avérait être à l'origine » de la « subversion » (NSC 5429/2). Ces termes exacts, répétés mot pour mot chaque année dans les documents stratégiques, avaient été choisis dans le but de rendre explicite le droit américain de violer l'article 51 de la Charte. Le même document proposait de remilitariser le Japon, de faire de la Thaïlande le « centre des opérations secrètes et psychologiques américaines en Asie du Sud-Est », de lancer « de vastes opérations d'espionnage » à travers toute l'Indochine et, plus globalement, d'agir de manière à miner les Accords de Genève et la Charte des Nations unies. Ce document d'une importance extrême à été grossièrement dévoyé par les historiens spécialistes des archives du Pentagone et n'est jamais vraiment évoqué dans leur travail. Les

États-Unis se sont arrangés pour inclure dans leur définition de l'« agression », le « conflit politique et la subversion » (lorsqu'ils sont pratiqués par d'autres, bien sûr). C'est ce qu'Adlai Stevenson qualifiait d'« agression intérieure » pour justifier l'escalade de la violence mise en œuvre par Kennedy au Sud Vietnam. Lorsque les États-Unis bombardèrent les villes libyennes, en 1986, on invoqua officiellement la « légitime défense contre une agression future ». Anthony Lewis, le spécialiste judiciaire du *New York Times*, félicita l'administration de s'être reposée sur « l'argument légal selon lequel la violence [dans ce cas précis] est un acte de légitime défense », offrant ainsi une interprétation très créative de l'article 51 de la Charte – qui finira tout de même par poser quelques problèmes d'interprétation à n'importe quel étudiant quelque peu informé. L'invasion du Panama par les Américains fut défendue au Conseil de sécurité par l'ambassadeur Thomas Pickering au nom de l'article 51 qui, déclara-t-il, « autorise l'usage de la force armée pour défendre un pays, défendre nos intérêts et notre peuple », et autorise, donc, les USA à envahir le Panama afin d'empêcher que le « territoire [panaméen] serve de base à la pénétration des drogues aux États-Unis ». L'opinion informée applaudit sagement.

En juin 1993, Clinton donna l'ordre de lancer des missiles sur l'Irak, qui firent des victimes civiles, certes, mais réjouirent aussi grandement le président, les « colombes » du Congrès et la presse qui jugea cette agression à la fois « appropriée, raisonnable et nécessaire ». Les commentateurs furent particulièrement sensibles au fait que l'ambassadrice Albright se référât à l'article 51 de la Charte. Les bombardements, expliquait-elle, étaient destinés à « nous défendre contre une agression militaire » – en fait, une prétendue tentative d'assassinat contre l'ex-président George Bush, qui aurait eu lieu deux mois plus tôt. Cette explication serait d'une totale absurdité même si l'implication de l'Irak dans cette affaire était finalement avérée. Selon le *New York Times*, qui n'alla pas chercher plus loin, « des membres de l'Administration », informèrent officieusement la presse que « la culpabilité de l'Irak reposait plus sur des preuves indirectes et sur la spéculation que sur des renseignements en béton ». Les médias rassurèrent l'opinion en précisant que tout cela « entrait parfaitement » dans le cadre de l'article 51 (*Washington Post*). « Tout président a le devoir d'user de la force militaire pour protéger les intérêts de la nation » (le *New York Times* qui, par ailleurs, s'avouait sceptique sur le cas en question). « Diplomatiquement parlant, c'était exactement la raison qu'il fallait invoquer » et « la référence de Clinton à la Charte des Nations unies exprimait le souhait américain de respecter le droit international » (*Boston Globe*). L'article 51 « autorise les États à répliquer militairement s'ils sont menacés par une puissance hostile » (*Christian Science Monitor*). L'article 51 autorise un État a user de la force « pour contrer les menaces pesant sur ses ressortissants », comme l'expliqua au Parlement le ministre des Affaires étrangères britannique, Douglas Hurd, pour soutenir Clinton dans son « exercice justifié et bien pesé de son droit à la légitime défense ». Selon Douglas Hurd, donc, le monde serait dans un « dangereux état de paralysie » si les États-Unis était tenus d'obtenir l'approbation du Conseil de sécurité avant d'expédier ses missiles contre un ennemi qui aurait – ou n'aurait pas – organisé deux mois auparavant une tentative ratée d'assassinat sur un ex-président.

Tous ces faits justifient l'inquiétude largement relayée par la presse vis-à-vis des « États scélérats » qui ne connaissent que la loi du plus fort et agissent dans l'« intérêt national » tel qu'il est défini par leurs dirigeants. C'est encore plus évident dans le cas des « États scélérats » qui s'autoproclament à la fois juges et bourreaux planétaires.

Il est bien sûr intéressant de passer en revue les questions qu'a soulevées le non-débat sur la crise irakienne, mais, d'abord, encore un mot sur le concept d'« État scélérat ». L'idée essentielle est la suivante : bien que la Guerre froide ait pris fin, les États-Unis ont toujours pour mission de défendre le monde. Mais de quoi exactement ? Bien sûr, pas de la menace du « nationalisme radical », c'est-à-dire des pays peu désireux de subir la loi de la puissance mondiale. De telles idées ne s'expriment guère que dans les documents stratégiques à usage interne mais certainement pas devant l'opinion publique. Dès le début des années 1980, il est devenu évident que la technique habituelle de mobilisation des masses par le recours à la fameuse « impitoyable conspiration monolithique » (Kennedy) ou à l'« empire du Mal » (Reagan) avait perdu de son efficacité. Il fallait donc trouver de nouveaux ennemis.

Aux États-Unis mêmes, la peur du crime – en particulier de la drogue – fut entretenue par un « ensemble de facteurs qui ont peu – voire rien – à voir avec le crime lui-même », selon la Commission nationale sur la criminalité. Parmi ces facteurs, on trouve les médias et le « rôle du gouvernement et de l'industrie privée dans la perpétuation de cette peur chez les citoyens », ceci « par l'exploitation des tensions raciales latentes à des fins politiques ». Sans compter le caractère raciste du contrôle policier et des condamnations qui dévastent les communautés noires et créent un « abîme racial » qui confronte « la nation au risque d'une catastrophe sociale ». Les criminologues parlent à ce sujet de « goulag américain » et de « nouvel apartheid » : les Afro-Américains constituent pour la première fois dans l'histoire des États-Unis la majorité de la population carcérale (avec un taux sept fois plus élevé que chez les Blancs, sans aucun rapport avec celui des arrestations, qui visent elles-mêmes tout particulièrement les Noirs).

À l'étranger, les dangers devaient venir du « terrorisme international », des « narcotraficants hispaniques » et, par-dessus tout, des « États scélérats ». Un document secret (1995) du Haut commandement stratégique (responsable de l'arsenal stratégique nucléaire) résume bien les principes de base. Rendu public en vertu du décret sur la liberté d'information, ce rapport intitulé *Principes élémentaires de la dissuasion post-Guerre froide* « montre comment les États-Unis changèrent de cible pour leur stratégie dissuasive et abandonnèrent une Union soviétique défunte pour de prétendus États scélérats tels que l'Irak, la Libye, Cuba et la Corée du Nord » (*Associated Press*). Ce document propose que les États-Unis exploitent leur potentiel nucléaire pour donner l'image d'un État « irrationnel et vindicatif dès lors que ses intérêts vitaux sont menacés». Ce «devrait être là un des aspects de l'identité nationale américaine que nous devons présenter à tous nos adversaires» et, en particulier, aux «États scélérats». «Il n'est pas bon de nous présenter comme trop rationnels et réfléchis» – et encore moins comme une nation trop respectueuse de sottises telles que le droit et les traités internationaux. «Le fait que certains éléments» du gouvernement américain «puissent sembler potentiellement "incontrôlables" peut permettre de créer et d'implanter la crainte et le doute dans l'esprit des dirigeants ennemis». Ce rapport ressuscite la «théorie du fou» chère à Nixon : nos ennemis doivent comprendre que nous sommes des fous imprévisibles, détenteurs d'une incroyable force de frappe. Ce n'est qu'ainsi qu'ils se plieront à notre volonté. Ce concept a, semble-t-il, été forgé en Israël dans les années 1950 par les travaillistes alors au pouvoir, qui «préconisaient de monter des opérations folles» prévenant, selon ce qu'en dit le Premier ministre Moshe Sharett dans son journal, que «nous pouvions devenir fous» quand on nous contrariait. Cette «arme secrète» était d'ailleurs en partie dirigée contre les États-Unis, que le gouvernement israélien ne trouvait pas, à cette époque, suffisamment fiable. Reprise à son compte par l'unique superpuissance mondiale – qui se considère elle-même comme au-dessus des lois et sur laquelle ses propres élites n'ont que peu de moyen de contrôle –, cette attitude pose un problème de taille au reste du monde.

Dès le début de l'administration Reagan, la Libye devint l'«État scélérat» idéal : vulnérable et sans défense. Un excellent punching-ball à disposition. Par exemple, en 1986, lorsque le premier bombardement de l'histoire à être expressément programmé pour passer aux heures de grande écoute sur les médias fut utilisé par les rédacteurs des discours du « Grand Communicant » pour justifier l'agression terroriste de Washington contre le Nicaragua : l'« architerroriste » Kadhafi aurait, en effet, « envoyé 400 millions de dollars et tout un arsenal d'armement et de conseillers au Nicaragua dans le seul objectif de porter la guerre sur le territoire même des États-Unis ». États-Unis qui, au même instant exerçaient pleinement leur droit de légitime défense contre l'agression armée de l'« État scélérat » nicaraguayen.

Immédiatement après la chute du mur de Berlin, qui rendit inopérant tout recours à la menace soviétique, l'administration Bush présenta au Congrès son impressionnant budget militaire annuel. On expliqua que, dans « la nouvelle ère qui s'annonce, notre puissance militaire restera un des piliers de l'équilibre mondial, mais [...] il est fort probable que la nécessité d'user de nos forces armées ne viendra plus de la menace soviétique mais du tiers-monde où de nouvelles aptitudes et de nouvelles approches pourrait être requises ». Des approches comme celle du « président Reagan, qui dirigea les forces navales et aéroportées contre la Libye en 1986 » – plus précisément contre des cibles civiles libyennes –, animé par la volonté de « contribuer à un environnement international de paix, de liberté et de progrès dans lequel notre démocratie et les autres nations libres pourront s'épanouir ». Selon cette vision, la principale menace qui pèserait sur nous est « la sophistication technologique croissante » du tiers-monde. Nous devons donc renforcer notre « système industriel de défense » en encourageant l'industrie des hautes technologies à « investir dans de nouveaux services et équipements ainsi que dans la recherche et le développement ». En outre, nous devons maintenir nos forces d'intervention au Moyen-Orient (en particulier), où « les menaces pesant sur nos intérêts » ne peuvent plus être « mises sur le dos du Kremlin » – contrairement aux sempiternelles vieilles allégations, aujourd'hui mises au rancart. Ainsi, comme cela avait été exprimé par le passé – dans les documents stratégiques confidentiels –, la « menace » est aujourd'hui officiellement considérée comme strictement locale. Il s'agit bien du « nationalisme radical » susmentionné, qui fut toujours le sujet d'inquiétude primordial pour les États-Unis, et pas seulement au Moyen-Orient. Pourtant, à l'époque de ce discours devant le Congrès, les « menaces pesant sur nos intérêts » ne pouvaient pas non plus être mises sur le compte de l'Irak. Saddam était alors un ami privilégié et un excellent partenaire commercial. Son statut devait changer quelques mois plus tard lorsqu'il commit l'erreur d'interpréter une simple permission accordée par les États-Unis de modifier, par la force, ses frontières avec le Koweït pour une autorisation de s'emparer du pays tout entier – et d'imiter, en l'occurrence, ce que les États-Unis venaient juste de faire au Panama. Lors d'une rencontre au sommet qui suivit immédiatement l'invasion du Koweït par Saddam, le président Bush exprima clairement le fond du problème : « Je crains que les Saoudiens ne se dégonflent à la dernière minute et acceptent un régime de fantoches au Koweït. » Colin Powell, le chef de l'état-major, exposa le problème de manière plus abrupte : « Dans les prochains jours l'Irak se retirera » du Koweït en y laissant « ses marionnettes » et « l'ensemble du monde arabe sera ravi ».

Bien entendu, les parallèles historiques ne sont jamais parfaits. Lorsque Washington se retira partiellement du Panama après y avoir placé ses marionnettes, la colère fut grande dans tout l'hémisphère (Panama compris), comme partout ailleurs. Washington se vit contraint d'opposer son veto à deux résolutions du Conseil de sécurité et de voter contre une résolution de l'assemblée générale de l'ONU qui condamnait Washinton pour « violation flagrante du droit international et mépris de l'indépendance, de la souveraineté et de l'intégrité territoriale des États » et réclamait le retrait total des « forces d'invasion américaines du Panama ». L'invasion du Koweït par l'Irak fut traitée très différemment et ne correspond absolument pas à la version officielle. La vérité est néanmoins aisément accessible dans différents ouvrages. Cette vérité indicible jette une lumière crue sur la manière dont nos analystes politiques ont traité cette affaire. Ronald Steel, par exemple, s'interroge aujourd'hui sur le « dilemme » auquel furent confrontés les États-Unis. En effet, « en tant que plus importante puissance mondiale, les États-Unis ont plus de difficultés que n'importe quel autre pays à exercer leur droit d'user de la force ». Cela expliquerait le succès de Saddam au Koweït et l'incapacité de Washington à imposer sa volonté au Panama. Mais le débat était tout aussi efficacement contrôlé en 1990-1991. On discutait beaucoup des effets que les sanctions contre l'Irak *pourraient* avoir mais jamais sur ceux qu'elles avaient *déjà* eus immédiatement après le vote de la résolution 660 des Nations unies. Par crainte d'avoir à admettre que les sanctions avaient *déjà* porté leurs fruits, Washington refusa (entre août 1990 et début janvier 1991) toutes les invitations irakiennes à venir constater l'effectivité de son retrait du Koweït. À quelques très rares exceptions près, l'appareil médiatique obéit strictement aux ordres sur ce point. Quelques jours avant les bombardements de janvier 1991, les sondages indiquaient que deux Américains sur trois se prononçaient pour un règlement pacifique fondé sur le retrait irakien et la tenue d'une conférence internationale sur le conflit israélo-arabe. Rares furent les commentateurs qui se rallièrent à cette solution. Les médias suivaient fidèlement les consignes présidentielles et jugeaient inconcevable (contrairement à leur habitude) qu'on établisse un « rapport » quelconque entre ces deux aspects de la situation. Il est peu probable que les personnes interrogées aient su que leur opinion était partagée par l'opposition démocratique irakienne, parfaitement ignorée des médias. Ni même qu'une proposition irakienne en ce sens avait été considérée comme raisonnable par certains membres de l'Administration avant d'être tout bonnement rejetée par Washington. Et pas davantage, qu'une proposition de retrait irakienne avait été étudiée par le Comité national de sécurité dès la mi-août, pour être finalement rejetée – et tenue secrète – sans doute dans la crainte que les initiatives irakiennes ne « désamorcent la crise » ainsi que le laissait entendre le correspondant du

New York Times en rendant compte à mots couverts des inquiétudes de Washington. Depuis lors, l'Irak a remplacé l'Iran et la Libye dans le rôle de l'« État scélérat » par excellence.

D'autres, en revanche, n'ont jamais fait partie du club des hors-la-loi. L'Indonésie, qui passa du statut d'ennemi à celui d'ami lorsque le général Suharto s'empara du pouvoir en 1965 avant de se livrer à un gigantesque massacre à la plus grande satisfaction de l'Occident, en est l'exemple le plus frappant. Dès ce moment, Suharto est devenu « notre genre de type ». C'est ainsi que le considérait l'administration Clinton au moment même où il se livrait à des assassinats et à des massacres sans nombre à l'encontre de son propre peuple. Rien que pour les années 1980, dix mille Indonésiens trouvèrent la mort, de l'aveu même de « notre genre de type », qui écrivait que « les cadavres n'étaient pas ramassés dans l'intention de créer un véritable traumatisme ». En décembre 1975, le Conseil de sécurité des Nations unies ordonna, à l'unanimité, que l'Indonésie retire « immédiatement » ses forces d'invasion du Timor-Oriental et appela tous les États à respecter l'intégrité territoriale du Timor-Oriental ainsi que son « droit inaliénable à l'autodétermination ». Les États-Unis réagirent en augmentant (secrètement) leurs livraisons d'armes à l'agresseur indonésien. Carter poursuivit dans cette voie, en 1978, alors que l'agression indonésienne tournait au génocide. Dans ses Mémoires, l'ambassadeur américain auprès des Nations unies, Daniel Patrick Moynihan, se félicite d'avoir rendu les démarches de l'ONU « parfaitement inefficaces quelles que soient les initiatives qu'elle envisageât ». Ce faisant, il obéissait aux directives du Département d'État, qui « souhaitait que les événements tournent exactement comme ils ont tourné et travaillait activement en ce sens ». Les États-Unis se félicitèrent du pillage des ressources pétrolières du Timor-Oriental (avec la complicité d'une firme américaine), en totale contradiction avec toute interprétation raisonnable des accords internationaux.

On peut établir un certain parallèle avec la situation Irak/Koweït, bien qu'il y ait tout de même quelques différences : pour ne mentionner que la plus évidente, les atrocités commises avec l'aval des États-Unis par les Indonésiens au Timor-Oriental dépassent de loin ce qu'on a pu reprocher à Saddam au Koweït.

Il existe beaucoup d'autres exemples, bien que certains de ceux que l'on invoque habituellement doivent être traités avec beaucoup de précautions, en particulier quand il s'agit d'Israël. Le coût en vies civiles de l'invasion du Liban par Israël en 1982 – menée une fois encore avec l'aval des États-Unis – excède de loin celui de l'invasion du Koweït par Saddam. En outre, Israël continue de violer une résolution du Conseil de sécurité datant de 1978, qui lui ordonne de retirer ses troupes du territoire libanais. Israël en viole encore bien d'autres concernant Jérusalem, les hauteurs du Golan, etc. Il y en aurait bien plus si les États-Unis n'opposaient pas régulièrement leur veto à de telles résolutions. Par ailleurs, l'accusation habituelle selon laquelle Israël – et en particulier son actuel gouvernement – ne respecte ni la résolution 242 de l'ONU ni les accords d'Oslo, ainsi que les insinuations sur le double langage des Américains qui tolèrent ces agissements, se fondent sur une lecture erronée de ces accords eux-mêmes. Dès le départ, le processus d'Oslo a été conçu et mis en œuvre par les Américains et les Israéliens dans le but d'imposer une solution de type bantoustan. Le monde arabe a choisi de se leurrer lui-même sur cette question, comme bien d'autres, mais les faits apparaissent clairement dans les documents disponibles, et en particulier dans les projets (toujours soutenus par les États-Unis) des gouvernements Rabin-Peres ainsi que dans ceux pour lesquels le gouvernement du Likoud est aujourd'hui accusé. (Il est évidemment faux de prétendre qu'« on ne peut pas prouver qu'Israël ignore les décrets du Conseil de sécurité » (*New York Times*), mais les arguments que l'on donne habituellement devraient être examinés avec attention.)

Pour en revenir à l'Irak, il se comporte sans aucun doute comme un des États les plus criminels de la scène mondiale. Au cours d'un débat télévisé organisé dans le but de justifier le plan d'attaque contre l'Irak, les responsables gouvernementaux, Albright et Cohen, n'ont cessé de rappeler la dernière atrocité irakienne en date : Saddam s'était rendu coupable d'« utiliser un armement de destruction massive contre ses voisins et son propre peuple ». Il s'agit là manifestement de son crime le plus abominable. « Il nous faut absolument insister sur le fait que les États-Unis et le monde civilisé ne peuvent traiter avec un homme capable d'utiliser des armes de destruction massive sur son propre peuple, sans parler de ses voisins », déclarait Madeleine Albright en répondant avec indignation à un intervenant qui l'interrogeait sur le soutien américain à Suharto. Peu après, le sénateur Lott accusait Kofi Annan de cultiver des « relations personnelles avec un massacreur » et reprochait à l'administration de continuer à faire confiance à un individu capable de tomber aussi bas. Propos singulièrement éclairants. Mis à part le fait que Cohen et Albright ne répondent pas à la question posée, ils oublient simplement de mentionner – et les commentateurs ont été assez gentils pour ne pas leur en parler – que les faits qu'ils semblent trouver désormais abominables n'avaient pas suffi auparavant à faire de l'Irak un « État scélérat ». Quant à Lott, il se garde bien de rappeler que ses héros préférés, Reagan et Bush, entretenaient des relations exceptionnellement chaleureuses avec le « massacreur ». De fait, personne ne fit de discours passionné en faveur d'une attaque militaire après que Saddam eut gazé des Kurdes à Halabja en 1988. Bien au contraire, les États-Unis et la Grande-Bretagne confirmèrent leur soutien au massacreur considéré alors comme « notre genre de type ». Lorsque, dix mois après Halabja, Charles Glass, le correspondant de ABC TV, découvrit le site de l'une des usines d'armement biologique de Saddam, le Département d'État nia les faits et on n'en parla plus. Glass a fait remarquer depuis que le Département d'État « produit aujourd'hui des rapports sur ce même site ».

Les deux garants de l'ordre international avaient à l'époque, avec pas mal d'autres, participé à rendre possibles quelques atrocités – comme l'usage du cyanure, de gaz neurotoxiques et autres armes barbares – en fournissant à Saddam des renseignements, des technologies et du matériel. Selon Bill Blums, la Commission bancaire du Sénat annonçait en 1994 que le département au Commerce américain avait identifié pour les années précédant la guerre des livraisons de « matériels biologiques » identiques à ceux que les inspecteurs des Nations unies ont découverts et détruits par la suite. Ces livraisons se poursuivirent au moins jusqu'en novembre 1989. Un mois plus tard, Bush autorisa de nouveaux prêts au profit de son ami Saddam dans l'« objectif d'accroître les exportations américaines et de nous mettre en position de discuter avec l'Irak sur son comportement humanitaire », comme le déclara, sans honte, le Département d'État sans soulever la moindre critique (ni le moindre commentaire, d'ailleurs) de la part des principaux médias.

Une enquête officielle (le rapport Scott) révéla l'attitude du gouvernement britannique qui dut, finalement, admettre qu'il avait continué à autoriser certaines firmes anglaises à exporter vers l'Irak du matériel entrant dans la composition des armes biologiques bien après que le rapport Scott eut été publié (au moins jusqu'à décembre 1996). Le 28 février de la même année, le *Times,* dans un tour d'horizon des ventes occidentales de matériels susceptibles d'entrer dans la composition d'armes bactériologiques et autres matériels de destruction massive, mentionne, pour les années 1980, une livraison américaine ayant reçu l'accord du gouvernement et comprenant des « agents pathogènes mortels » dont certains provenaient du centre militaire de recherches bactériologiques de Fort Detrick. Il ne s'agit là bien sûr que de la partie émergée de l'iceberg.

On a tendance, aujourd'hui, à prétendre qu'on ignorait tout des crimes de Saddam. C'est pourquoi, bien entendu, nous sommes profondément choqués de cette découverte et devons « clairement insister sur le fait que » nous, les civilisés, « ne [pouvons] traiter » avec le responsable de semblables crimes. Pur cynisme ! Certains rapports des Nations unies des années 1986 et 1987 condamnaient déjà l'Irak pour son utilisation d'armements chimiques. Des membres de l'ambassade américaine de Turquie avaient, en outre, interrogé quelques rescapés kurdes de cette guerre chimique et la CIA en avait informé le Département d'État. Des organisations humanitaires avaient elles aussi fait état des atrocités commises à Halabja et ailleurs. Le secrétaire d'État, George Shultz, dut reconnaître que les États-Unis détenaient quelques éléments de preuves à ce sujet. Une équipe d'investigation, envoyée en 1988 par le Comité sénatorial des Relations extérieures, découvrit des « preuves confondantes de l'usage intensif d'armes chimiques contre les populations civiles ». Elle dénonçait le fait que, l'Occident ayant accepté de voir l'Irak utiliser de telles armes contre l'Iran, Saddam s'était cru autorisé également – à juste titre – à en user contre son propre peuple en toute impunité – contre les Kurdes, plus exactement, qui ne sont certes pas le « peuple » de cette brute. Le président de ce comité, Claiborne Pell, rappelait le Décret sur la prévention des génocides de 1988, qui assimile le silence « quand des gens sont gazés » au crime de « complicité ». Un peu comme lorsque « le monde se taisait quand Hitler entamait une politique qui devait mener à la quasi-élimination de tous les juifs d'Europe». Il ajoutait : «Nous ne pouvons pas rester à nouveau silencieux devant un génocide.» L'administration Reagan s'opposa catégoriquement à des sanctions et fit en sorte que l'affaire ne s'ébruite pas tout en accroissant son aide au «massacreur». Selon le journaliste Adel Darwish, «la presse koweïtienne fut parmi les médias arabes les plus enthousiastes à propos la croisade de Bagdad contre les Kurdes».

En janvier 1991, tandis que grondaient les tambours de guerre, la Commission internationale des juristes faisait remarquer à la Commission onusienne des Droits de l'homme qu'«après s'être rendu coupable des plus flagrants abus sur sa propre population sans essuyer le moindre reproche de la part des Nations unies l'Irak avait dû en conclure qu'il pouvait faire ce qu'il lui plaisait». Dans ce contexte, «Nations unies» signifie tout particulièrement États-Unis et Grande-Bretagne. Assurons-nous que cette vérité connaîtra le même sort que le droit international et quelques autres joujoux «utopiques» de même calibre.

Ce ne sont pas ses innombrables crimes qui ont transformé Saddam en «monstre de Bagdad». C'est le fait d'avoir franchi la ligne sans autorisation. Un peu comme dans le cas de Noriega, criminel de moindre envergure, dont les pires crimes ont été commis quand il faisait encore partie des bons clients de l'Amérique.

Au passage, on notera qu'il n'est pas impossible que la destruction du vol 655 de l'Iran Air par le bâtiment américain le *Vincennes* dans l'espace aérien iranien revienne bientôt hanter Washington. Les circonstances de cette affaire sont pour le moins suspectes. Dans le journal officiel de la Navy, le commandant David Carlson écrit qu'il « avait exprimé clairement son incrédulité » lorsqu'il s'était aperçu du pont de son propre navire que le *Vincennes* – qui se trouvait alors dans les eaux territoriales iraniennes – avait abattu un avion civil naviguant à l'évidence dans un couloir commercial. Peut-être pour tester « les capacités de l'Aegis », son nouveau système lance-missiles hautement perfectionné. Le commandant et les officiers « furent décorés pour leur conduite », selon David Evans, colonel en retraite de la Navy, qui fit dans ce même journal un compte rendu au vitriol de la manière dont le secrétariat à la Marine avait traité l'affaire. Le président Bush déclara aux Nations unies que si « une chose [était] claire, c'[était] que le *Vincennes* avait agit en état de légitime défense [...] dans le cours d'une attaque navale engagée par la marine iranienne ». Un tissu de mensonges selon Evans, mais cela est toutefois sans grand intérêt puisque Bush déclarait par ailleurs : « Je ne m'excuserai jamais au nom des États-Unis. Je me moque des faits. » Un colonel en retraite ayant assisté aux audiences officielles en tira les conséquences suivantes : « Notre marine est trop dangereuse pour qu'on s'en serve. »

Il est difficile de ne pas penser que la destruction, quelques mois plus tard, d'un appareil de la Pan Am au-dessus de Lockerbie pourrait être un acte de représailles iranien. C'est d'ailleurs ce qu'a laissé entendre explicitement un transfuge des services secrets iraniens, Abolhassem Mesbahi, qui connaissait le président Rafsanjani et qui est « considéré comme une source majeure et crédible sur l'Iran aussi bien en Allemagne qu'ailleurs» (*The Guardian*). Un document des renseignements américains datant de 1991 et mis à la disposition du public en 1997 en arrive aux mêmes conclusions en nous informant qu'Akbar Mohtashemi (ancien ministre de l'Intérieur iranien) avait fait transférer 10 millions de dollars «pour faire sauter l'avion de la Pan Am en représailles de la destruction de l'Airbus iranien», sans compter ses relations avec les «groupes terroristes Al Abas et Abou Nidal». Il est frappant que, contre toute évidence et bien qu'il existe un motif assez probant, cet acte terroriste soit l'un des seuls que l'on n'ait pas mis sur le dos de l'Iran. Au lieu de cela, les États-Unis et la Grande-Bretagne accusent deux Libyens.

Les accusations contre les Libyens ont été largement discutées et il y eut même une enquête pointilleuse de Denis Phillips, ex-directeur de la sécurité de British Airways, qui travaillait pour le Comité de l'aviation nationale. Le comité anglais des familles des victimes de Lockerbie estime, selon son porte parole, Jim Swire, qu'on a tenté d'étouffer l'affaire. Il juge bien plus crédible la version proposée par le documentaire d'Alan Frankovich, *La Croix de Malte*, qui apporte des preuves de l'implication iranienne ainsi que des informations qui démontrent qu'une opération impliquant un intermédiaire travaillant pour la brigade américaine des stupéfiants était aussi en cause dans cette affaire. Ce documentaire a été projeté à la Chambre des communes et à la télévision anglaise, mais censuré implicitement chez nous. Pour leur part, les familles des victimes américaines s'en tiennent strictement à la version de Washington.

On peut juger tout aussi surprenant le refus anglo-américain d'organiser un procès pour les deux Libyens. On a d'abord rejeté l'offre faite par la Libye de livrer les deux accusés pour la tenue d'un procès organisé par des instances neutres : un juge désigné par les Nations unies (décembre 1991), un procès à la Haye « sous juridiction écossaise », etc. Ces propositions avait été bien reçues par la Ligue arabe et les organisations des familles de victimes britanniques. Elles ont été néanmoins tout bonnement rejetées par les autorités américaines et britanniques. En mars 1992, le Conseil de sécurité des Nations unies fit passer une résolution imposant des sanctions à la Libye. Il n'y eut que cinq abstentions : la Chine, le Maroc (seul membre arabe de l'ONU), l'Inde, le Zimbabwe et le Cap-Vert. Il y eut de rudes tractations. Ainsi la Chine fut-elle menacée de voir ses relations commerciales privilégiées avec les États-Unis remises en cause si elle maintenait son veto. La presse américaine commenta la proposition libyenne de livrer les deux suspects en lui déniant toute valeur et en ironisant sur le « geste spectaculaire » de Kadhafi demandant que deux pilotes américains ayant bombardé deux villes libyennes en faisant trente-sept morts parmi les civils, dont sa fille adoptive, lui soient livrés.

On peut aisément comprendre que les anglo-américains souhaitent organiser un procès qu'ils puissent contrôler de bout en bout. Dans un procès neutre, le moindre avocat quelque peu raisonnable soulèverait le problème de l'implication iranienne. On ne sait pas combien de temps cette mascarade pourra se poursuivre. En pleine crise irakienne, la Cour internationale de justice a rejeté les réclamations anglo-américaines selon lesquelles cette affaire ne serait pas de sa juridiction et entreprend de commencer des audiences (13 juges pour et 2 contre : l'Américain et l'Anglais) qui pourraient bien briser la loi du silence [1].

La décision de la Cour internationale fut reçue avec satisfaction par les Libyens et les familles des victimes anglaises. Washington et les médias américains ont averti, en revanche, que cette décision pourrait contrevenir à une résolution des Nations unies datée de 1992 et qui ordonne, selon le *New York Times,* que « la Libye livre les suspects de l'attentat de Lockerbie afin qu'ils soient jugés soit en Écosse, soit aux États-Unis » ou, selon l'Associated Press, que la Libye « livre les suspects aux États-Unis ou à la Grande-Bretagne ». Ces déclarations sont mensongères. La question d'une extradition vers l'Écosse ou les États-Unis n'a jamais été soulevée et n'est même pas mentionnée dans la résolution de l'ONU. La résolution 731 (21 janvier 1992) « presse le gouvernement libyen de répondre de manière complète et convaincante » aux réclamations « concernant les procédures légales » relatives à l'attentat contre le vol 103 de la Pan Am et un autre avion français. La résolution 748 (31 mars 1992) « décide que le gouvernement libyen doit à présent se plier sans délai » aux exigences émises

1. Le verdict dans cette affaire a été rendu en janvier 2001. Noam Chomsky se montrait à l'époque de ce texte d'un optimisme que les faits se sont chargés de décevoir. Loin de briser le silence, le verdict cultive l'équivoque la plus flagrante : un des deux Libyens accusés a été condamné à la prison à vie et l'autre tout bonnement acquitté ! Match nul, n'en parlons plus. [ndt]

dans la résolution 731, et qu'il renonce au terrorisme sous peine de faire l'objet de sanctions. Cette résolution 731 fut adoptée en réponse à une déclaration anglo-américaine selon laquelle la Libye devait « livrer, en vue d'un procès, tous ceux qui étaient accusés du crime ». Un point c'est tout.

La presse continua, par la suite, d'écrire à côté de la plaque. Ainsi, à propos du rejet par les États-Unis de l'offre libyenne de faire comparaître les suspects devant une court neutre, le *New York Times* titrait-il : «La Libye tente à nouveau de contourner une décision de l'ONU. » C'est aussi ce que faisait le *Washington Post* en affirmant que « le Conseil de sécurité confirme que les suspects devront comparaître devant une cour américaine ou britannique ». C'est sans nul doute ainsi que Washington souhaitait voir le problème abordé. Néanmoins, Alfred Rubin, juriste de renommée internationale de la Fletcher School, donna dans un article publié par le *Christian Science Monitor*, une interprétation exacte de la question. Il fit remarquer que la résolution du Conseil de sécurité de l'ONU ne faisait aucune allusion à une quelconque extradition vers les États-Unis ou la Grande-Bretagne. Il soulignait que, dans ses termes mêmes, la résolution « s'éloigne tant de ce que les États-Unis, la Grande-Bretagne et la France désiraient que l'idée commune relayée par la presse – selon laquelle on assistait là à un triomphe diplomatique américain et à des pressions de l'ONU sur la Libye – semble incompréhensible ». Ce miracle n'est malheureusement que trop fréquent.

Dans le *New York Times*, le spécialiste britannique de la législation internationale Marc Weiler tombait d'accord avec Rubin pour conseiller aux États-Unis d'obéir aux exigences du droit international et d'accepter la proposition de la Libye d'en appeler à la Cour internationale de Justice. La réponse de la Libye à la requête anglo-américaine était, selon Weiler, « précisément ce que préconisait la loi internationale ». Rubin et Weiler soulèvent aussi d'autres problèmes qui sautent aux yeux : supposons que la Nouvelle-Zélande ait résisté aux fortes pressions exercées par la France pour l'obliger à abandonner ses poursuite contre les terroristes du gouvernement français qui ont coulé le *Rainbow Warrior* à Auckland ? ou que l'Iran se mette à exiger l'extradition du commandant du *Vincennes* ? La Cour internationale en est à présent arrivée aux mêmes conclusions que Robin et Weiler.

Le concept d'« État scélérat » reçoit un nouvel éclairage quand on observe l'attitude de Washington face aux soulèvements populaires de mars 1991 en Irak. Soulèvements qui suivirent immédiatement la cessation des hostilités. Le Département d'État réitéra formellement son refus d'entretenir quelque relation que ce soit avec l'opposition démocratique irakienne, qui n'eut d'ailleurs jamais accès aux principaux médias américains, ni pendant ni après la guerre du Golfe. « Des rencontres politique avec eux ne serait pas appropriées pour le moment », affirmait le porte-parole du Département d'État, Richard Boucher. Ce « pour le moment » s'avérait être le 14 mars 1991, alors même que Saddam décimait son opposition dans le sud du pays sous les yeux du général Schwartzkopf, qui empêcha même les officiers rebelles irakiens de se saisir des armes irakiennes confisquées par les Américains. Sans la réaction inattendue de l'opinion publique, Washington n'aurait sans doute pas non plus apporté son tiède soutien aux rebelles kurdes soumis au même traitement quelque temps plus tard.

Les leaders de l'opposition irakienne ont bien reçu le message. Leith Kubba, le chef du Mouvement pour la réforme démocratique, basé à Londres, affirma que les États-Unis préféraient une dictature militaire et que « le changement de régime [devait] venir de l'intérieur, de gens qui sont déjà au pouvoir ». Ahmed Chalabi, banquier installé à Londres et chef du Congrès national irakien, déclara pour sa part que « les États-Unis, sous prétexte de non-ingérence dans les affaires intérieures irakiennes, attendent que Saddam massacre les insurgés dans l'espoir qu'il sera ensuite renversé par un officier plus fiable ». Une attitude assez courante pour les États-Unis, qui préfèrent souvent « soutenir les dictatures pour préserver la stabilité ».

Le raisonnement de l'administration américaine fut décrit par Thomas Friedman, le chef du service diplomatique du *New York Times*. Plutôt que de le voir confronté à une rébellion populaire, Washington espérait que Saddam serait renversé par un coup d'État militaire. Alors, selon Friedman, « pour Washington tout serait pour le mieux dans le meilleur des mondes : une junte militaire menant l'Irak d'une main de fer… mais sans Saddam ». Une sorte de retour à l'époque où Saddam « maintenait l'unité de l'Irak de sa main de fer à la plus grande satisfaction des alliés de l'Amérique, la Turquie et l'Arabie Saoudite ». Sans parler de

Washington, bien entendu. Deux ans plus tard, dans une autre description bien utile de la réalité, Friedman faisait remarquer que « la politique américaine a toujours été de s'assurer que la main de fer de M. Hussein joue un rôle utile en préservant l'unité de l'Irak », c'est-à-dire en préservant la « stabilité ». Il y a peu de raisons de penser que Washington préfère à présent la démocratie à la dictature, même si les Américains souhaiteraient sans doute une autre « main de fer ». Si ce n'est pas possible, on se contentera de Saddam.

Comme on le voit, le concept d'« État scélérat » est extrêmement nuancé. Ainsi, Cuba se situe au premier rang des « États scélérats » en raison de son implication dans le terrorisme international, mais les États-Unis n'entrent pas, eux, dans cette catégorie, malgré leur attitude terroriste à l'encontre de Cuba. Une attitude vieille de quarante ans et qui semble se poursuivre, si l'on en croit une fort intéressante enquête du *Miami Herald*, publiée récemment mais qui n'a malheureusement pas su intéresser les médias nationaux. Cuba était un « État scélérat » lorsque ses troupes venaient défendre le gouvernement angolais contre une Afrique du Sud soutenue par les États-Unis. L'Afrique du Sud, au contraire, n'était pas considérée comme un « État scélérat ». Ni à cette époque, ni sous Reagan, lorsqu'elle causa quelque 60 milliards de dollars de dommages et fit 1,5 million de morts chez ses voisins, si l'on en croit une commission d'investigation de l'ONU. Passons, bien entendu, sur certains événements intérieurs sud-africains perpétrés avec le soutien des anglo-américains. Cette réflexion vaut pour l'Indonésie et bien d'autres.

La définition se fait, à présent, plus précise : un « État scélérat » n'est pas seulement un État criminel, c'est aussi un État qui n'obéit pas aux puissants – puissants qui, par définition, ne sont pas des « États scélérats ». Que Saddam soit un criminel ne fait aucun doute et l'on devrait se réjouir – du moins je le suppose – que les États-Unis, la Grande-Bretagne et les fabricants de consensus viennent rejoindre, enfin, sur ce point ceux qui avaient « prématurément » condamné les États-Unis et la Grande-Bretagne pour leur soutien apporté au massacreur. Il est certain que Saddam est dangereux pour tous ceux qui sont à sa portée. Néanmoins, concernant la menace qu'il ferait peser sur ses voisins, il n'y a pas grande unanimité en dehors des États-Unis et de la Grande-Bretagne après leur revirement (ambigu) d'août 1990. Le plan anglo-américain de 1998, qui prévoyait l'usage de la force armée, se justifiait par la menace que Saddam ferait peser sur ses voisins. Pourtant, il est difficile de dissimuler le fait que les peuples de la région rejetaient avec véhémence ce genre de secours. Ils le faisaient d'ailleurs avec tant de force que leurs gouvernements se virent contraints de les rejoindre dans leur opposition au plan de sauvetage anglo-américain.

Bahreïn refusa de permettre aux forces anglo-américaines d'utiliser son territoire comme base. Le président des Émirats arabes unis qualifia les menaces américaines contre l'Irak de « nuisibles et abominables ». Il affirmait, en outre, que l'Irak ne représentait pas une menace pour ses voisins. Le ministre de la Défense saoudien avait déjà déclaré, pour sa part : « Nous ne sommes pas d'accord et nous nous opposons à toute agression armée contre la nation et le peuple irakiens. » Washington comprit alors qu'il ne serait pas non plus question de bases saoudiennes. Après la mission de Koffi Annan, le prince Saoud al Faycal, ministre des Affaires étrangères chevronné de l'Arabie Saoudite, confirma que toute base aérienne dans son pays « devra être placée sous la seule autorité des Nations unies ».

Un éditorial de *Al Ahram*, journal égyptien quasi officiel, qualifiait la proposition de Washington de « coercitive, agressive, insensée et peu soucieuse du sort du peuple irakien qui se voit soumis, sans raison, aux sanctions et aux humiliations ». Dans son éditorial, le journal dénonçait aussi le caractère planifié de cette « agression contre l'Irak ». Le parlement de Jordanie condamna de son côté « toute agression contre l'Irak et toute souffrance qui pourrait être infligée à son peuple ». En outre, l'armée jordanienne dut reprendre le contrôle de la ville de Maan après deux jours d'émeutes pro-irakiennes. Un professeur de sciences politiques de l'université du Koweït fit remarquer que « Saddam passait à présent pour le porte-parole de ceux qui n'ont pas droit au chapitre dans le monde arabe » et qu'il exprimait les inquiétudes populaires vis-à-vis du « nouvel ordre mondial » et du soutien américain concernant les intérêts israéliens.

Un commentateur mal avisé pourrait prétendre que la récente décision de l'Angleterre et des États-Unis de tolérer la guerre chimique n'a rien de surprenant. En 1919, les Britanniques utilisaient déjà des armes chimiques contre les bolcheviques dans le nord de la Russie – et ce avec une grande réussite si l'on en croit le commandement britannique de l'époque. En tant que secrétaire d'État à la Guerre en 1919, Winston Churchill se montrait très enthousiaste à l'idée d'« utiliser les gaz toxiques contre les tribus barbares » – les Kurdes et les Afghans – et autorisait les officiers de la Royal Air Force au Moyen-Orient à utiliser les armes chimiques « contre les Arabes récalcitrants en guise d'expérimentation ». Il rejetait aussi toutes les objections de l'administration anglaise en Inde comme « déraisonnables » et déplorait toute « sensiblerie à propos de l'usage des gaz toxiques » : « On ne peut en aucun cas accepter qu'on n'utilise pas toutes les armes disponibles pour parvenir à faire cesser rapidement les désordres qui règnent à nos frontières », expliquait-il. Les armes chimiques ne sont après tout que « l'application de la science occidentale à la guerre moderne ».

L'administration Kennedy fut la première à user massivement des armes chimiques contre les populations civiles, lors de son agression contre le Sud-Vietnam en 1961-1962. On s'est, à juste droit, beaucoup inquiété de leurs effets sur les soldats américains, mais assez peu sur leurs effets, pires encore, sur la population civile vietnamienne. Aux États-Unis, en tout cas, car dans un quotidien israélien largement diffusé, l'éminent journaliste qu'est Amnon Kapeliouk évoquait, en 1988, son voyage au Vietnam. Il y avait découvert des « milliers de Vietnamiens qui continuaient de mourir des conséquences de la guerre chimique américaine ». Il citait des estimations qui évoquaient quelque 250 000 victimes au Sud-Vietnam et décrivait des scènes « horribles » dans les hôpitaux du Sud, où des enfants mourraient du cancer ou naissaient affreusement difformes. La cible de la guerre chimique américaine était bien le Sud-Vietnam et non le Nord, où, selon lui, les conséquences de la guerre chimique ne se font pas sentir. Il existe aussi des preuves substantielles de l'usage d'armes biologiques contre Cuba, simple indice de la terreur continuelle que font peser les États-Unis sur ce pays.

En dehors de ces précédents, les États-Unis et la Grande-Bretagne sont aujourd'hui engagés dans une forme dévastatrice de guerre biologique contre l'Irak. La destruction des infrastructures et l'interdiction d'importer ce qui permettrait de les remettre en état sont à l'origine de nombreuses maladies, de la malnutrition et ont provoqué des morts prématurées en très grand nombre, parmi lesquelles celles de 567 000 enfants en 1995 selon une enquête de l'ONU. L'UNICEF avance une moyenne mensuelle de 4 500 morts d'enfants en 1996. Dans leur condamnation sans appel des sanctions (20 janvier 1998), cinquante-quatre évêques catholiques citent l'archevêque des régions situées au sud de l'Irak : « Les épidémies font des ravages, emportant les enfants et les malades par milliers » ; en outre, « les enfants qui survivent à la maladie finissent par succomber à la malnutrition ». Ce témoignage de l'archevêque, repris dans son intégralité dans *The Struggle,* le journal de Stanley Heller, rencontra peu d'écho dans les médias. Les Anglais et les Américains sont les premiers à bloquer les programmes d'aide en refusant de donner leur accord à une livraison d'ambulances sous prétexte qu'elles pourraient servir au transport de troupes ; en imposant un embargo sur certains insecticides, qui pourraient éviter la propagation des maladies, ou sur des pièces détachées permettant de réparer les systèmes sanitaires. Pendant ce temps, selon certains diplomates occidentaux, « les États-Unis ont tiré bénéfice de l'opération [humanitaire] autant, sinon plus, que les Russes et les Français ». Par exemple, en se procurant pour 600 millions de dollars de pétrole irakien et en vendant à l'Irak, par l'intermédiaire d'entreprises américaines, pour 200 millions de produits à vocation humanitaire. Ces diplomates font aussi remarquer que la plupart du pétrole irakien acheté par les compagnies russes aboutissent finalement aux États-Unis.

Même au Koweït, la position américaine fut accueillie au mieux avec « tiédeur et scepticisme quant aux motivations américaines », comme le reconnut la presse elle-même. Le correspondant du *Boston Globe*, Charles Sennott, témoignait que « plus les tambours de guerre américains se font entendre contre l'Irak, plus la colère gronde dans les rues du monde arabe, des taudis surpeuplés du Caire au resplendissantes capitales de la Péninsule arabique ».

Contrairement à ce qui se passait auparavant, l'opposition démocratique irakienne bénéficia finalement d'une légère attention de la part des médias. Dans une conversation téléphonique avec le *New York Times*, Ahmed Chalabi répéta l'opinion qu'il avait déjà exprimée à Londres quelques semaines auparavant : « Sans un plan politique pour renverser le régime de Saddam, les opérations militaires resteront contre-productives », faisant des milliers de victimes irakiennes et laissant peut-être Saddam encore plus fort avec ses armes de destruction massive et lui offrant un « prétexte pour expulser les inspecteurs des Nations unies », qui ont pourtant, de fait, détruit plus d'armes et d'usines de production d'armement que n'avaient pu le faire les bombardements de 1991. Les plans anglo-américains sont « pires que rien ». Les interviews avec les leaders des différents groupes d'opposition irakiens ont montré qu'il existait une « quasi-unanimité » pour refuser toute action militaire qui ne jetterait pas les bases d'un soulèvement pour renverser Saddam. Devant un comité parlementaire, Chalabi expliquait qu'il était « moralement injustifiable de frapper l'Irak sans une véritable stratégie » destinée à ce renversement.

À Londres, l'opposition irakienne proposa aussi un programme alternatif :

-1- déclarer Saddam criminel de guerre ;

-2- reconnaître un gouvernement provisoire irakien formé par les membres de l'opposition ;

-3- débloquer les centaines de millions de dollars d'avoirs irakiens à l'étranger et affaiblir les forces de Saddam en imposant un blocus ou en étendant l'interdiction de survoler certaines régions de l'Irak à tout le pays.

Les États-Unis devraient en outre « aider le peuple irakien à renverser Saddam », selon la déclaration que fit Chalabi devant la commission sénatoriale des armées. En accord avec d'autres leaders de l'opposition, il « rejette toute idée d'assassinat, d'opérations secrètes américaines ou d'intervention des troupes américaines sur le terrain ». En revanche, il en appelle à « l'insurrection populaire ». Néanmoins, le point de vue de Chalabi, publié en

Angleterre, reste très proche de ce qu'il était quelques années auparavant : « Tout le monde dit que Saddam est borné, mais ce sont les États-Unis et la Grande-Bretagne qui sont bornés en refusant de soutenir toute idée d'évolution démocratique. »

L'opposition régionale a longtemps été considérée comme un problème à écarter et non comme un facteur à prendre en compte – pas plus que la législation internationale. Il en allait de même pour les avertissements lancés par quelques personnalités majeures de l'ONU et d'autres officiels internationaux en poste en Irak, selon lesquels les bombardements prévus pourraient avoir des conséquences « catastrophiques » sur une population déjà durement éprouvée et pourraient mettre fin définitivement aux interventions humanitaires qui avaient pourtant apporté quelques soulagements. Non, ce qui compte, comme le disait triomphalement le président Bush en annonçant la naissance du « Nouvel ordre mondial » tandis que pleuvaient les bombes et les missiles en 1991, c'est que nous fassions ce que nous disons ».

Alors que Koffi Annan se préparait à se rendre à Bagdad, l'ancien président iranien Rafsanjani, « qui reste une personnalité clé à Téhéran, se voyait accorder une audience par le roi Fahd d'Arabie Saoudite – alors souffrant ». Un correspondant anglais au Moyen-Orient, David Gardner, notait que Madeleine Albright n'y avait pas eu droit « lors de son récent passage à Riyad en vue d'obtenir le soutien du principal allié des Américains dans la région ». Quand la visite de dix jours de Rafsanjani prit fin, le 2 mars, le ministre des Affaires étrangères, le prince Saoud, en parla comme « un nouveau pas dans la bonne direction pour améliorer nos relations », tout en rappelant que « l'élément le plus déstabilisant au Moyen-Orient et la cause de tous les autres problèmes de la région » était la politique d'Israël à l'égard des Palestiniens et le soutien des États-Unis à cette même politique. Ces problèmes pourraient réveiller les forces populaires, ce que craignent par dessus tout les Saoudiens, et remettre en cause leur légitimité en tant que « gardiens » des lieux sacrés musulmans tels que le Dôme du Rocher à Jérusalem-est. Ce dernier est annexé, de fait, aujourd'hui par les projets israélo-américains d'extension du « grand Jérusalem » jusqu'à la Vallée du Jourdain qui resterait sous la coupe israélienne. Peu avant, les États arabes avait boycotté un sommet économique au Qatar initié par les États-Unis et qui avait pour objectif de promouvoir le projet de « Nouveau Moyen-Orient » de Clinton et Peres. Au lieu de cela, ils assistèrent en décembre à une conférence organisée à Téhéran à laquelle assistaient même des représentants irakiens.

Ceci est d'une importance considérable, étant donné ce qui motive la politique américaine dans la région : c'est-à-dire sa volonté, depuis la Seconde Guerre mondiale, de contrôler les principales ressources mondiales d'énergie. Nombreux sont ceux qui ont remarqué que le monde arabe éprouve en même temps une crainte et un ressentiment croissant à l'égard de la durable alliance Turquie-Israël, initiée en 1996 et renforcée depuis. Depuis quelques années déjà, il entre dans la stratégie américaine de contrôler la région par l'intermédiaire de « flics locaux », comme le disait le secrétaire d'État de Nixon. Il existe apparemment dans les milieux arabes un désir croissant d'étudier la vision iranienne de la sécurité régionale comme une alternative à la domination américaine. Cela a quelque rapport avec le conflit grandissant autour des pipelines qui amèneront le pétrole d'Asie centrale vers les pays riches : une des options étant de passer par l'Iran. Les entreprises pétrolières américaines verraient d'un assez mauvais œil le fait que des concurrents étrangers – parmi lesquels la Russie et la Chine – obtiennent un accès privilégié aux réserves pétrolières irakiennes (les plus importantes après celles de l'Arabie Saoudite) ou même au gaz naturel, au pétrole et autres ressources iraniennes.

Pour l'instant, les planificateurs de Clinton peuvent être assez satisfaits d'avoir échappé temporairement au « piège » qu'il s'étaient eux mêmes dressé et qui ne leur laissait aucune autre alternative que de bombarder l'Irak. Ce qui aurait pu être dommageable même aux intérêts qu'ils représentent. Néanmoins, ce répit est temporaire. Il offre aux citoyens des États guerriers l'occasion de provoquer des prises de conscience et d'engagement qui pourraient faire, dans un futur proche, une grande différence.

La « boussole morale » de nos leaders

La crise dans les Balkans illustrée par d'autres conflits contemporains – Bosnie, Colombie, Turquie, Laos (1999)

Le 24 mars 1999, les forces de l'OTAN, emmenées par les États-Unis, lancèrent bombes et missiles de croisière sur des cibles yougoslaves, « entraînant l'Amérique dans un conflit militaire dont le président Clinton annonça qu'il était nécessaire pour faire cesser le nettoyage ethnique et apporter la stabilité à l'Europe de l'Est », selon la plupart des commentaires de la presse. Au cours d'une intervention télévisée, Clinton expliqua qu'en bombardant la Yougoslavie, « nous soutenons nos valeurs, protégeons nos intérêts et faisons avancer la cause de la paix ».

L'année précédente, selon les sources occidentales, quelque 2 000 personnes avaient été tuées dans la province yougoslave du Kosovo et plusieurs centaines de milliers d'autres avaient dû fuir. La catastrophe humanitaire était largement attribuable aux forces de police et à l'armée yougoslave et les principales victimes en étaient les Kosovars albanais qui représentent 90 % de la population. Après trois jours de bombardements, selon le Haut-Commissariat aux réfugiés (HCR) des Nations unies, quelques milliers de réfugiés supplémentaires avaient été expulsés vers la Macédoine et l'Albanie voisines. Les réfugiés expliquèrent que la terreur avait atteint Pristina, la capitale, jusqu'alors largement épargnée, et firent des récits crédibles de la destruction de villages, d'assassinats et de l'augmentation brutale du nombre d'expulsions, sans doute due à la volonté de se débarrasser de la plus grande part de la population albanaise. En l'espace de deux semaines seulement, le flot de réfugiés avait atteint quelque 350 000 personnes, la plupart originaire des régions du sud du Kosovo, voisines de la Macédoine et de l'Albanie. Par ailleurs, un nombre indéterminé de Serbes fuyaient vers le Nord et la Serbie pour échapper à la violence croissante qui s'exerçait à la fois dans les airs et au sol.

Le 27 mars, le général en chef des forces de l'OTAN, Wesley Clark, déclarait qu'il était « parfaitement prévisible » que la violence et la terreur serbes s'intensifieraient après les bombardements de l'OTAN. Le même jour, le porte-parole du Département d'État, James Rubin, annonçait que « les États-Unis [étaient] extrêmement inquiets des rapports concernant l'escalade des violences serbes contre les civils albanais du Kosovo », attribuées désormais aux forces paramilitaires apparues après les bombardements. L'expression du général Clark (« parfaitement prévisible ») est exagérée. Rien n'est jamais « parfaitement prévisible », en particulier en ce qui concerne les conséquences de l'usage de la violence. En revanche, il ne se trompe pas en insinuant que ce qui est arrivé dès le début était hautement probable. Comme le fit remarquer Carnes Lord de la Fletcher School of Law and Diplomacy et ancien conseiller à la Sécurité nationale de l'administration Bush, « l'ennemi réagit souvent quand on l'attaque » et « bien que les officiels occidentaux continuent de le nier, il y a peu de doute que la campagne de bombardements a fourni aux Serbes non seulement les motivations mais aussi l'opportunité de mener des opérations à la fois plus vastes et plus brutales qu'ils ne l'avaient envisagé tout d'abord ».

Au cours des mois précédents, les menaces de bombardement proférées par l'OTAN furent suivies – comme c'était, encore, prévisible – par une augmentation des exactions. Le retrait des observateurs internationaux, vigoureusement condamné par le parlement serbe, eut – comme c'était toujours prévisible – des conséquences identiques. Les bombardements commencèrent alors dans l'attente raisonnable que les massacres et les déplacements de réfugiés augmenteraient en conséquence – ce qui arriva en effet, même si ce fut à une échelle qui en surprit quelques-uns, mais apparemment pas le général en chef Clark.

Sous Tito, les Kosovars avaient bénéficié d'une considérable marge d'autonomie. Il en fut ainsi jusqu'en 1989, date à laquelle l'autonomie du Kosovo fut abolie par Slobodan Milosevic, qui le plaça sous autorité serbe et imposa une « version serbe de l'apartheid », selon les propres termes de James Hooper, ancien spécialiste des Balkans auprès du gouvernement et qui n'est pas exactement une « colombe ». Hooper défendit l'idée d'une invasion franche du Kosovo par l'OTAN. Les Kosovars ont « stupéfait la communauté internationale, poursuit-il, en évitant une guerre de libération nationale ; en lui préférant une approche non violente proposée par leur leader, l'intellectuel Ibrahim Rugova ; en construisant une société civile parallèle ». Une réussite impressionnante pour laquelle il se virent accorder une « écoute polie et les encouragements tout rhétoriques des gouvernements occidentaux ». Selon Hooper, cette approche non violente « perdit toute sa crédibilité » à la signature des accords de Dayton en novembre 1995. À Dayton, après avoir grossièrement aidé à rééquilibrer la balance de la terreur en fournissant des armes et en assurant l'entraînement des forces du dictateur croate Tudjman ainsi qu'en le soutenant lors des violentes expulsions des Serbes de la Krajina et d'ailleurs, les Américains ont partagé, dans les faits, la Bosnie-Herzégovine entre deux entités appelées à devenir la Grande Serbie d'une part et la Grande Croatie de l'autre. Une fois les deux camps plus ou moins équilibrés et épuisés, les États-Unis reprirent la main et remplacèrent les Européens qui s'étaient vu confier, contre leur gré, le sale boulot. Toujours selon Hooper, c'est « par égard pour Milosevic » que les Américains « ont exclu les délégués des Albanais du Kosovo « des négociations de Dayton et « évité toute discussion sur le problème du Kosovo ». « La récompense pour la non-violence des Albanais du Kosovo fut le dédain international », ou plutôt, en vérité, le dédain américain.

Cette confirmation du fait que les États-Unis ne reconnaissent que la force provoqua « l'essor de la guérilla de l'Armée de libération du Kosovo (UCK) et l'accroissement du soutien populaire à la lutte armée pour l'indépendance ». En février 1998, les attaques de l'UCK contre des postes de police serbes entraînèrent une « répression serbe » et des représailles contre les civils – ce qui n'a rien pour surprendre. Rappelons que les crimes israéliens au Liban, en particulier sous l'autorité de Shimon Peres, prix Nobel de la paix, en sont – ou devraient en constituer – une illustration familière, quoi que pas forcément recommandable. Ces crimes commis par les Israéliens sont les réponses habituelles aux attaques menées contre ses force militaires qui occupent un territoire étranger en parfaite violation des exigences de retrait exprimées par le Conseil de Sécurité de l'ONU. De nombreuses attaques israéliennes ne sont même pas des représailles. Pensons par exemple à l'invasion du Liban en 1982, qui dévasta une grande partie du pays et fit quelque 20 000 victimes civiles (tout cela est raconté différemment par les Américains, quoi que les Israéliens connaissent parfaitement la vérité). On n'ose pas imaginer la manière dont les États-Unis réagiraient à une attaque menée contre ses postes de police par des forces de guérilla ayant des bases et des soutiens à l'étranger.

Les combats au Kosovo s'intensifièrent, le niveau d'atrocité étant proportionnel aux ressources de violence. Un cessez-le-feu en octobre 1998 permit le déploiement de 2 000 observateurs européens. La rupture des négociations entre les Américains et Milosevic fit redémarrer les combats qui s'intensifièrent encore avec les menaces de bombardement par l'OTAN et le retrait des observateurs de l'ONU comme cela était, répétons-le, relativement prévisible. Des officiels de l'Agence des Nations unies pour les réfugiés et des

Catholic Relief Services avaient prévenu que les bombardements « mettraient en péril les vies des dizaines de milliers de réfugiés qui se cachaient dans les forêts ». Ils prévoyaient aussi de « dramatiques » conséquences si les « Nations unies [les empêchaient] d'être présents sur le terrain ».

Les bombardements furent entrepris sur l'initiative des États-Unis, après que Milosevic eut refusé d'accepter l'ultimatum américain que représentaient les accords de Rambouillet proposés par les pays membres de l'OTAN en février. Il y eut, à cette occasion, quelques désaccords au sein de l'OTAN que le *New York Times* commenta ainsi : « Des divergences assez complexes apparaissent à l'occasion des négociations sur le Kosovo. » L'un des points de friction concernait le déploiement des troupe de l'OTAN. Les puissances européennes désiraient que le Conseil de Sécurité autorise ce déploiement, conformément à la législation et aux engagements internationaux. Toujours selon le *New York Times*, Washington refusa cependant l'usage du « terme névralgique "autoriser" » et ne permit que l'usage de « approuver ». L'administration Clinton « ne démordait pas de sa position consistant à affirmer que l'OTAN devait pouvoir agir indépendamment des Nations unies ».

Les désaccords au sein de l'OTAN se poursuivirent. En dehors de la Grande-Bretagne (devenue aujourd'hui un acteur aussi indépendant que l'Ukraine à la grande époque de la Russie soviétique), les membres de l'OTAN étaient sceptiques sur la préférence accordée par les États-Unis à l'usage de la force et inquiets des vociférations de la secrétaire d'État, Madeleine Albright, qu'ils jugeaient « peu appropriées lorsque les négociations en était à un point aussi sensible ». Quoi qu'il en soit, les « officiels américains n'avaient pas d'états d'âme quant à la ligne dure ».

Si l'on veut bien délaisser les faits généralement incontestés pour la réflexion, on peut s'interroger sur le déroulement des événements tout en observant les décisions des stratèges américains – un élément qui doit être notre principal souci d'un point de vue moral.

On peut observer pour commencer que la mise à l'écart des démocrates kosovars « par égard pour Milosevic » n'est pas vraiment surprenante. Donnons en un autre exemple : après l'usage répété des gaz toxiques contre les Kurdes par Saddam Hussein en 1988, par égard pour leur allié et ami, les États-Unis refusèrent tout contact avec les leaders kurdes comme avec les démocrates dissidents irakiens. Ce refus officiel a été renouvelé après la guerre du Golfe en mars 1991, lorsque Saddam fut tactiquement autorisé à massacrer les rebelles shiites dans le Sud et les Kurdes dans le Nord. Ces massacres eurent lieu sous le regard d'acier de « Stormin' » Norman Schwartzkopf, qui expliqua ensuite qu'il avait été « piégé » par Saddam en n'anticipant pas que ce dernier puisse mener des opérations militaires avec les hélicoptères d'assaut que Washington l'avait pourtant autorisé à utiliser. L'administration Bush expliqua que soutenir Saddam était nécessaire pour préserver la « stabilité » de la région et sa préférence pour une dictature militaire qui conduirait l'Irak d'une « main de fer » fut sagement approuvée par les commentateurs américains.

Justifiant tacitement la politique passée, la secrétaire d'État, Madeleine Albright, annonçait en décembre 1998 que « nous étions parvenus à la conclusion que le peuple irakien devrait pouvoir bénéficier d'un gouvernement qui le représenterait réellement ». Quelques mois plus tôt, le 20 mai, Albright avait informé le président indonésien Suharto qu'il « n'était plus notre genre de type » puisqu'il avait perdu tout contrôle et désobéi aux ordres du Fond monétaire international (FMI). Ainsi devait-il démissionner et mettre en place une « transition démocratique ». Quelques heures plus tard, Suharto avait transféré l'autorité formelle à son vice-président, soigneusement choisi. Nous célébrons maintenant les élections qui se sont tenues en mai 1999 en Indonésie et que Washington et la presse déclarent unanimement être les premières élections démocratiques depuis quarante ans – sans toutefois aller jusqu'à rappeler l'importante opération militaire menée clandestinement il y a justement quarante ans par les États-Unis et qui mit fin à la démocratie indonésienne naissante. Cette opération fut d'ailleurs entreprise en grande partie parce que le système démocratique était intolérablement ouvert. En effet, ne permettait-il pas aux partis de la gauche indonésienne de se présenter aux élections ?

Inutile de s'appesantir sur le caractère improbable de la découverte par Washington des mérites de la démocratie au cours des mois passés. Le fait même qu'on puisse en parler est suffisamment explicite et nous évite tout commentaire. Il n'y a donc pas de raisons d'être surpris de notre mépris envers les forces démocratiques et non violentes du Kosovo. Pas de raison non plus de l'être de ce que les bombardements aient été entrepris dans l'espoir qu'ils nuiraient au mouvement démocratique courageux et en plein essor de Belgrade – aujourd'hui probablement réduit à néant tant les « Serbes sont certes unis par le ciel, mais plus par les bombes qui en tombent que par Dieu », comme le dit l'historien Aleksa Djilas, fils du dissident yougoslave Milovan Djilas. « Les bombardements ont mis en péril la vie de dix millions de personnes et fait reculer les forces démocratiques naissantes en Serbie et au Kosovo » pour en avoir « piétiné les pousses fragiles en s'assurant qu'elles ne renaîtraient pas de sitôt », selon le dissident serbe, Veran Matic, rédacteur en chef de la radio indépendante Radio B-92 (aujourd'hui interdite). Un ancien rédacteur du *Boston Globe*, Randolph Ryan, qui a travaillé pendant des années sur les Balkans et vécu à Belgrade, écrit que, « à présent, grâce à l'OTAN, la Serbie est brutalement devenue un État totalitaire en état de mobilisation générale hystérique » – ainsi que l'OTAN pouvait s'y attendre. L'OTAN peut être également assurée que « Milosevic prendra une revanche immédiate en redoublant ses attaques sur le Kosovo ». Des attaques que l'OTAN ne pourra pas empêcher.

Quant à ce que les stratèges envisagent de faire, la confiance de Carnes Lord est difficile à partager. Si l'histoire peut nous servir de piste, les stratèges ont probablement fait ce que quiconque qui possède tous les atouts en main fait d'ordinaire : avoir recours à la violence. C'est-à-dire jouer sa carte et regarder ce qui se passe.

En gardant à l'esprit ces quelques faits élémentaires, on peut imaginer la manière dont

Washington a pris ses décisions. Les troubles dans les Balkans ont été immédiatement qualifiés de « crise humanitaire », au sens technique du terme, c'est-à-dire une crise qui pourrait nuire aux intérêts des pays riches et privilégiés – contrairement aux massacres en Sierra Leone, en Angola ou à ceux que nous commettons nous-mêmes. La question se pose alors : comment gérer les véritables crises ? Les États-Unis ne supporteront pas que l'on recoure aux institutions de l'ordre international. Les problèmes doivent donc être pris en charge par l'OTAN, que les États-Unis dominent semble-t-il quelque peu. Les divergences au sein de l'OTAN sont compréhensibles : la violence est la carte maîtresse de Washington. Il est indispensable de préserver la « crédibilité de l'OTAN » – c'est-à-dire la crédibilité de la violence américaine : la planète doit avoir véritablement peur de la puissance hégémonique mondiale. Barton Gellman fait remarquer dans son compte rendu des « événements qui ont conduit à la confrontation au Kosovo », publié dans le *Washington Post*, qu'« un aspect déplaisant de presque toutes les alternatives [aux bombardements au Kosovo] aurait été l'humiliation de l'OTAN et des États-Unis ». Samuel Berger, conseiller à la Sécurité nationale, comptait parmi les « principaux objectifs des bombardements » celui de « démontrer que l'OTAN est une organisation sérieuse ». Un diplomate européen en rajoutait : « L'inaction aurait entraîné une perte significative de crédibilité et en particulier en ce moment où nous préparons le sommet de l'OTAN qui célébrera son 50e anniversaire ». Pour sa part, Tony Blair déclara devant le

Parlement que « faire marche arrière maintenant ruinerait la crédibilité de l'OTAN ». Blair ne semble pas se soucier outre mesure de la crédibilité de l'Italie ou de la Belgique. Preuve qu'il entend la notion de « crédibilité » comme le ferait n'importe quel mafieux.

La violence peut certes échouer mais les stratèges doivent rester confiants : il en reste toujours en réserve. Parmi les bénéfices secondaires de la guerre, on trouve l'augmentation de la production et des vente d'armes – moyen par lequel l'État s'assure un rôle primordial dans l'économie des industries de hautes technologies pour de nombreuses années. De la même manière que les bombardement ont uni les Serbes derrière Milosevic, ils ont uni les Américains derrière *nos leaders*. Ce sont là les effets habituels de la violence. Ils peuvent bien sûr faire long feu, mais la planification se conçoit paradoxalement toujours pour le court terme.

Posons à présent les deux questions fondamentales :

-1- Quelles sont les « règles qui – acceptées et applicables – régissent l'ordre international » ?

-2- Comment ces considérations se sont-elles appliquées dans le cas du Kosovo ?

Répondons à la première question : il existe un ensemble de lois internationales et un ordre international qui concernent tous les États et qui se fonde sur la Charte des Nations unies, les résolutions qui s'y sont ajoutées avec le temps et les décisions de la Cour de justice internationale. En bref, l'usage de la force est interdit tant qu'il n'est pas explicitement autorisé par le Conseil de sécurité après que ce dernier s'est convaincu que toutes les possibilités de paix ont échoué. Un État est pourtant en droit de se défendre contre une « agression armée » (concept délicat) jusqu'à ce que le Conseil de sécurité s'en occupe.

On pourrait en dire plus à ce propos. Ainsi, il existe des divergences et même des contradictions flagrantes entre les règles de l'ordre international fondées sur la Charte des Nations unies et les droits exprimés dans la Déclaration universelle des Droits de l'homme, second pilier de l'ordre international élaborée à l'initiative des Américains après la Seconde Guerre mondiale. La Charte interdit tout usage de la force qui violerait la souveraineté des États. La Déclaration universelle garantit les droits de l'individu contre les États oppressifs. Le problème de l'« intervention humanitaire » naît de cette divergence. C'est à ce droit d'« intervention humanitaire » que les États-Unis et l'OTAN, avec le large soutien des médias, font référence au Kosovo.

La question fut soulevée dès le début dans un article du *New York Times* intitulé « Les spécialistes du droit défendent l'usage de la force. » On y cite Allen Gerson, ancien conseiller juridique de la mission américaine aux Nations unies et deux autres spécialistes du droit, dont l'un, Ted Galen Carpenter, « ironisait sur les arguments avancés par l'administration » et niait le prétendu droit d'intervention. L'autre, Jack Goldsmith, spécialiste du droit international à la Chicago Law School, déclare que les critiques à l'encontre des bombardements de l'OTAN « sont assez bien fondées en droit » mais que « pas mal de gens estiment [qu'une exception pour l'intervention humanitaire] existe comme une pratique entrée dans les usages». Drôles de témoignages si l'on considère le titre de l'article.

La remarque de Goldsmith est raisonnable, du moins si l'on admet que les faits ont quelque rapport avec la définition de «l'usage et de la pratique». Nous devons aussi garder à l'esprit le truisme selon lequel le droit à l'intervention humanitaire, s'il existe bien, repose sur la «bonne foi» de ceux qui interviennent à condition que cette prétention ne se fonde pas sur de beaux discours mais sur leurs antécédents, en particulier en ce qui concerne leur adhésion aux principes de la législation internationale, des décisions de la Cour internationale de justice, etc. Ceci peu bien entendu paraître une évidence, du moins quand il s'agit des autres. Considérons, par exemple, les offres iraniennes d'intervention en Bosnie à l'époque où les Occidentaux ne s'étaient pas encore décidés à le faire. Elles furent rejetées avec ironie (quand elles ne furent pas simplement ignorées). Quelqu'un de raisonnable posa alors une bonne question : les antécédents iraniens concernant l'ingérence et la terreur sont-ils pires que ceux des États-Unis? Puis d'autres questions encore, dont : comment peut-on admettre la «bonne foi» du seul pays a avoir opposé son veto à une résolution du Conseil de sécurité appelant tous les États à respecter la législation internationale? que dire de ses antécédents? Tant que ces questions ne seront pas intégrées au débat, une personne honnête ne pourra considérer ce débat que comme un simple vecteur de propagande. Que reste-t-il de la littérature médiatique ou autre – si on la mesure à l'aune de ces conditions.

Concernant la seconde question, rappelons que, lorsque la décision de bombarder fut prise, la crise humanitaire au Kosovo durait depuis déjà un an. Dans de tels cas, les observateurs ont trois possibilités.

-1- aggraver la situation ;

-2- ne rien faire ;

-3- tenter d'améliorer la situation.

Ces possibilités peuvent être illustrées par d'autre cas contemporains. Observons-en quelques uns de la même ampleur et demandons-nous à quelle catégorie peut bien appartenir le Kosovo.

La Colombie. Dans ce pays, selon les estimations du Département d'État, le niveau annuel d'assassinats politiques perpétrés par le gouvernement et ses affidés paramilitaires est à peu près identique à celui du Kosovo et le nombre des réfugiés qui ont fui ces atrocités dépasse largement le million (300 000 encore en 1998). La Colombie fut le principal bénéficiaire de l'armement et de l'entraînement militaires américains de l'hémisphère occidental. Et ce alors même que la violence s'y intensifiait dans les années 1990. Cette assistance militaire s'accroît sous le fallacieux prétexte d'une « guerre contre la drogue » à laquelle aucun observateur sérieux ne croit. L'administration Clinton fit preuve d'un enthousiasme débordant à l'égard du président Gaviria, responsable durant son mandat d'un « incroyable degré de violence » qui, selon les organisations humanitaires, surpassait de loin celui de ses prédécesseurs. Le chiffres sont aisément consultables. Dans ce cas, la réaction des États-Unis fut du premier type : *aggraver la situation.*

La Turquie. Depuis des années la répression turque contre les Kurdes est considérée comme un scandale majeur. Ce scandale a connu son apogée dans les années 1990. On sait par exemple que, entre 1990 et 1994, plus d'un million de paysans kurdes ont rejoint la capitale officieuse kurde, Dyarbakir, parce que l'armée turque dévastait les campagnes. Deux autres millions de Kurdes étaient sans abri, selon le secrétaire d'État aux Droits de l'homme turc lui-même. Comme ce dernier le reconnaît, ce sont là, en partie, les conséquence du « terrorisme d'État ». Les « assassinats mystérieux » de Kurdes (dus sans doute à un genre d'escadrons de la mort) s'élèvent à eux seuls à 3 200 en 1993 et 1994. Torture, destruction de milliers de villages, bombardements au napalm, ainsi qu'un nombre indéterminé de blessés graves, évalué généralement à plusieurs dizaines de milliers. Les meurtres sont attribués au terrorisme kurde par la propagande turque, généralement relayée par les États-Unis. Il est probable que la propagande serbe suive le même modèle. Durant l'année 1994, la Turquie établit deux records : ce fut l'année de la « pire répression que les provinces kurdes aient connue », selon le journaliste Jonathan Randal qui était sur les lieux. Cette année-là, la Turquie devint également « le premier importateur de matériel lourd d'armement américain et donc le plus grand acheteur mondial de matériel militaire. Son arsenal, américain à 80 %, se compose de chars M-60, de bombardiers F-16, d'hélicoptères de combat de types Cobra et Blackhawk. Tout matériel qui, finalement, fut utilisé contre les populations kurdes ». Quand les organisations humanitaires ont révélé que les armes américaines avaient servi à bombarder des villages, l'administration Clinton trouva des moyens de contourner les lois qui imposaient la suspension des livraisons d'armes. Exactement comme elle le fit en Indonésie et ailleurs. Les appareils turcs bombardent à présent la Serbie, et l'on ne tarit pas d'éloge sur l'humanitarisme de la Turquie.

Soulignons que la Colombie et la Turquie justifient leurs crimes (soutenus pas les États-Unis) en expliquant qu'elles défendent leur territoire contre la menace de guérillas terroristes. Exactement comme le fait le gouvernement yougoslave. Ici encore, la solution choisie est la suivante : faire en sorte d'*aggraver la situation*.

Le Laos. Chaque année, des milliers de personnes, et plus particulièrement des enfants et des pauvres paysans, sont assassinées dans la plaine de Jars, au nord du Laos. Cet endroit a sans doute été la cible du plus intensif et du plus cruel bombardement de toute l'histoire avec le Cambodge. Les assauts furieux de Washington contre une misérable société paysanne avaient peu de rapport avec ses guerres dans la région. La pire période débuta en 1968, lorsque Washington fut contraint, sous la pression populaire et par les milieux d'affaires, d'entamer des négociations et de cesser les bombardements sur le Nord Vietnam. Le tandem Kissinger-Nixon envoya alors l'aviation bombarder le Laos et le Cambodge.

Ici, les morts sont dues aux petites mines antipersonnel, bien plus meurtrières que les mines classiques. Conçues spécifiquement pour tuer et blesser gravement les individus, elles n'ont aucun effet sur le matériel militaire où les édifices. La plaine de Jars a été truffée de centaines de millions de ces engins criminels, dont le taux de défaillance à l'explosion est estimé par leur constructeur, Honeywell, entre 20 et 30 %. Cela démontre soit un remarquable manque de performance du contrôle de qualité, soit une politique délibérée de tuer les civils après coup. Ce n'était là, bien sûr, qu'une partie de la technologie déployée, qui comprenait aussi des missiles sophistiqués destinés à pénétrer dans les grottes où les familles venaient chercher refuge. Le nombre annuel d'accidents dus à ces « bombinettes » est actuellement estimé entre quelques centaines par an et un « chiffre annuel sur tout le pays de 20 000 ». Plus de la moitié de ces « accidents » sont mortels, selon ce que révèle le journaliste spécialiste de l'Asie, Barry Wain, dans l'édition asiatique du *Wall Street Journal.* Au bas mot, on peut dire que la situation au Laos en 1998 fut comparable à celle que connaît le Kosovo aujourd'hui. Néanmoins, les très jeunes victimes y sont bien plus nombreuses selon certaines études conduites par le Mennonite Central Committee, qui travaille sur les lieux depuis 1977 afin d'y soulager les souffrances.

Le Mine Advisory Group (MAG), basé en Grande-Bretagne, tente actuellement de déminer le Laos, mais les États-Unis sont « remarquablement absents du groupe d'organisations occidentales qui soutiennent le MAG », ainsi que le souligne la presse britannique. Cette même presse nous informe aussi avec quelque énervement des déclarations des spécialistes du MAG selon lesquelles les États-Unis refuseraient de leur procurer des « matériels de protection » qui rendraient leur tâche à la fois « bien plus rapide et bien moins dangereuse ». Silence complet aux États-Unis sur ce sujet. La presse de Bangkok décrit une situation similaire au Cambodge. En particulier dans l'est du pays où les bombardements américains furent les plus intenses à partir de 1969.

Dans ce cas, la solution choisie par les États-Unis est du second type : *ne rien faire*. Les médias et les commentateurs gardent le silence, suivant en cela les consignes selon lesquelles la guerre contre le Laos a été une « guerre secrète », c'est-à-dire parfaitement connue mais supprimée des mémoires à l'instar des combats menés au Cambodge à partir de mars 1969. Le degré d'autocensure était aussi extraordinaire à cette époque qu'il l'est aujourd'hui encore.

Le président Clinton a expliqué récemment à la nation qu'il y avait « des moments où regarder ailleurs n'est pas une bonne solution. [...] Nous ne pouvons pas réagir à toutes les tragédies qui secouent le monde », mais cela ne signifie pas que nous ne « devions rien faire pour personne ». Ce qu'ont oublié de dire aussi bien le président que les journalistes, c'est que ces « moments » répondent à des critères stricts. Ce principe s'applique aux « crises humanitaires » au sens technique du terme, dont nous avons déjà parlé – autrement dit, quand les intérêts des nations riches et privilégiées sont en péril. En conséquence, les exemples que nous venons de donner ne sont pas des « crises humanitaires ». Alors, regarder ailleurs et ne pas réagir est possible, voire obligatoire. De la même manière la politique africaine de Clinton est comprise par les diplomates occidentaux comme une manière de dire : « laissons les Africains régler eux-mêmes leurs problèmes ». En République du Congo, par exemple, théâtre d'une terrible guerre et d'atrocités sans nom. Dans ce cas précis, selon l'émissaire africain de l'ONU, Clinton à rejeté une demande des Nations unies en faveur de l'allocation d'un budget permettant d'envoyer sur place un régiment de casques bleus. Ce faisant, les États-Unis ont réduit à néant la proposition onusienne. Dans le cas du Sierra Leone, « Washington a fait traîner en longueur les discussions sur la proposition britannique d'y envoyer des casques bleus » en 1997, ouvrant ainsi la voie à un autre désastre majeur du type de ceux pour lesquels « regarder ailleurs » est la solution préconisée. Dans d'autres cas également : « De l'avis de certains diplomates européens et onusiens, les États-Unis ont activement œuvré à saper les efforts des Nations unies destinés à mener des opérations de maintien de la paix qui auraient pu prévenir certaines guerres en Afrique », rappelait Colum Lynch, correspondant de presse, alors que les préparatifs du bombardement sur la Serbie atteignaient leur phase finale.

Je ne parlerai pas d'autres situations qui pourraient également illustrer les deux premières solutions, ni de crimes contemporains d'un autre genre tels que le meurtre de civils irakiens par des moyens pervers qui peuvent être comparés à une guerre biologique. En 1996, Madeleine Albright qualifiait notre attitude en ce cas de « choix très difficile ». C'était lors d'une émission télévisée, en réponse à un interlocuteur lui demandant ce qu'elle pensait du meurtre de 500 000 enfants irakiens en cinq ans. « Pourtant, nous pensons que c'est le prix à payer », continuait-elle. Les estimations actuelles évoquent 5 000 morts d'enfants par mois, mais sans doute est-ce toujours le prix à payer. Ce genre d'exemples doit toujours rester à l'esprit quand on entend parler avec admiration de la manière dont l'administration Clinton a enfin trouvé, au Kosovo, sa « boussole morale » (David Phillips, professeur de diplomatie à la Columbia University).

Le Kosovo est lui aussi une illustration de la première solution : *agir dans l'intention d'aggraver la situation.*

Trouver des exemples pour illustrer la troisième solution est décidément trop facile, du moins si l'on adhère à la rhétorique officielle. Sean Murphy, professeur de droit à la George Washington University est l'auteur d'une étude très complète sur l'« intervention humanitaire ». Il passe en revue les événements qui ont suivi le pacte Kellogg-Briand de 1928, qui mettait la guerre hors-la-loi, et ceux qui ont suivi l'adoption de la Charte des Nations unies, qui renforçait et explicitait le contenu du pacte. Dans la première phase, écrit-il, les principaux exemples d'« intervention humanitaire » furent l'attaque japonaise sur la Mandchourie, l'invasion de l'Éthiopie par Mussolini et l'occupation par Hitler de certaines régions de la Tchécoslovaquie. Toutes opérations qui s'accompagnèrent d'une rhétorique humanitaire de haut niveau et de justifications factuelles. Le Japon allait établir un « paradis sur terre » en défendant la Mandchourie contre les « bandits chinois » avec le soutien d'un leader nationaliste chinois, une personnalité bien plus crédible que celles que les États-Unis ont pu mettre en avant au cours de son agression contre le Sud Vietnam. Mussolini allait, pour sa part, libérer des milliers d'esclaves en accomplissant la « mission civilisatrice » de l'Occident. Enfin, Hitler annonçait l'intention de l'Allemagne de mettre fin aux tensions ethniques et à la violence tout en « préservant l'identité nationale des peuples allemand et tchèque » par une opération « née du désir impérieux de servir les véritables intérêts des peuples vivant dans la région ». Le président slovaque demanda même à Hitler de faire de la Slovaquie un protectorat.

Un autre exercice intellectuel fort utile est de comparer ces justifications obscènes avec celles que l'on nous a servies pour les interventions (y compris humanitaires) dans la période post-Charte des Nations unies.

Au cours de cette période, l'exemple le plus frappant, peut-être, de la troisième solution (« tenter d'*améliorer la situation* ») est l'invasion du Cambodge par le Vietnam en décembre 1978 afin d'y mettre fin aux crimes de Pol Pot qui étaient alors à leur comble. Pour se justifier, le Vietnam avança la nécessité de répondre aux agressions armées des Cambodgiens. C'est sans doute une des rares fois dans l'ère post-Charte que cet argument a été plausible : le régime Khmer rouge du Kampuchéa démocratique menait des raids meurtriers aux frontières du Vietnam. La réaction des États-Unis à cette occasion est riche d'enseignements. Les médias condamnèrent les « Prussiens » de l'Asie pour leur violation scandaleuse du droit international. Les Vietnamiens furent sévèrement punis pour avoir commis le crime de mettre fin aux massacres perpétrés par Pol Pot. Ils subirent pour commencer une invasion chinoise (soutenue par les États-Unis) puis des sanctions extrêmement dures imposées par les États-Unis. Ces derniers reconnurent immédiatement le gouvernement du Kampuchéa en exil comme gouvernement officiel du Cambodge en raison de sa « continuité » avec le régime de Pol Pot. De manière assez peu subtile, les États-Unis soutinrent les attaques continuelles contre le Cambodge menées par les Khmers rouges en exil. Cet exemple nous en dit long sur les « usages et pratiques » qui sous-tendent « les règles légales en voie de constitution de l'intervention humanitaire ».

L'invasion en 1971 de l'est du Pakistan par l'Inde, qui mit fin à un énorme massacre et à la fuite de réfugiés (plus de dix millions selon les estimations de l'époque), est un autre exemple illustrant assez bien la troisième solution – *améliorer la situation.* Les États-Unis dénoncèrent cette invasion et Kissinger fut semble-t-il particulièrement furieux de ces événements, qui interféraient avec un voyage secret qu'il faisait en Chine. C'est peut-être là un des exemples que le journaliste John Lewis Gaddis avait à l'esprit en écrivant son article obséquieux sur le dernier volume des Mémoires de Kissinger, lorsqu'il nous dit que Kissinger « comprend là, mieux que par le passé, l'influence de son enfance dans une Allemagne nazie, l'exemple que lui donnèrent ses parents et son incapacité consécutive à agir en dehors du cadre moral ». La logique est confondante comme le sont les exemples donnés.

Malgré les efforts désespérés des propagandistes pour démontrer la quadrature du cercle, il n'est guère de doute que les bombardements de l'OTAN détruisent ce qu'il reste de la fragile organisation du droit international. Les États-Unis en ont fait la démonstration dans le débat qui entraîna la décision de l'OTAN. On trouve un autre exemple contemporain de cette volonté de nuire aux institutions internationales dans la décision prise par les anglo-américains de bombarder l'Irak, au plus grand mépris du Conseil de sécurité puisque la date correspondait à une réunion d'urgence de ce Conseil consacrée à la gestion de la crise.

On pourrait prétendre, assez justement, qu'il n'est plus nécessaire de poursuivre le démantèlement des règles qui régissent l'ordre international. Un peu comme à la fin des années 1930. Le mépris de la plus grande puissance mondiale pour le cadre organisé de l'ordre mondial est devenu si grand qu'il n'y a plus grand chose à en dire. Une recension de tous les documents internes américains démontre que cette attitude américaine remonte aux premiers jours – et même au premier mémorandum – du tout nouveau Conseil de sécurité, en 1947. Au cours des années Kennedy, la position américaine devint plus explicite, comme lorsque le très respecté homme d'État et conseiller de Kennedy, Dean Acheson, justifia le blocus imposé à Cuba, en 1962, en informant l'American Society for International Law, que dans les cas où « la puissance, la position et le prestige » de la nation étaient en cause, on ne pouvait pas recourir à une « solution légale ».

La principale innovation des années Reagan-Clinton est dans le caractère parfaitement assumé du mépris américain à l'égard de la législation internationale. Alors que les années Reagan avaient défriché ce nouveau terrain, la défiance a atteint sous Clinton de tels sommets qu'elle est devenue une source d'inquiétude même pour les analystes politiques les plus va-t-en-guerre. Dans le dernier numéro du journal de référence de l'establishment, *Foreign Affairs*, Samuel Hurtington prétend que Washington suit une voie périlleuse. Selon lui, aux yeux d'une grande partie du monde, c'est-à-dire presque partout, les États-Unis sont en train de « devenir le super-État scélérat » et « la plus grande menace externe pesant sur leurs sociétés ». « Une théorie réaliste des relations internationales », poursuit-il, amène à penser que des coalitions pourraient venir contrebalancer cette superpuissance scélérate. Sur un plan pragmatique, la position américaine devrait donc être reconsidérée. Les Américains qui préfèrent avoir une autre image de leur société pourraient avoir d'autres raisons d'inquiétude quant à cette évolution, mais elles sont de peu d'intérêt pour les planificateurs dont l'étroit champ de vision est formaté par l'idéologie.

Où tout cela nous mène-t-il quant à notre question de départ : que faut-il faire au Kosovo ? En fait, cela laisse la question sans réponse. Les États-Unis ont bien entendu choisi un mode d'action qui, comme il le reconnaissent explicitement, entraîne une escalade de la violence et de nouvelles exactions. Cette décision porte un nouveau coup au système international qui offrait aux plus faibles une protection minimale contre les États prédateurs. Une décision qui sape – voire qui ruine – les promesses d'évolution démocratique en Yougoslavie, et peut-être également en Macédoine.

Une remarque est cependant tout à fait justifiée : « Chaque bombe qui tombe sur la Serbie et chaque assassinat ethnique au Kosovo laisse à penser qu'il sera difficilement possible pour les Serbes et les Albanais de vivre paisiblement côte à côte. » (*Financial Times*) D'autres conséquences probables sur le long terme ne sont pas agréables à envisager. Le recours à la violence a une fois de plus restreint le champ des possibles. La moins pénible de toutes les possibilités est peut-être une éventuelle partition du Kosovo entre la Serbie qui intégrerait les régions du Nord qui sont riches en ressources naturelles et contiennent les principaux monuments historiques, et le secteur sud qui deviendrait une sorte de protectorat de l'OTAN où quelques Albanais pourront vivre dans la misère. Une autre possibilité : une grande partie de la population ayant fui, les Américains pourraient se tourner vers une solution plus radicale dont de nombreuses régions d'Indochine portent encore les stigmates.

On prétend habituellement que nous nous devions de faire quelque chose : on ne pouvait pas rester là à assister aux crimes. La concrétisation américaine de cet argument est si absurde qu'il est plutôt surprenant de voir avec quelle conviction il est largement repris. Supposez que vous assistiez à un crime dans la rue et que vous estimiez qu'il vous est impossible de ne pas intervenir. Vous prenez un fusil-mitrailleur et tuez tous ceux qui sont là : le criminel, la victime et les passants. Devons-nous admettre que c'est là une solution à la fois rationnelle et morale ?

Il me semble qu'on peut, dans tous les cas, suivre le principe d'Hippocrate : « Avant tout, ne pas faire mal. » S'il vous est impossible d'adhérer à ce principe, alors ne faites rien du tout. Au moins ne ferez vous rien de mal. Mais il y a toujours d'autres possibilités. La diplomatie et la négociation ne sont jamais totalement bloquées. C'était vrai juste avant les bombardements, quand le Parlement serbe, en réponse à l'ultimatum de Clinton, appelait à négocier sur une « présence internationale au Kosovo immédiatement après la signature d'un accord sur l'autonomie du Kosovo qui serait accepté par toutes les communautés nationales » vivant dans la région. On en parla partout à travers le monde mais très peu chez nous. Nous ne saurons jamais ce que cela aurait pu donner puisque les deux États guerriers (États-Unis et Grande-Bretagne) ont préféré rejeter la procédure diplomatique et user de la force.

Un autre argument, s'il est permis de le qualifier ainsi, est avancé par Henry Kissinger. Il juge que l'intervention a été une erreur (un « bourbier »). De plus, c'était selon lui une initiative parfaitement vaine. « Depuis des siècles, ces conflits [dans les Balkans] ont été menés avec une férocité incomparable car aucune de ces populations n'a l'expérience du concept occidental de tolérance. » Enfin nous comprenons pourquoi les Européens se sont toujours traités les uns les autres avec cette merveilleuse sollicitude et cela « depuis des siècles » et ont tenté avec acharnement « depuis des siècles et des siècles » de transmettre leur message de non-violence, de tolérance et d'amour.

On peut toujours compter sur Kissinger pour nous faire rigoler. Mais il n'est pas le seul comique américain. Il est rejoint par ceux qui jugent la « logique des Balkans » à l'aune du rationalisme occidental. Ainsi que par ceux qui nous rappellent notre « peu de goût pour la guerre ou pour l'ingérence dans les affaires des autres », c'est-à-dire « notre faiblesse congénitale », notre désarroi devant « les violations répétées des normes et des règles exprimées dans les traités internationaux, et les conventions humanitaires » (l'historien Tony Judt). Il faut considérer le Kosovo comme un « Nouveau choc entre l'Est et l'Ouest », ainsi que le prétend un gros titre du *Times* illustrant parfaitement la thèse de Samuel Hurtington sur le « Clash des civilisations » : « Un Occident démocratique dont les instincts humanitaires se révulsent devant l'inhumanité barbare des Serbes orthodoxes. » Tout ceci apparaît clairement « aux yeux des Américains » mais pas aux autres, comme ces mêmes Américains ne semblent pas vouloir l'admettre (interview de Hurtington).

Nous pouvons aussi écouter le discours inspiré du secrétaire à la Défense, William Cohen, présentant le président à la station aéronavale de Norfolk. Il commençait en citant Theodore Roosevelt, qui s'exprimait « à l'aube de ce siècle, alors que l'Amérique prenait tout juste conscience de sa nouvelle place dans le monde ». Roosevelt disait ceci : « Si l'on ne veut pas se battre pour de grands idéaux, ces idéaux disparaîtront. » Et « aujourd'hui, à l'aube du siècle nouveau, nous sommes rejoints par le président Clinton », qui a compris comme Teddy Roosevelt que « rester sur la touche [...] en simple témoin de l'indicible horreur qui était en train d'avoir lieu et qui aurait effectivement affecté la paix et la stabilité des pays membres de l'OTAN était inacceptable». On ne peut que se demander ce qui peut bien passer par l'esprit de quelqu'un pour qu'il fasse passer Roosevelt – raciste fanatique invétéré et chauvin délirant – comme le modèle des vertus américaines, sans parler des actes sanglants par lesquels il a si bien illustré ses idéaux chéris.

Les commentateurs les plus sages sauront attendre que Washington nous ait concocté une version officielle du Kosovo. Après ces deux semaines de bombardements, on ne sait qu'une chose, c'est qu'ils savaient – tout en ne le sachant pas – qu'une catastrophe allait arriver. Le 28 mars, « lorsqu'un journaliste demanda si les bombardements avaient intensifié les massacres, [le président Clinton] répondit : "Absolument pas" » (Adam Clymer). Il maintint cette déclaration, le 1er avril à Norfolk : « Si nous n'avions rien fait, l'agression serbe se serait déroulée en toute impunité. » Le jour suivant, le porte-parole du Pentagone, Kenneth Bacon, déclarait : « Je ne pense pas que quiconque aurait pu prévoir l'ampleur de cette brutalité. » Premier aveu par l'administration qu'elle « n'était pas totalement préparée à cette crise », comme le titra la presse, bien qu'une semaine plus tôt le général en chef eût informé cette même presse que la crise était « parfaitement prévisible ». Dès le départ, sur le terrain des opérations, les uns et les autres avaient admis que « l'administration américaine avait été prise totalement au dépourvu » par la réaction serbe (Jane Perez et bien d'autres).

Il est probable que le droit d'« intervention humanitaire » soit invoqué de plus en plus fréquemment dans les années à venir. Peut-être avec raison, peut-être pas. À présent que les prétextes offerts par la Guerre froide ont perdu toute leur efficacité, il pourrait être utile de prêter attention aux point de vues des commentateurs éminents, sans oublier le point de vue de la Cour internationale de justice, qui décide en matière d'intervention et d'« aide humanitaire » depuis que tous – sauf les États-Unis – en ont décidé ainsi.

Dans les domaines des affaires étrangères et du droit international, il serait difficile de trouver autorités plus respectées que Hedley Bull ou Louis Henkin. Bull nous avertissait il y a une quinzaine d'années que « des États ou des groupes d'États qui s'institueraient d'eux-mêmes comme juges ou autorités en matière de bien commun international, au mépris de l'opinion des autres, représentent de fait une menace pour l'ordre international et, en conséquence, pour toute action dans ce domaine ». Henkin, dans son désormais classique ouvrage sur l'ordre international, écrit que « les pressions menaçant la prohibition de l'usage de la force sont déplorables. Et les arguments pour la légitimer dans certaines circonstances ne nous persuadent pas et s'avèrent dangereux. [...] Les violations des droits de l'homme sont d'ailleurs bien trop communes et, s'il était permis d'y remédier en usant de la force, il ne serait plus possible d'en interdire l'usage à n'importe quel État pour agresser n'importe quel autre. Les droits de l'homme, je le pense sincèrement, doivent être défendus au même titre que toutes les autres injustices par des moyens pacifiques et non en ouvrant les portes de la violence et en détruisant la plus importante des avancées du droit international : la mise hors-la-loi de la guerre et la prohibition de l'usage de la force ».

Les principes admis du droit et de l'ordre internationaux, les traités et leurs obligations, les décisions de la Cour internationale de justice, les avis autorisés des plus respectés des analystes, tout cela bien sûr n'apporte pas automatiquement de solutions aux problèmes spécifiques. Chacun doit être considéré dans sa spécificité. Pour ceux qui n'adhèrent pas aux pratiques de Saddam Hussein, il importe d'apporter sérieusement la preuve que l'usage de la force peut être nécessaire en cas de violation des principes de l'ordre international. Peut être est-ce possible après tout ? Néanmoins, il faut le justifier et pas seulement le proclamer avec passion du haut d'une chaire de rhétorique. Les conséquences de telles violations doivent être soigneusement considérées, et en particulier en ce qui concerne ce que nous estimons « prévisible ». Lorsqu'on est – ne serait-ce qu'un peu – sérieux, les raisons invoquées pour passer à l'action doivent reposer sur des fondements rationnels et prendre en compte les faits et les antécédents historiques et non la simple admiration pour nos leaders et leur « boussole morale ».

La mission de justice des « États éclairés » au service du « nouvel humanisme »

Conditions & contenus des accords de paix du Kosovo (1999)

LE 24 MARS 1999, les forces aériennes de l'OTAN emmenées par les États-Unis commencèrent à bombarder la République Fédérale de Yougoslavie (RFY, Serbie et Monténégro), Kosovo compris, puisque l'OTAN le considère encore comme une province serbe. Le 3 juin suivant, l'OTAN et la Serbie signaient un accord de paix. Les États-Unis s'attribuaient la victoire après avoir conclu avec succès « une campagne de dix semaines destinée à obliger Milosevic à faire la révérence », selon Blaine Harden du *New York Times*. Il ne serait donc plus nécessaire d'envoyer des troupes au sol pour « nettoyer la Serbie », comme le même Harden avait conseillé de le faire dans son article intitulé « Comment nettoyer la Serbie ». Ce conseil était tout naturel si on considère que l'histoire américaine a été dominée par le thème du nettoyage ethnique des origines jusqu'à nos jours. Une coutume célébrée jusque dans les noms donnés aux hélicoptères d'assaut et autres armes de destruction. Un réserve toutefois : l'expression « épuration ethnique » dans le cas de l'Amérique n'est pas vraiment appropriée, les opérations de nettoyage américaines étant parfaitement œcuméniques. L'Indochine et l'Amérique centrale en sont deux illustrations récentes.

La victoire de Washington au Kosovo ne signifie pas pour autant la paix : les bombardements se sont poursuivis jusqu'à ce que les vainqueurs se soient assurés que *leur* interprétation de l'Accord de paix du Kosovo finirait par s'imposer. Dès le début, les bombardements ont été présentés comme un événement de portée cosmique. Un véritable test pour le « nouvel humanisme » par lequel les « États éclairés » (selon les Affaires étrangères britanniques) ouvrent une nouvelle ère de l'histoire de l'humanité, fondée sur « un nouvel internationalisme qui ne tolérera plus la répression brutale de tout un groupe ethnique » (Tony Blair). Les « États éclairés » regroupent les États-Unis et leur associé britannique, et également peut-être les quelques autres qui se sont enrôlés dans leurs croisades en faveur de la justice.

Apparemment, le titre d'« État éclairé » est décerné d'office. Nul besoin de la moindre preuve ou justification et encore moins de tenir compte des antécédents des pays concernés. En effet, l'histoire de ces derniers est de toute façon considérée comme non pertinente en vertu de la doctrine du « changement de cours historique », régulièrement invoquée par les idéologues pour enfouir le passé au fin fond des mémoires. Tout risque de voir quelqu'un poser les questions qui s'imposent est ainsi écarté, par exemple celle-ci : avec des structures institutionnelles et une distribution des pouvoirs inchangées, comment peut-on s'attendre à un changement radical de politique – voire à un quelconque changement si ce n'est certains ajustements tactiques ?

De telles questions paraîtraient déplacées. « Dès le départ, le problème du Kosovo s'est posé ainsi : comment devons-nous réagir lorsque des choses graves arrivent dans des endroits sans importance ? » expliquait Thomas Friedman dans le *New York Times* lorsque l'Accord de paix fut annoncé. Il félicitait, en outre, les « États éclairés » pour avoir suivi le principe moral qu'il édicte en ces termes : « Dès lors que l'expulsion des réfugiés avait commencé, ignorer le Kosovo aurait été une erreur. [...] C'est pourquoi la seule réaction sensée était de mener une attaque aérienne de grande envergure sur des objectifs limités. » Le problème, c'est que l'inquiétude concernant les « expulsions de réfugiés » ne pouvait être le véritable motif de cette « attaque aérienne de grande envergure ». Le Haut-commissaire aux réfugiés des Nations unies fait mention des premières expulsions de 4 000 réfugiés hors du Kosovo à partir du 27 mars 1999, trois jours donc après le début des bombardements. Ce chiffre augmente jusqu'au 4 juin, atteignant un total déclaré de 670 000 dans les pays voisins (Albanie et Macédoine), de 70 000 au Monténégro (province yougoslave) et de 75 000 autres partis vers d'autres destinations. Ces chiffres, qui ne sont que trop familiers, ne prennent pas en compte le nombre indéterminé de déplacés à l'intérieur même du Kosovo – quelque 2 000 à 3 000 dans l'année précédant les bombardements, et bien plus après.

Indubitablement, l'« attaque aérienne de grande envergure » a provoqué une impressionnante accélération du nettoyage ethnique, entre autres crimes. Tout cela a été consciencieusement rapporté par les correspondants sur place et dans de nombreuses rétrospectives journalistiques. C'est le même tableau qui ressort des deux principaux documents qui tendent à présenter le bombardement comme une réponse à la crise humanitaire au Kosovo. Le plus approfondi de ces documents, fourni par le Département d'État en mai, s'intitule avec à-propos : « Pour effacer l'histoire : le nettoyage ethnique au Kosovo. » Le second est la mise en accusation de Milosevic et de ses associés par le Tribunal international sur les crimes de guerre en Yougoslavie, après que les États-Unis et la Grande-Bretagne « ont permis une mise en accusation particulièrement rapide, en facilitant [au procureur Louise] Arbour l'accès à des renseignements et informations que les gouvernements occidentaux lui avaient longtemps refusés », comme le précisait le *New York Times*. Ces deux documents affirment que les atrocités ont débuté « le 1er janvier ou aux environs de cette date ». Ils donnent tous deux, cependant, une chronologie précise qui révèle que ces exactions se sont poursuivies à peu près sur le même rythme jusqu'à ce que les bombardements entraînent une véritable escalade. Le général en chef, Wesley Clark, a aussitôt reconnu que cela était « parfaitement prévisible » – il exagérait bien sûr, rien de ce qui touche aux affaires humaines n'est à ce point prévisible, mais nous disposons aujourd'hui de nombreux indices révélant que les conséquences des bombardements avaient été anticipées.

Un bref bilan des effets de l'« attaque aérienne de grande envergure » fut présenté par Robert Hayden, directeur du Centre d'études sur la Russie et l'Europe de l'Est à l'université de Pittsburgh : « Les pertes parmi la population civile serbe au cours des trois premiers mois de la guerre sont plus importantes que celles qui ont frappé les deux camps au Kosovo dans les trois mois qui l'ont précédée. Pourtant, ces trois mois avaient été considérés comme une catastrophe humanitaire. » En vérité, ces précisions n'avaient pas leur place dans le contexte de chauvinisme hystérique qui fut orchestré dans le but de diaboliser les Serbes et qui atteignit même des sommets inquiétants au moment exact où les bombardements visaient ouvertement la société civile et exigeaient donc d'être défendus avec la plus grande ferveur.

Dans le *Times* du même jour, Stephen Kinzer offrait par hasard au moins un début de réponse plus crédible à la question rhétorique de Friedman dans un papier rédigé à Ankara. Kinzer écrivait : « Le plus célèbre avocats des droits de l'homme en Turquie a été incarcéré [pour avoir] appelé l'État à rechercher un règlement pacifique avec les rebelles kurdes. » Quelques jours plus tôt, Kinzer avait indiqué, incidemment, que cette histoire était plus complexe : « Certains [Kurdes] disent qu'ils ont été opprimés sous le régime turc mais le gouvernement d'Ankara réplique qu'ils bénéficient des mêmes droits que les autres. » Cela rend-il réellement justice aux plus vastes opérations de nettoyage ethnique du milieu des années 1990, avec leurs dizaines de milliers de morts, 3 500 villages détruits (sept fois plus qu'au Kosovo, si l'on en croit le discours de Clinton après la victoire), deux à trois millions de réfugiés et les abominables exactions très comparables à celles qu'on trouve quotidiennement à la une des journaux quand ce sont nos ennemis préférés qui les commettent? Tout cela se trouve détaillé dans les rapports des principales organisations humanitaires mais reste, néanmoins, parfaitement ignoré. Ces faits se sont déroulés en Turquie grâce à l'aide militaire massive des États-Unis – accrue sous Clinton alors que les massacres s'intensifiaient –, des avions, hélicoptères d'assaut, équipement anti-insurrectionnel et autres outils de terreur et de destruction, accompagnés de formations et de renseignements confidentiels à l'usage de certains des assassins les plus redoutables de notre époque.

Il faut rappeler que ces crimes se sont déroulés au cours des années 1990, au sein même de l'OTAN et sous la juridiction du Conseil de l'Europe et de la Cour européenne des droits de l'homme, qui condamne régulièrement la Turquie pour ses crimes perpétrés avec la complicité des États-Unis (plusieurs jugements en 1998). Il a fallu un réel effort de discipline de la part des commentateurs et des participants à la célébration du 50e anniversaire de l'OTAN, en avril 1999, pour « ne pas évoquer » tout cela. Cette discipline fut d'autant plus remarquable que cette cérémonie avait été assombrie par le nettoyage ethnique perpétré par des ennemis officiellement désignés – mais non par ceux dont se rendent responsables les « États éclairés » toujours prêts à remplir leur traditionnelle mission de justice et de liberté auprès de tous les peuples souffrants du monde et à défendre les droits de l'homme, par la force si nécessaire, pour obéir aux principes du « nouvel humanisme ».

Ces crimes, bien sûr, ne sont qu'une illustration de la réponse proposée par les « États éclairés » à la douloureuse question : « Comment devrions-nous réagir lorsque des choses graves arrivent dans des endroits sans importance ? » Nous devrions intervenir pour aggraver la situation et non « regarder ailleurs » en faisant deux poids, deux mesures – ce qui était notre manière habituelle d'éluder la question quand des régions marginales s'invitent aussi impoliment sur la scène internationale. C'est ce qu'il s'est passé au Kosovo, comme le cours des événements l'a clairement démontré et contrairement à ce que prétend la version passée au prisme de l'idéologie et de la doctrine.

Les directives de Washington n'en restent pas moins les mêmes : se focaliser avec une précision chirurgicale sur les crimes de l'ennemi officiel du moment et ne pas se laisser distraire par les crimes comparables ou même pires qui pourraient pourtant aisément être freinés – voire arrêtés – étant donné le rôle crucial que certains « États éclairés » tiennent dans leur perpétration ou dans leur intensification quand les intérêts des puissants sont en jeu. Obéissons donc aux ordres et restons au Kosovo.

Une enquête menée avec le minimum de sérieux sur l'Accord du Kosovo doit étudier les différentes options diplomatiques disponibles à la date du 23 mars. C'est-à-dire à la veille de l'« attaque aérienne de grande envergure ». Il faudrait les comparer avec l'accord ratifié par l'OTAN et la Serbie le 3 juin. D'abord, il faut distinguer deux niveaux : celui des faits et celui du récit qu'on en fait (c'est-à-dire la version OTAN-USA qui se trouve à l'origine des articles et des commentaires dans les médias des « États éclairés »).

Même le coup d'œil le plus superficiel nous apprend que les faits et le récit qu'on en fait diffèrent considérablement. Ainsi le *New York Times* présenta-t-il cet accord dans un encadré titré : « Deux plans de paix : en quoi diffèrent-ils ? » Ces deux plans de paix sont l'accord (intérimaire) de Rambouillet présenté à la Serbie le 23 mars comme un ultimatum avant les bombardements et l'Accord de paix du Kosovo du 3 juin. Pourtant, dans le monde réel, il y a *trois* « plans de paix », dont deux se trouvaient sur la table des négociations de Rambouillet le 23 mars : l'accord de Rambouillet et les Résolutions de l'Assemblée nationale Serbe qui lui répondaient.

Commençons avec les deux plans de paix du 23 mars en nous demandant en quoi ils différaient et en quoi ils s'approchaient de l'Accord de paix du 3 juin. Puis, nous nous tournerons brièvement vers ce à quoi on pourrait raisonnablement s'attendre si on n'obéit pas aux ordres et qu'on observe les (nombreux) précédents.

L'accord de Rambouillet proposait une occupation militaire totale et un contrôle politique substantiel du Kosovo par l'OTAN ainsi qu'une occupation militaire effective du reste de la Yougoslavie toujours par l'OTAN. L'OTAN « mettra sur pied et dirigera une force militaire » (KFOR) que « l'OTAN installera et déploiera » à l'intérieur et autour du Kosovo, « opérant sous l'autorité et soumise aux directives et aux décisions politiques du Conseil de l'Atlantique Nord par l'intermédiaire du commandement de l'OTAN. [...] Le commandant de la KFOR est l'autorité suprême sur le théâtre des opérations quant à l'interprétation de ce paragraphe [la mise en place de l'accord militaire] et ses décisions s'imposent à tous, partis ou personnes ». L'Organisation pour la sécurité et la coopération en Europe (OSCE) se voit attribuée une juridiction formelle pour les aspects civils de l'accord mais en coordination avec la KFOR – armée d'occupation capable par conséquent de maîtriser la situation. Dans un délai assez bref, toutes les forces armées yougoslaves ainsi que les forces de police doivent se redéployer vers des « lieux de cantonnements approuvés » puis retourner en Serbie, exceptées de petites unités chargées de la surveillance des frontières avec un armement limité (suit une liste détaillée). Ces unités se contenteront de défendre les frontières contre des agressions potentielles et de « contrôler les franchissements illégaux » sans être autorisées néanmoins à se déplacer à l'intérieur du Kosovo, excepté dans le cadre des missions qui leur auront été confiées. « Trois ans après l'entrée en vigueur de cet accord, une rencontre internationale devra se tenir pour déterminer les étapes d'un règlement définitif de la question du Kosovo. » Ce passage a régulièrement été interprété comme un appel à référendum sur l'indépendance, bien que ce ne soit pas expressément mentionné.

Concernant le reste de la Yougoslavie, les modalités de l'occupation sont exposées dans l'appendice B, « Mission de la force multinationale d'intervention », dont le paragraphe crucial dit à peu près ceci : « Le personnel de l'OTAN, ainsi que ses véhicules, navires, avions et équipements jouiront d'un passage libre et d'un accès sans limites à travers la République Fédérale yougoslave (RFY) et ses espaces maritimes et aériens. Cela doit inclure – mais sans toutefois s'y limiter – le droit de bivouac, de manœuvres, de cantonnement et d'usage de tous espaces et équipements qui s'avéreront nécessaires à l'intendance, l'entraînement et les opérations militaires. » Ensuite, on précise les conditions qui autorisent les forces de l'OTAN et les individus qu'elles emploient à agir comme ils le veulent sur tout le territoire de la RFY, sans soucis ni obligations vis-à-vis des lois du pays ou de la juridiction de ses autorités qui sont de toute façon sommées d'obéir aux ordres de l'OTAN « de manière prioritaire et par tous les moyens appropriés ». L'une des dispositions de l'accord de Rambouillet stipule que « l'ensemble des membres de l'OTAN respectera les lois applicables en RFY… » mais avec une restriction qui la vide de son sens : « sans préjudice de leurs privilèges et immunités. »

On a pu penser que la terminologie avait été choisie afin de garantir un rejet du texte de la part des Serbes. Peut-être. Il est difficile d'imaginer qu'un pays, quel qu'il soit, puisse considérer de tels propos autrement que comme une exigence de reddition inconditionnelle.

Dans l'impressionnante couverture de la guerre par la presse, on trouvera peu de références à l'accord de Rambouillet qui soit ne serait-ce qu'un peu proche des faits et en particulier concernant l'annexe B que nous venons de citer. L'accord a, cependant, été cité dès qu'il fut devenu démocratiquement inopérant. Deux jours après l'accord définitif de paix du 3 juin, la presse reprit la terminologie du texte et annonça que, selon l'annexe de l'accord de Rambouillet, « une force composée uniquement d'éléments de l'OTAN allait se voir accorder l'autorisation d'aller partout où elle le désirerait en RFY, en dehors de tout contrôle légal » (*New York Times* et quelques autres). Bien sûr, en l'absence d'explications claires et répétées du contenu réel des accords de Rambouillet – le « plan de paix » officiel –, il a été impossible pour le public d'atteindre à une quelconque compréhension un peu sérieuse de ce qu'il se passait, ou de juger de la validité de la version préférée de l'Accord de paix du Kosovo.

Le second plan de paix se présente, le 23 mars, sous la forme de résolutions du parlement serbe. Celui-ci refusait les exigences d'occupation militaire émanant de l'OTAN et en appelait à l'OSCE et aux Nations unies pour parvenir à un règlement diplomatique. Il condamnait le retrait exigé par les États-Unis, le 19 mars, de la mission de vérification de l'OSCE en prévision du bombardement du 24 mars. Ces résolutions du parlement serbe demandaient des négociations visant à « parvenir à un accord politique sur une autonomie plus large du Kosovo-Metohija [nom officiel de la Province] et l'assurance d'une parfaite égalité de tous les citoyens et des différentes communautés ethniques dans le respect de la souveraineté et de l'intégrité territoriale de la République serbe et de la République Fédérale de Yougoslavie. » D'autre part, même si le parlement serbe « [n'admettait] pas la présence de troupes militaires étrangères au Kosovo-Metohija », il était prêt, aussitôt que l'accord politique sur l'autonomie serait signé, à discuter de l'importance et de la nature de la présence internationale au « Kosmet » destinée à faire appliquer l'accord auquel on serait parvenu, accord conçu et accepté par les représentants de toutes les communautés vivant au Kosovo-Metohija.

L'essentiel de ces résolutions, repris par les principales agences de presse, était donc indubitablement connu de toutes les rédactions. Néanmoins, après plusieurs recherches, je n'ai pu en trouver que de rares mentions, et aucune dans la presse nationale ni dans les journaux les plus importants. Les deux plans du 23 mars ont donc été ignorés du grand public, tout comme le fait qu'il y en avait deux et non pas un. La version officielle prétend que le « refus de Milosevic d'accepter ou de discuter d'un plan international pour le maintien de la paix [c'est-à-dire l'accord de Rambouillet] [avait] entraîné les bombardements du 24 mars » (Craig Whitney pour le *New York Times*, dans l'un des principaux articles dénonçant la propagande serbe).

Quant à la question de la portée véritable des résolutions du parlement serbe, les fanatiques prétendent en connaître la réponse – réponse différente selon le genre des fanatiques. Il y aurait pourtant eu un moyen de s'en faire une idée exacte : en explorer toutes les possibilités. Mais les « États éclairés » n'aiment pas ce genre de pratique. Ils préfèrent bombarder avec les conséquences que l'on sait.

D'autres étapes du processus diplomatique ainsi que leurs interprétations idéologiques méritent qu'on y prête attention mais je n'en parlerai pas maintenant. Tournons-nous plutôt vers l'Accord du Kosovo du 3 juin. Comme il fallait s'y attendre, il s'agit d'un compromis entre les deux plans de paix présentés à Rambouillet le 23 mars.

En théorie, les États-Unis et l'OTAN ont abandonné les exigences qui avaient entraîné le rejet de l'ultimatum par les Serbes. La Serbie, en retour, accepte l'idée d'une « présence internationale de sécurité avec participation majoritaire de l'OTAN [qui] doit être placée sous un commandement et un contrôle unifiés sous les auspices de l'ONU ». Une annexe indique « que le contingent russe sera placé sous le commandement de l'OTAN et ses relations avec la présence internationale régis par des accords additionnels les concernant ». Aucune indication n'offrait à la « force internationale de sécurité » ou à l'OTAN un accès libre au reste de la Yougoslavie. Le contrôle politique du Kosovo ne doit pas revenir à l'OTAN, à la Serbie ou à l'OSCE mais au Conseil de sécurité de l'ONU, lequel organisera « une administration intérimaire au Kosovo ». Le retrait des forces yougoslaves ne suit pas au détail près les termes de l'accord de Rambouillet, mais il y est similaire et plus rapide. Le reste se trouve déjà dans les deux plans de paix du 23 mars. Il semble donc que les négociations auraient pu se poursuivre le 23 mars, évitant ainsi une véritable tragédie humaine dont les effets en Yougoslavie et ailleurs sont préoccupants à plus d'un titre.

Certes, la situation en juillet n'est pas celle du 23 mars. La une du *Times*, le jour même des Accords du Kosovo, résume cela de façon assez juste : « Au Kosovo, les problèmes ne font que commencer. » Serge Schmemann écrit que, parmi les graves difficultés qui nous guettent, on trouve le rapatriement des réfugiés dans « ce cimetière qui fut autrefois leur patrie » ainsi que « les sommes gigantesques nécessaires à la résurrection des économies sinistrées du Kosovo, du reste de la Serbie et de leurs voisins ». Il cite également l'historienne des Balkans, Suzanne Woodward de la Brookings Institution, qui regrette « que tous les peuples que nous voulons aider à construire un Kosovo stable [aient] été laminés par les bombardements », laissant le contrôle de la situation aux mains de l'Armée de libération du Kosovo (UCK). Les États-Unis avaient vivement dénoncé l'UCK, qu'elle qualifiait de « groupe indubitablement terroriste » quand cette dernière avait commencé à mener des attaques organisées en février 1998 – actions que Washington avait « fermement condamnées comme autant d'actes terroristes », donnant ainsi probablement le feu vert à Milosevic pour entreprendre cette répression qui nous a projetés dans un climat de violence comparable à celui que connaît la Colombie.

Ces problèmes alarmants sont récents. Ce sont « les conséquences des bombardements » et de l'attitude haineuse avec laquelle les Serbes y ont réagi, même si les crimes qui ont entraîné les « États éclairés » à avoir recours à la violence avaient été, en effet, assez effrayants.

Si l'on passe à présent des faits avérés aux commentaires, on constate que la presse a salué l'éclatante victoire des « États éclairés » et de leurs dirigeants qui ont contraint Milosevic à « capituler », à « faire la révérence », à accepter une « force d'intervention sous la direction de l'OTAN » et à une reddition « presque inconditionnelle comme tout le monde aurait pu s'en douter ». Bref, pour Milosevic, un « accord pire que celui qu'il avait rejeté au moment de Rambouillet». Ce n'est pas exactement ce qu'il s'est passé mais cette version est bien plus utile que les faits bruts. La seule question véritablement évoquée est de savoir si nous avons désormais la preuve que le seul recours aux frappes aériennes peut servir des buts éminemment moraux ou bien, comme le suggèrent les esprits critiques admis à participer aux débats, si ce point n'est pas encore démontré. Considérant la guerre dans une optique plus large, «l'éminent historien militaire» britannique John Keegan la «considère comme une victoire non seulement pour la force aérienne mais aussi pour le "nouvel ordre mondial" que le président Bush avait annoncé après la guerre du Golfe». Keegan nous dit aussi que, «si Milosevic est réellement fini, les autres Milosevics potentiels à travers le monde vont devoir repenser leurs stratégies».

Si ce jugement est réaliste, il ne l'est pas pour ce à quoi Keegan faisait référence mais plutôt à la lumière de la signification et des buts réels de ce «nouvel ordre mondial» tels qu'ils se révèlent dans un important document des années 1990 (resté inconnu) ainsi que dans une multitude de faits qui permettent de mieux comprendre la véritable sens de l'expression : «Les Milosevics potentiels à travers le monde.» Pour nous en tenir simplement à la région des Balkans, les esprits critiques passent assez facilement sur les grandes opérations de nettoyage ethnique et sur les terribles atrocités commises au sein même de l'OTAN, au Sud-Est, sous juridiction européenne et avec le soutien constant des États-Unis. Atrocités injustifiables de la part de la plus importante force militaire du globe et qui ne répondent à aucune menace imminente d'invasion. Grâce au « nouvel ordre mondial » on trouvera des justifications à tous ces crimes et on pourra même leur trouver du mérite, comme on le fait déjà avec les crimes qui répondent aux intérêts des leaders des « États éclairés ». Atrocités que ces États commettront de nouveau si nécessaire. On comprendra donc aisément que, dans le cadre du « nouvel internationalisme, [...] la répression brutale de groupes ethniques entiers » sera non seulement « tolérée » mais encore promptement exécutée. Exactement comme dans le vieil internationalisme du concert de l'Europe, des États-Unis et de bien d'autres de leurs glorieux prédécesseurs.

Les faits et les commentaires ont si peu de rapport qu'on peut se demander si les commentateurs et les médias savent ce qu'ils font lorsqu'il présentent la version USA-OTAN comme le reflet exact des faits. Elle deviendra *les faits* du simple fait de la répartition des pouvoirs et du désir qu'ont les élites intellectuelles de s'y conformer fidèlement. C'est un phénomène bien rôdé. Parmi les exemples récents de ce fonctionnement, citons le Traité de Paris (janvier 1973) et les Accords d'Esquipulas (août 1987).

Dans le premier cas, les États-Unis se sont vus contraints de signer le Traité de Paris après l'échec des bombardements de Noël, menés pour obliger Hanoï à violer l'accord intervenu entre les États-Unis et le Vietnam au mois d'octobre précédent. Kissinger et la Maison Blanche ont immédiatement annoncé, avec une certaine lucidité, qu'ils violeraient toute les clauses essentielles de ce traité, qu'ils étaient pourtant en train de signer. Ce n'est pas cette version des faits qui apparut dans les différents reportages et commentaires sur cette affaire. Ainsi, lorsque le Vietnam du Nord réagit finalement aux violations américaines de ces accords, il fut décrit comme un incorrigible agresseur qui méritait d'être à nouveau puni, et c'est ce que l'on fit. La même tragi-comédie se reproduisit lorsque les présidents d'Amérique centrale parvinrent à un accord à Esquipulas (également connu sous le nom de « plan Arias ») malgré une très vive opposition de Washington, qui intensifia immédiatement toutes ses guerres dans la région, faisant voler en éclats *la* « clause fondamentale » de cet accord. Ensuite, les États-Unis procédèrent, par la contrainte, au démantèlement des autres clauses. Ils y parvinrent en quelques mois seulement et continuèrent à miner tous les efforts diplomatiques jusqu'à la victoire finale. La version américaine de l'accord d'Esquipulas, qui, sur les points cruciaux, diffère grandement de la version originale, est devenue la version officielle. La presse pouvait désormais qualifier le résultat de « victoire pour le *fair-play* américain ». « Unis dans la joie » sur les ruines et le sang répandu, tous les Américains étaient plongés dans l'extase d'un « âge idéaliste », comme l'écrit Anthony Lewis – les gros titres du *New York Times* reflétaient parfaitement l'euphorie générale qui accueillit la réussite de cette mission.

Inutile d'étudier les conséquences de ces exemples ou des nombreux autres qui leur ressemblent tant. Il y a peu de chance que cela se passe autrement dans le cas du Kosovo – sauf si nous ne laissons pas faire, évidemment.

Un exercice d'entraînement américano-indonésien

Retour sur le Timor-Oriental (1999)

Il n'est pas facile d'écrire avec calme et sans passion sur les événements qui se sont déroulés au Timor-Oriental [1]. L'horreur et la honte se mêlent à l'idée que les atrocités commises sont familières et qu'elle pourraient aisément être stoppées. Cela est vrai depuis l'invasion indonésienne de décembre 1975, perpétrée avec le soutien diplomatique des États-Unis ainsi qu'avec leurs armes, utilisées illégalement mais avec leur autorisation secrète – il y eut même de nouvelles livraisons malgré l'« embargo » officiel. Nul besoin de menaces, de bombardements ou même de sanctions. Il aurait simplement suffi que les États-Unis et leurs alliés cessent de participer activement aux opérations indonésiennes et informent leurs associés du commandement militaire indonésien que le temps des massacres était clos et que le Timor

1. L'auteur analyse précisément ces événements dans « Grandes puissances & droits de l'homme en Indonésie & au Timor-Oriental », *in Responsabilité des intellectuels*, Agone, Marseille, 1998. [ndt]

devait se voir garantir son droit à l'autodétermination, reconnu par les Nations unies et la Cour internationale de justice. On ne peut pas refaire l'histoire mais nous devrions au moins être désireux de reconnaître ce que nous avons fait et assumer notre responsabilité morale en venant au secours des survivants et en nous acquittant de réparations conséquentes. Gestes de compensation pathétiques au regard des terribles crimes commis.

Le dernier chapitre de cette pénible histoire de trahison et de complicité s'est ouvert juste après le référendum d'août 1999, où la population vota massivement en faveur de l'indépendance. Aussitôt, les atrocités s'intensifièrent de façon spectaculaire, orchestrées par les militaires indonésiens. La mission des Nations unies (UNAMET) fit son rapport le 11 septembre : « Les preuves d'un lien direct entre la milice et les militaires indonésiens sont incontestables et ont été sérieusement étayées par l'UNAMET ces quatre derniers mois. Mais l'ampleur et le caractère systématique des destructions au Timor-Oriental cette dernière semaine démontrent un nouveau degré de participation ouverte des militaires dans la mise en place de ce qui n'était auparavant qu'une opération secrète. »

La mission des Nations unies prévenait également que « le pire pourrait encore venir et on ne peut écarter le fait qu'il pourrait bien ne s'agir que des premiers stades d'une campagne génocidaire destinée à régler le problème timorais par la force ».

L'historien de l'Indonésie John Roosa, observateur officiel lors du scrutin, donnait de la situation une description frappante : « Le pogrom était si prévisible qu'il aurait pu être aussi aisément prévenu. […] Pourtant, dans les semaines qui ont précédé le vote, l'administration Clinton refusa de discuter avec l'Australie et d'autres pays de la constitution d'une force internationale de maintien de la paix. Même après que les violences eurent éclaté, Washington tergiversa quelques jours », jusqu'à ce que les Américains soient contraints par la pression internationale (en particulier australienne) et intérieure de faire quelques gestes timides. Aussi discrets qu'ils aient pu être, ces gestes ont poussé les généraux indonésiens à changer d'attitude et à accepter une présence internationale, révélant ainsi que la solution avait toujours été à portée de main.

De la même façon, le rapport de force qui s'est révélé à cette occasion confirme que les Nations unies ne peuvent rien faire sans le consentement et l'initiative de Washington. Tandis que Clinton « tergiversait », la moitié de la population était chassée de chez elle et des milliers de gens assassinés. L'aviation américaine, qui avait pu opérer des frappes chirurgicales sur les cibles civiles de Novi Sad, Belgrade et Ponceva, se révèle aujourd'hui incapable de parachuter des vivres à des populations menacées par la famine dans les montagnes où elles ont été forcées de trouver refuge pour échapper à la terreur exercée par des forces armées indonésiennes entraînées par les États-Unis et leurs non moins cyniques alliés.

Ceux qui ont encore un peu de mémoire sauront que ceci est un *remake*. Un affreux et quasi exact *remake* de ce qu'il s'est passé il y a vingt ans, quand, après un effroyable massacre qui fit plusieurs centaines de milliers de morts, l'Indonésie accepta finalement d'autoriser des membres du corps diplomatique en place à Djakarta à faire une brève visite au Timor-Oriental – tant les Indonésiens se sentaient sûrs d'eux. L'un de ces diplomates était l'ambassadeur de Carter, M. Masters. Ils durent reconnaître qu'il s'était déroulé au Timor une abominable catastrophe humanitaire. Ce qu'il se passa ensuite fut décrit par l'un des plus éminents historiens de l'Indonésie, Benedict Anderson. Il confirma que « Masters évita délibérément d'en appeler à l'aide humanitaire – même officieusement dans le cadre du Département d'État – », jusqu'à ce que les généraux indonésiens lui donnent leur « feu vert ». C'est-à-dire jusqu'à ce qu'ils se sentent suffisamment « sûrs d'eux pour permettre l'intervention de visiteurs étrangers ».

Au moment même où, en septembre 1999, les militaires indonésiens réduisaient en cendre Dili, la capitale timoraise, assassinant et pillant avec une violence renouvelée, le Pentagone annonçait qu'« un exercice d'entraînement américano-indonésien centré sur l'humanitaire et les opérations de secours avait pris fin le 25 août ». Cinq jours avant le référendum. Comme d'habitude, les leçons furent immédiatement appliquées, comme tout le monde peut le comprendre – excepté ceux qui ne veulent toujours rien voir.

Le coup d'État qui porta le général Suharto au pouvoir en 1965 en avait été une épouvantable illustration. En quelques mois seulement, les massacres perpétrés par l'armée firent des centaines de milliers de victimes, pour la plupart des paysans sans terres, détruisant ainsi le parti politique de masse de la gauche timoraise, le PKI. Cette réussite provoqua un enthousiasme général en Occident et certains allèrent jusqu'à féliciter les Indonésiens « modérés » (Suharto et sa clique !) pour avoir nettoyé la société timoraise et l'avoir ouverte au pillage international. Le secrétaire à la Défense de l'époque, Robert McNamara, déclara devant le Congrès que l'aide et la formation militaire américaines « avaient porté leurs fruits » – entre autres, un demi-millions de cadavres. McNamara informa le président Johnson que l'assistance militaire américaine avait « encouragé [l'armée] à affronter le PKI quand l'opportunité s'en était présentée ». Les contacts avec les officiers de l'armée indonésienne, y compris dans le cadre de formations universitaires, constituaient « des facteurs significatifs pour induire une orientation favorable de la nouvelle élite politique indonésienne » – c'est-à-dire l'armée. Et cela a continué pendant quelque trente-cinq années d'aide militaire – en 1997-1998, les ventes d'armes autorisées par le gouvernement américain se sont multipliées par cinq. Les sessions de formation militaire ont continué jusqu'au 25 août 1999 (cinq jours seulement avant le référendum). Date à laquelle eut lieu ce qu'on a appelé un exercice « d'intervention humanitaire et de secours ». Orwell n'aurait pas trouvé mieux ! Quelques mois plus tôt, peu après le massacre de douzaines de réfugiés qui s'étaient retranchés dans une église de Liquica, l'amiral Dennis Blair, commandant des forces du Pacifique, assurait le général Wiranto du soutien et de l'aide des États-Unis, proposant même une nouvelle mission d'entraînement – officiellement, il venait lui demander de faire cesser les massacres.

Devant ces résultats, répétés à l'identique dans d'autres régions du monde, le gouvernement se réjouit de « l'intérêt de ces années de formation offertes au futurs dirigeants militaires indonésiens, ainsi que des millions de dollars consacrés à l'aide militaire apportée à l'Indonésie », souhaitant même augmenter cette aide et la généraliser au reste du monde.

Les raisons de ces événements déplorables sont cependant quelquefois exprimés avec honnêteté. Au cours de la dernière période, un diplomate occidental de tout premier plan en poste à Djakarta expliquait la nature du dilemme : « C'est l'Indonésie qui compte, pas le Timor-Oriental. » Il est donc bien compréhensible que Washington s'en tienne à des gestes de réprobation parfaitement inefficaces.

L'opinion du diplomate que nous venons d'évoquer était plus précisément exprimée par deux spécialistes de l'Asie dans un article du *New York Times*. Ils y faisaient remarquer que l'administration Clinton « avait fait un calcul où l'on trouvait, d'un côté, l'intérêt des États-Unis pour un pays riche en ressources naturelles et comptant quelque deux cents millions d'habitants et, de l'autre, un petit territoire appauvri, de seulement 800 000 habitants, qui désire l'indépendance ». Le second tirage de la presse nationale cite Douglas Paal, président du Centre d'études sur la politique Asie-Pacifique : « Le Timor est un dos d'âne sur la route de nos échanges avec Djakarta, et nous devons le négocier en toute sécurité. L'Indonésie est un gros morceau, crucial pour la stabilité de la région. »

Le terme de « stabilité » sert depuis longtemps de nom de code pour l'« orientation favorable de l'élite politique» des États. Entendez : favorable aux investisseurs étrangers et aux dirigeants mondiaux, pas aux populations. Pour user encore de la rhétorique de Washington : «Nous n'avons aucun cheval dans la course au Timor-Oriental.» Autrement dit, nous nous moquons bien de ce qu'il peut s'y passer. Mais, sous la pression de l'opinion publique australienne, notre attitude changea du tout au tout : «Nous avons bien, dans cette course, un excellent cheval appelé Australie et nous devons l'encourager», selon les propres termes d'un membre du gouvernement. Quant aux survivant des crimes soutenus par les États-Unis dans ce «petit territoire», ils semblent ne compter définitivement pour rien.

Les principes directeurs de la politique américaine étaient parfaitement compris de ceux qui avaient été en charge de l'invasion indonésienne de 1975. Ils furent développés par l'ambassadeur américain auprès de l'ONU, Daniel Patrick Moynihan, en des termes que toute personne que les Affaires étrangères, les droits de l'homme et la loi intéressent devrait garder en mémoire. Le Conseil de sécurité avait condamné l'invasion et ordonné que les troupes indonésiennes se retirent, mais sans résultat. Dans ses Mémoires rédigés en 1978, Moynihan explique pourquoi : «Les États-Unis souhaitaient que les événements tournent exactement comme ils ont tourné et travaillaient activement dans ce sens. Le département d'État souhaitait que les Nations unies s'avèrent parfaitement inefficaces quelques initiatives qu'elles envisageassent. La tâche me fut confiée et je la menai non sans succès considérable.» Et quel succès, en effet!

Moynihan poursuit en précisant que, deux mois plus tard, on comptait quelque 60 000 morts : « Dix pour cent de la population. À peu près le pourcentage de victimes qu'avait connu l'URSS au cours de la Seconde Guerre mondiale. » Puis il nous dit que, le sujet du Timor ayant rapidement cessé d'intéresser les médias, le succès était complet. Vint ensuite l'administration Carter avec ses prétentions « humanitaires » – qui ne l'empêchèrent toutefois pas de livrer de nouvelles armes à l'Indonésie. Devant les massacres continuels, les gens s'étaient réfugiés dans les montagnes. L'armée indonésienne profita de son nouvel armement pour se livrer à une attaque massive afin de ramener la population sous contrôle indonésien. C'est à cette époque que l'Église fit part de ses estimations concernant les victimes et annonça un chiffre proche de 200 000 – constamment discuté par les États-Unis et leurs alliés, ce chiffre fut confirmé des années plus tard. Comme les massacres atteignaient un niveau quasi génocidaire, la France et la Grande-Bretagne s'y mirent à leur tour en fournissant des armes et un soutien diplomatique. D'autres pays ont eux aussi cherché à participer à cette agression lucrative et aux massacres, toujours en vertu des principes qui ont été si lucidement exprimés.

Toutefois, cette histoire ne commence pas en 1975, car le Timor-Oriental n'avait pas été oublié par les stratèges de l'après-guerre. Le territoire devrait se voir accorder l'indépendance, selon Summer Welles (un proche conseiller du président Roosevelt), « mais sans doute pas avant un millier d'années ». Avec un courage et un stoïcisme exemplaire, les Timorais ont lutté pour contredire cette prophétie cynique et ont subi en conséquence les pires exactions. Durant la Seconde Guerre mondiale, quelque 50 000 Timorais ont perdu la vie en protégeant un petit contingents de soldats australiens qui combattaient les Japonais. Il est possible que leur héroïsme ait sauvé l'Australie de l'invasion Japonaise. Un tiers de la population fut victime des premières années de l'invasion indonésienne de 1975, puis de celles qui ont suivi.

L'année 1999 débutait sur une lueur d'espoir. Le président indonésien par intérim, Habibie, proposait un référendum qui permettrait de choisir entre l'intégration à l'Indonésie (« l'autonomie ») et l'indépendance. Aussitôt, l'armée chercha a l'empêcher par la terreur et l'intimidation. Dans les mois précédant le scrutin d'août, il y eut environ 3 500 morts selon les estimations fort crédibles de l'Église – deux fois plus que les morts qui précédèrent les bombardements au Kosovo et, proportionnellement à la population, quatre fois plus. La terreur était généralisée, particulièrement sadique et conçue comme un avertissement quant à ce qui attendait les Timorais assez fous pour désobéir aux ordres de l'armée d'occupation. Bravant malgré tout la violence et les menaces, la quasi-totalité de la population est allée voter, certains sortant même de leur cachette pour le faire. Près de 80 % des électeurs choisirent l'indépendance. Alors, dans un dernier effort pour renverser la situation, la dernière phase des atrocités commises par l'armée commença : massacres et expulsions. La majeure partie du pays fut réduite à l'état de cendres. En deux semaines seulement il y eut, selon l'évêque et prix Nobel de la paix Carlos Filipe Belo, environ 10 000 morts. Lui-même dut s'enfuir du pays sous les balles, sa maison fut réduite en cendres et les gens qui s'y étaient réfugiés renvoyés à un destin incertain.

Avant même la décision surprise de Habibie concernant le référendum, l'armée avait anticipé les menaces pesant sur son pouvoir et surtout sur son contrôle des ressources naturelles du Timor-Oriental. Elle entreprit, dès lors, d'élaborer soigneusement un plan dont l'« objectif assez simple était de détruire une nation ». Ce projet était parfaitement connu depuis le départ des services de renseignements occidentaux. L'armée indonésienne recruta des milliers de Timorais de l'Ouest et fit appel à des forces armées de Java. De façon plus sinistre, le commandement militaire envoya les unités des forces spéciales du Kopassus, entraînées par les Américains. En outre, on fit appel, en tant que conseiller militaire principal, au général Makarim, un spécialiste du renseignement formé aux États-Unis qui connaissait bien le Timor-Oriental, où il s'était fait une « réputation de violence impitoyable ».

La terreur et le destruction commencèrent donc au début de l'année 1999. Les forces militaires indonésiennes qui en étaient responsables avait été décrites en Occident comme des « éléments incontrôlables ». Jugement très contestable. Il y a de bonnes raisons de croire Monseigneur Belo quand il met en cause la responsabilité directe du général Wiranto à Djakarta. Il semble bien, en effet, que les milices aient été dirigées par les unités d'élite de la Kopassus qui ont été « régulièrement entraînées par – et avec – les militaires américains et australiens jusqu'à ce que leur comportement devienne plutôt embarrassant pour leurs amis étrangers », comme le rappelait David Jenkins, correspondant de presse en Asie. Ces troupes sont « légendaires pour leur cruauté », selon Benedict Anderson ; au Timor-Oriental ils sont devenus les « modèles pour toutes sortes d'atrocités », viols systématiques, tortures, exécutions sommaires et même gangstérisme. Ils ont, en outre, adopté les tactiques du programme américain Phoenix au Sud-Vietnam. Programme qui fit des dizaines de milliers de morts parmi les paysans et les leaders sud-vietnamiens, nous rappelle Jenkins. Les terroristes d'État « ne s'en prenaient pas seulement aux éléments pro-indépendantistes mais aussi aux modérés et aux personnalités influentes de la communauté ». Une source bien informée de Djakarta parle également du programme Phoenix : l'objectif premier est « de terroriser tout le monde » – les ONG, la Croix Rouge, les Nations unies et les journalistes. Bien avant le référendum, le chef de l'armée indonésienne à Dili, le colonel Tono Suratman, prévint de ce qui allait se passer : « Je voudrais insister sur ce fait, dit-il. Si les pro-indépendantistes devaient l'emporter, [...] tout sera détruit. [...] Ce sera pire qu'il y a vingt-trois ans. » Un document militaire daté de début mai, au moment même où un accord international sur le référendum fut ratifié, prévoyait que « les massacres devraient reprendre, village après village, immédiatement après le référendum si les pro-indépendantistes l'emportaient » ; le mouvement indépendantiste « devrait être débarrassé de ses leaders, jusqu'au dernier ». Citant des sources diplomatiques, religieuses, et même certaines émanant de la milice, la presse australienne fit état de « centaines de fusils d'assaut dernier cri, de grenades et de mortiers, empilés, prêts à l'usage si l'autonomie était rejetée lors du référendum ». Elle prévenait également que les milices téléguidées par l'armée pourraient bien envisager une prise de possession violente de la plus grande partie du territoire si, malgré la terreur exercée, la volonté populaire s'exprimait.

Tout ceci était bien connu des « amis étrangers ». Comme était bien connu le moyen d'y mettre fin, mais ils préféraient réagir de manière évasive et ambiguë, de telle sorte que les généraux indonésiens puissent facilement l'interpréter comme un « feu vert » pour qu'ils continuent leur travail.

Cette histoire sordide doit être relue à la lumière des relations américano-indonésiennes instituées dans l'après-guerre. La richesse de l'archipel en ressources naturelles et sa position stratégique cruciale lui garantissent un rôle central dans la stratégie américaine mondiale. Ce sont ces facteurs qui sous-tendaient les tentatives, il y a quarante ans, de démanteler l'Indonésie trop indépendante, trop démocratique puisqu'elle autorisait même la participation d'un parti de gauche s'appuyant sur les paysans, le PKI. Les mêmes éléments expliquent le soutien occidental au régime des tueurs et des tortionnaires qui prirent une « orientation favorable » en 1965. Ces actes furent d'autre part compris comme une justification des guerres américaines en Indochine, motivées pour une large part par l'inquiétude de voir le « virus » du nationalisme indépendant « infecter » l'Indonésie – pour emprunter la rhétorique de Kissinger. Le soutien à l'invasion du Timor-Oriental et aux massacres qui s'ensuivirent fut un pur réflexe, bien qu'une analyse plus poussée pourrait arriver à la conclusion que la chute de l'empire portugais a eu sensiblement les mêmes conséquences sur le continent africain, où l'Afrique du Sud fut l'agent d'une terreur soutenue par l'Occident. À chaque fois, le prétexte de la Guerre froide a été invoqué pour dissimuler des motivations et des actions bien plus louches. En particulier dans le Sud-Est asiatique.

Assurément, nous devrions à présent nous débarrasser de toute cette mythologie et nous confronter aux causes et aux conséquences de nos actes. Pas uniquement au Timor-Oriental, d'ailleurs.

Souveraineté & ordre mondial

Du bon usage de la raison du plus fort, du droit & de l'intérêt national (1999)

DÉCIDÉ IL Y A UN AN (peut-être plus), le sujet de cette conférence était en quelque sorte prophétique. En effet, « souveraineté » et « ordre mondial » ont été, de manière très significative, les deux mots d'ordre de l'année 1999. La question de la souveraineté est passée par deux phases successives. La première, au début de l'année, quand toute l'attention se concentrait sur les bombardements des forces de l'OTAN et des États-Unis sur la Yougoslavie ; la seconde qu'on peut situer dans ces dernières semaines avec la reprise des atrocités indonésiennes au Timor-Oriental.

Au cours de la première phase, pleins d'un « extrême enthousiasme », nous étions censés entrer de plain-pied dans une nouvelle ère de l'histoire de l'humanité. Désormais, les « États éclairés » pourraient utiliser la force lorsqu'ils l'estimeraient juste en dépit des concepts démodés de souveraineté et de droit international. Les vieilles règles contraignantes ayant disparu, les « États éclairés » agiraient selon leurs principes traditionnels en se donnant « pour mission la défense des droits de l'homme», ainsi que Madeleine Albright, la secrétaire d'État, le proclama et que le *New York Times* le répéta avec émerveillement.

Cette mission ne concernait, d'après les personnalités du calibre d'Albright, que certaines parties spécifiques du globe – c'est-à-dire en réalité les « États scélérats ». Cuba aujourd'hui. Le Nicaragua avant qu'il se soit décidé à rejoindre le monde libre. Ou bien encore l'Irak post-1990, après que, Saddam ayant désobéi aux ordres, son pays fut tout naturellement devenu un « État scélérat ». Mais pas l'Irak pré-1990, bien entendu, puisqu'à cette époque il était de nos meilleurs amis et, en tant qu'allié, recevait de nous une aide massive alors même qu'il gazait les Kurdes, torturait ses dissidents et commettait, en fait, les pires crimes de toute son abominable carrière : toutes choses en récompense desquelles les « États éclairés » lui offraient une aide militaire croissante et bien d'autres choses encore .

Mais nous parlons là du début de l'année. Nous étions alors noyés sous les déclarations extatiques des principales figures morales, politiques, universitaires et autres à propos de la remarquable période dans laquelle nous entrions, guidés par les « États éclairés ».

La seconde phase, elle, a débuté il y a quelques semaines. L'atmosphère changea alors radicalement comme notre attention se portait sur le Timor-Oriental, qui connut une intensification de la terreur, des violences et des massacres incessants de ces vingt-cinq dernières années. Il s'agit en fait, depuis l'holocauste, du pire des massacre jamais perpétrés, proportionnellement à la population.

Brusquement, il apparut que la souveraineté de l'Indonésie devait être soigneusement et – disons-le – exagérément respectée, même dans ce cas où il ne peut absolument pas en être question. En effet, sauf à considérer le soutien apporté à son agression sur ce territoire par les grandes puissances, en particulier par les « États éclairés » et parmi eux surtout par les États-Unis, comme une reconnaissance, l'Indonésie ne peut en aucun cas arguer de sa souveraineté sur le Timor-Oriental.

Donc, dans ce cas précis, il faut nous soucier au plus haut point de la souveraineté de l'Indonésie et il semble alors que les droits de l'homme n'importent plus guère. Nous devons abandonner notre mission telle qu'elle avait été définie dans la première phase, en début d'année. De crainte de violer la souveraineté d'un État, il nous faut maintenant demander la permission de l'envahisseur avant de tenter quoi que ce soit – suspendre l'aide militaire que nous lui apportons, par exemple. Pas question, bien sûr, de se permettre pareille chose.

Ainsi, soudainement, la logique s'est-elle totalement inversée. Du dédain et du mépris les plus complets vis-à-vis de la notion de souveraineté dans le cas de la Serbie – qui, en outre, se trouve être le seul coin d'Europe à s'opposer aux plans conçus par les Américains pour la région –, nous passons au cas d'un « État client », par ailleurs l'un des plus impitoyables meurtriers de la période contemporaine. Dans son cas, la notion de souveraineté est si fondamentale que nous devons la traiter avec le plus grand respect même lorsqu'elle ne peut être invoquée en aucune façon.

Reconnaissons que c'est un étonnant revirement et qu'il suscite quelques questions : que s'est-il passé ? Et pourquoi cette différence de traitement ? La raison est peut-être celle que je viens juste d'évoquer. Dans le premier cas, l'État dont la souveraineté peut être bafouée est un État ennemi. Dans l'autre, il se trouve qu'il s'agit d'un État client. Cela suggère une hypothèse, mais laissons-la de côté pour l'instant et posons-nous d'autres questions.

La première de ces questions est la suivante. J'ai déjà dit que la première partie de l'année a vu s'exprimer un enthousiasme débordant au sujet de cette « nouvelle ère » dans laquelle nous entrions. Mais qu'en pensaient les États n'ayant pas la chance d'appartenir au groupe des « États éclairés » ? Mieux encore, qui sont ces « États éclairés » ? Comment obtient-on le droit d'en être et quels sont les critères qui permettent d'adhérer au club ?

En définitive, les critères d'adhésion sont très simples. On y entre *par définition.* On ne devient pas un « État éclairé » par la simple vertu de son dossier – d'ailleurs le dossier n'a rien à voir là dedans et si on devait s'y arrêter aucun ne réussirait à l'examen. C'est juste *par définition.* L'Amérique est un « État éclairé » par définition. Son chien de garde, la Grande-Bretagne, également – du moins aussi longtemps qu'il obéira aux ordres. Tous ceux qui s'engagent dans la croisade américaine sont des « États éclairés » et tous les autres sont des « États scélérats ». Comme on le voit, la distinction est extrêmement facile à faire.

Qu'a-t-on pensé de la nouvelle ère en dehors du club des « États éclairés » ? C'est simple, en dehors du club des États qui s'autoproclament « éclairés », on éprouva un véritable choc et une incrédulité certaine devant le mépris nouveau affiché à l'égard des concepts de souveraineté et de droit international.

Ainsi, si l'on observe l'Inde, la Thaïlande ou l'Amérique latine, par exemple, la réaction fut plutôt unanime : la peur. L'attitude générale du reste du monde fut assez bien exprimée par l'archevêque de Sao Paulo, qui se demandait après la guerre du Golfe : « Qui vont-ils attaquer maintenant, et sous quel prétexte ? » On discuta beaucoup, un peu partout à travers le monde, sur la nécessité de développer la dissuasion, nucléaire ou autre, pour se protéger des « États éclairés » qui se sentent désormais parfaitement libres de se déchaîner dès qu'ils l'estiment bon puisqu'il n'existe plus contre eux aucun système dissuasif.

En fait, si on observe assez globalement ce qui se passe dans le monde, je pense que l'on pourrait décrire la situation comme suit : plus un État dispose de la capacité d'user de la violence, plus est grand son mépris pour la souveraineté – des autres, cela s'entend. Les États-Unis sont – et de loin – les plus à même d'user de la violence et c'est sans doute pourquoi l'enthousiasme atteint chez nous son paroxysme. Pourtant, cet enthousiasme diminue à mesure que l'on descend dans la hiérarchie du pouvoir et de la force, jusqu'à ce qu'on arrive aux victimes traditionnelles.

En fait, la frontière ressemble fort à ce qu'on appelait jadis la division « Nord-Sud ». Euphémisme généralement utilisé pour évoquer la distinction traditionnelle entre les anciens pays impérialistes et leurs anciennes colonies. Chez ces dernières, la réaction fut plutôt un sentiment de crainte mêlée d'incrédulité et de stupéfaction. Dans les États impérialistes, et en particulier chez les plus puissants d'entre eux, ce fut au contraire l'enthousiasme le plus débordant pour la suppression de toutes les barrières qui réglementaient auparavant l'usage de la violence. Bien sûr, cette conclusion peut sembler plutôt générale mais je pense que vous reconnaîtrez qu'elle est assez convaincante si vous étudiez les différentes réactions à travers le monde, ici ou ailleurs.

Cela demande néanmoins à être précisé. En effet, l'attitude du leader autoproclamé des « États éclairés » – les États-Unis – est plus nuancée que ce que je viens de laisser penser. Si, lorsqu'il s'agit des autres, l'idée de souveraineté peut être écartée avec dédain – c'est-à-dire qu'on peut user de la force comme bon nous semble et quand cela nous semble juste puisque nous nous définissons nous-mêmes comme éclairés –, notre propre souveraineté et celle de nos client doivent être surveillées comme les plus précieux des trésors. En ce qui nous concerne en tout cas, cela semble évident et il est difficile de l'ignorer. Il y a quelque temps, par exemple, les États-Unis se sont refusés à permettre que l'on instaure une Cour internationale de justice chargée de poursuivre les crimes de guerre et les crimes contre l'humanité. La raison invoquée était assez franche : si nous acceptions l'existence d'une telle cour, nous abdiquerions notre souveraineté. Évidemment, notre sacro-sainte souveraineté nous l'interdit.

Cet argument fut assez brutal pour provoquer quelques commentaires. Néanmoins, ce qu'on ne souligne pas assez, c'est le caractère quasi systématique de cette attitude. En ce qui concerne la ratification ou la signature de conventions internationales ayant trait aux droits de l'homme – toutes conventions qui visent à appliquer les articles de la Déclaration universelle des droits de l'homme –, les États-Unis réalisent l'un des pires palmarès du monde. Exemple, le cas de la Convention sur les droits de l'enfant, ratifiée par tous les pays du monde sauf deux : les États-Unis et la Somalie (qui n'avait plus, alors, de gouvernement).

En fait, au sens strict, les États-Unis n'ont jamais signé de conventions, et, lorsqu'ils l'ont fait, ce qui est très rare, ils imposent systématiquement une clause de réserve dont les termes exacts sont : « Ne peut s'appliquer aux États-Unis. »

On en a vu un exemple intéressant au début de cette année, pendant la période euphorique de « la nouvelle ère ». Une fois de plus on n'en parla pas beaucoup mais, en lisant entre les lignes, on aurait pu apprendre que la Cour internationale de justice avait eu à traiter d'un cas accusant les États-Unis et les autres puissances de l'OTAN de crimes de guerre. La Cour internationale rejeta l'accusation pour des raisons techniques. Non que les faits fussent faux mais pour simple raison technique. En effet, les États-Unis présentèrent un argument légal et infaillible qui rendait la plainte irrecevable et que la Cour internationale était obligée d'admettre. Quel était cet argument magique ? La plainte était déposée au nom de la convention sur le génocide. Les règles de la Cour internationale exigent que les deux parties en présence reconnaissent cette convention. Si tel n'est pas le cas, la Cour ne peut juger l'affaire. Or, les États-Unis affirment qu'ils ne reconnaissent pas la convention sur le génocide. En effet, bien que l'ayant signée – avec, me semble-t-il, quelque quarante ans de retard –, les États-Unis y ont fait apparaître une réserve spécifique ainsi formulée : « Ne s'applique pas aux États-Unis sans l'accord des États-Unis. » Accord qui n'est jamais donné, bien entendu.

Si les États-Unis ne peuvent être amenés à comparaître devant la Cour internationale, il importe peu de connaître le fond de l'affaire. Devant cet argument infaillible, la Cour internationale a simplement rejeté la plainte. Répétons-le, nous avons là un exemple assez typique de l'attitude générale des États-Unis. La souveraineté, s'il s'agit de la nôtre, doit être soigneusement défendue comme un joyau des plus précieux. Mais celle de nos différents ennemis n'a aucune valeur.

Cette logique s'étend à bien d'autres domaines. Les États-Unis, par exemple, sont pratiquement en passe de faire disparaître l'ONU en refusant de payer ce qu'ils lui doivent conformément aux traités. Ces sommes sont de véritables dettes mais les États-Unis ne les paient pas car ce serait sacrifier la souveraineté du pays. Pourquoi devrions-nous permettre à une organisation que nous ne maîtrisons pas de fonctionner aux dépens de notre liberté d'action ? Voilà pourquoi les États-Unis ne paient pas leurs dettes.

De fait, dans les années 1990, violer les traités internationaux était devenue une pratique si courante aux États-Unis que l'American Society for International Law a publié récemment un article intitulé : « Prendre les traités au sérieux. » Cet article dénonce la manière de plus en plus brutale avec laquelle les États-Unis refusent de respecter les obligations des traités internationaux. Les arguments sont toujours les mêmes : ces traités entrent en conflit avec la souveraineté américaine et cette dernière doit être défendue. Il se passe la même chose avec l'Organisation mondiale du commerce (OMC), qui est pourtant l'une de nos créatures. Mais celle-ci a des règles. Et les États-Unis les violent sans ambages quand ils le jugent bon.

Ainsi, par exemple, l'Union européenne a récemment fait réclamation auprès de l'OMC sur la violation américaine de ses règles que représente l'embargo meurtrier contre Cuba. Cet embargo viole les règles de l'OMC car il induit des effets secondaires sur le commerce d'autres pays. De plus, il va, à l'évidence, à l'encontre des règles humanitaires internationales en concernant aussi la nourriture et même, dans les faits, les médicaments. En réponse, les États-Unis ont argué d'une exemption pour cause de sécurité nationale. La survie des États-Unis exige qu'on s'assure que les enfants cubains meurent de faim ou dans les hôpitaux faute de pouvoir être correctement soignés. Pour ce faire, il nous est impossible, dans le cas de l'embargo contre Cuba, de nous soumettre à l'autorité de l'OMC – notre création, rappelons-le.

L'idée selon laquelle il s'agit là d'une question de sécurité nationale est sans doute trop ridicule pour en discuter plus avant. Cependant, elle illustre parfaitement notre entière dévotion envers notre souveraineté – ou plutôt notre droit de faire exactement ce que nous voulons – au moment même où nous saluons une ère nouvelle dans laquelle la notion de souveraineté ne comptera plus puisque les « États éclairés » prendront en charge la mission de défendre les droits de l'homme partout à travers le monde.

Pendant des années, l'agression contre Cuba fut justifiée par la Guerre froide. Cuba est une des tentacules de l'empire du Mal, et cette tentacule menace de nous étrangler. Absurdité complète, et ce depuis le début. La décision formelle de renverser le gouvernement cubain fut prise, secrètement, en mars 1960, alors qu'il n'existait pas encore de relation significative entre Cuba et l'URSS. En outre, après la fin de la Guerre froide, l'agression contre Cuba s'est intensifiée. Ces seuls faits suffisent à discréditer tout recours à l'arguments de la Guerre froide. Il est, en fait, bien plus intéressant d'étudier les vraies raisons de notre attitude à l'égard de Cuba. Raisons qui sont aujourd'hui rendues publiques.

Dès le début de l'administration Kennedy, la première décision qui fut prise était d'intensifier l'agression contre Cuba. Le président Kennedy avait mis sur pied une cellule latino-américaine chargée d'étudier la situation dans cette région du globe. Son rapport fut présenté au président par l'historien Arthur Schlesinger. On y parlait bien entendu de Cuba en insistant sur la menace que cette dernière faisait peser sur les États-Unis. Le danger, selon Schlesinger, était de voir se « répandre l'idée castriste selon laquelle il fallait prendre en mains ses propres affaires » – problème crucial dans une région où les richesses sont fortement concentrées dans les mains de quelques-uns. « Les pauvres et les moins privilégiés, encouragés par l'exemple de la révolution cubaine, réclament la possibilité de mener une vie décente. » Quelle menace ! Et cela demande évidemment qu'on s'en défende au plus vite ; que l'on mène une politique de terreur ; que l'on impose un embargo ; que l'on envahisse ; etc.

Certes, il existait bien un élément concernant la Guerre froide. Schlesinger ajoutait que la « Russie se [tenait] en coulisses, offrant des prêts au développement et l'exemple d'une industrialisation menée en une seule génération ».

D'ailleurs, à bien y réfléchir, on a là une assez bonne explication de ce qu'a pu être la Guerre froide depuis 1917. Ces modèles et cette volonté d'indépendance sont intolérables car ils mettent en péril le système mondial qui doit être organisé sur des bases toutes différentes. Ce système doit s'organiser dans l'intérêt des privilégiés, des riches et des puissants. Ceux-là même dont la souveraineté doit être protégée quand celle des autres ne compte pour rien.

Il me faut rappeler aussi que ce mépris de la souveraineté ne date pas chez nous du début de l'année. Il a seulement atteint à ce moment-là un niveau si extraordinaire qu'il offrait une justification pour bombarder un pays européen. En fait, le mépris américain de la souveraineté des autres est aussi vieux que l'Amérique elle-même.

Donc, la souveraineté des autres n'est rien s'ils se placent au travers de notre route – c'est-à-dire si ce sont des « États scélérats » qui n'obéissent pas aux ordres. D'un autre côté, notre propre souveraineté, celle de nos clients et de ceux qui nous obéissent doivent être défendues. Rien de bien nouveau dans ce domaine mais rien de bien important non plus. Tout cela, ne l'oublions pas, est parfaitement hors de propos. Ce qui importe véritablement ce sont les faits. Ce mépris pour les autres et pour la législation internationale, allié au souci de défendre la souveraineté des « États clients » et bien entendu la nôtre, s'exprime souvent publiquement de manière à la fois crue et grossière. Et c'est cela qui importe. Ainsi, par exemple, Dean Acheson, qui fut un politicien très respecté, l'un des planificateurs du monde de l'après-guerre et un conseiller de premier plan de l'administration Kennedy, donna-t-il en 1962, au moment ou l'embargo illégal contre Cuba fut mis en place, une explication publique de ce dernier devant l'American Society for International Law. Dans ce plaidoyer, il faisait remarquer que l'opportunité d'une réponse américaine à un défi lancé à la « puissance, la position et le prestige » des États-Unis ne peut pas être purement « légale ». Ainsi donc, aucune question de législation internationale ne vaut lorsque le prestige, la position ou la puissance des États-Unis sont en jeu. Simplement parce que nous sommes bien audessus de tout cela. En outre, Acheson déclarait que la législation internationale avait son « utilité », qui est de « mettre en valeur nos positions » – avec de plaisants propos quand la situation nous permet de le faire. Mais, en dehors de cela, si notre prestige, notre puissance ou notre influence sont en jeu, la législation internationale est mise au rancart.

Les États-Unis n'ont bien entendu pas inventé cette façon d'agir. Tous les pays du monde, y compris Andorre, adopteraient la même position s'ils étaient en mesure de le faire. La différence avec les

États-Unis, c'est justement qu'ils sont en mesure de le faire. C'est l'avantage quand on est le caïd du quartier. On n'est jamais puni. Et on peut aussi, sans complexe, s'autocongratuler de sa propre magnificence, d'être un « État éclairé » et d'entreprendre toutes sortes de merveilleuses missions.

Il est un autre exemple spectaculaire que l'on devrait enseigner dans toutes les écoles d'une société intéressée par l'idée de liberté. C'est la réaction des États-Unis lorsqu'ils furent l'objet d'une plainte déposée par le Nicaragua auprès de la Cour internationale de justice, en 1985. Les États-Unis refusèrent une fois de plus la juridiction de la Cour internationale, qui les condamna néanmoins pour ce qu'elle qualifia d'« usage illégal de la force », autrement dit pour crimes de guerre contre le Nicaragua. Elle ordonna en conséquence que les États-Unis se retirent et s'acquittent de réparations substantielles. Bien sûr, cela ne rencontra que le mépris habituel et la guerre repris de plus belle sans parler de quelconques réparations.

Ce qui est intéressant dans cet exemple, ce sont les raisons avancées pour justifier le rejet américain. Le conseiller juridique du Département d'État avança des arguments légaux : « Les membres des Nations unies ne sont pas capables de comprendre nos motivations et s'opposent régulièrement à nos propositions concernant des questions cruciales dans le domaine international. C'est pourquoi nous nous réservons le droit de décider des situations pour lesquelles les règles de la Cour s'appliquent et n'acceptons aucun ordre de la Cour sur les questions qui concernent au premier chef les affaires internes des États-Unis telles que les États-Unis les ont eux-mêmes définies. »

Dans ce cas précis, le problème concernant les affaires internes des États-Unis se trouvait être la guerre menée contre le Nicaragua que la Cour internationale venait de qualifier d'usage illégal de la force. Dans une société pour laquelle la liberté est une valeur fondamentale, tout le monde devrait apprendre cet exemple par cœur. En outre, cela nous en apprend long sur l'attitude des États-Unis vis-à-vis de la souveraineté – du moins en ce qui concerne la souveraineté des États-Unis car, pour celle des autres, elle est traitée avec un mépris constant depuis les années 1770.

À présent, intéressons-nous à la seconde phase. Ici, nous remarquerons que les États-Unis ne sont pas les seuls à considérer que leur souveraineté doit être à tout prix protégée. Les « États clients » font de même. L'Indonésie par exemple. Ce pays qui présente un des palmarès les plus meurtriers de la période moderne. À la reprise en 1999 des atrocités au Timor-Oriental, la souveraineté indonésienne devait être soigneusement respectée, même si, dans ce cas précis, cette notion ne pouvait pas être évoquée. En effet, la souveraineté indonésienne au Timor-Oriental est à peu près ce qu'elle était pour Saddam au Koweït ou pour l'Allemagne nazie dans la France occupée. Une souveraineté de ce type – qui n'en est donc pas une – devait pourtant être, dans le cas qui nous intéresse, respectée, voire farouchement défendue. La position officielle des États-Unis fut qu'il était de la responsabilité des Indonésiens de maintenir l'ordre au Timor-Oriental. Un pays qu'ils avaient conquis et dont ils avaient massacré un tiers de la population. « C'est leur responsabilité et nous ne voulons pas la leur dénier. »

La position officielle des États-Unis est restée inchangée jusqu'à ces deux dernières semaines au cours desquelles il est devenu très difficile d'ignorer l'ampleur des atrocités commises. Contrainte par la pression de l'opinion publique, et en particulier de l'opinion publique australienne et internationale, l'administration Clinton a dû, finalement, faire savoir aux généraux indonésiens qu'ils n'étaient pas très gentils et qu'il s'agissait maintenant pour eux de renverser totalement la vapeur. Avons-nous parachuté des vivres au Timor-Oriental pour aider les centaines de milliers de personnes réfugiées dans les collines où, autant que l'on sache, ils mouraient de faim ? Non, nous n'avons rien fait de la sorte bien que nous en ayons les moyens. D'ailleurs, personne n'en évoque la possibilité puisque c'est hors de question. Bien sûr, notre mission est de défendre les droits de l'homme mais certainement pas lorsqu'ils sont honteusement bafoués par un « État client » dont nous avons soutenu les massacres et les exactions pendant quelque vingt-cinq années.

Donc, la souveraineté peut être reconnue ou déniée par les États-Unis. Cela fait partie des prérogatives du pouvoir et ses courtisans se chargent de nous expliquer pourquoi cela est beau et noble.

Quelle est l'attitude des États-Unis et des autres États autoproclamés éclairés à l'égard des droits de l'homme ? Toujours la même réponse : « Force fait loi. » Les exemples sont légion. L'actualité du Timor-Oriental en donne le dernier exemple, après l'Amérique centrale et d'autres régions de l'Asie du Sud-Est.

Revenons à notre première phase, celle du début de l'année. En avril dernier, en pleine euphorie à propos la nouvelle ère magnifique, etc., on fêta un anniversaire à Washington. Les cinquante ans de l'OTAN. Les festivités furent largement retransmises et couvertes par les médias. Ce n'était pas un anniversaire très gai car il se tenait à l'ombre du triste nettoyage ethnique au Kosovo. On dut donc, et ça se comprend, s'inquiéter et s'attrister de cette affaire. Je pense qu'il faut admirer les commentateurs, journalistes et autres qui furent capables, d'une manière ou d'une autre de passer sur le fait que certains des pires « nettoyeurs ethniques » des années 1990 étaient justement présents au sein même de l'OTAN. Pas sur ses marges, non, mais en son sein même. Ou, plus exactement, dans son quart sud-est. En Turquie, très exactement – membre de l'OTAN et relevant de la juridiction du Conseil de l'Europe et de la Cour de justice européenne, qui traite régulièrement de nettoyage ethnique et autres, atrocités (huit cas l'an dernier). Et ce n'est pas de la petite bière. Un palmarès bien supérieur à celui du Kosovo : deux à trois millions de réfugiés, quelque 3 500 villages (sept fois plus qu'au Kosovo) et des dizaines de milliers de victimes kurdes. Comment cela a-t-il pu passer inaperçu ? Mais grâce à l'administration Clinton, bien sûr ! Le gouvernement turc utilise à peu près 80 % d'armes américaines. Les massacres ont augmenté dans les années 1990, après que le gouvernement turc eut refusé, en 1992, des négociations de paix proposées par les rebelles kurdes et que Washington eut intensifié ses livraisons d'armes. De fait, la Turquie devint le premier importateur d'armes au monde. Il s'agit bien sûr d'armement moderne : napalm, avions de guerre, etc. Toutes les sortes de crimes imaginables ont été commises en Turquie. Et donc, au sein même de l'OTAN, durant les années 1990. En fait, cela continue aujourd'hui encore mais on se garda bien de le faire remarquer pour ne pas gâcher l'anniversaire. Faites des recherches dans la presse. Ou, plutôt, ne vous donnez pas cette peine car vous n'y trouverez rien. Parce qu'il s'agit là d'atrocités sans nom, de nettoyage ethnique à grande échelle, de terreur, de torture et de tout ce que vous pouvez imaginer dans ce domaine mais… perpétrés par les « États éclairés ». Et même par le leader de l'OTAN lui-même. Conclusion : « *No comment.* » Il faut dire que nous étions alors censés déborder de compassion pour les victimes du nettoyage ethnique perpétré par un État ennemi, la Serbie, au Kosovo…

En fin de compte, revenons sur ce cas. Une sorte de mot d'ordre fut répété encore et encore, qui prétend que, pour une fois, nous avons bien agi au Kosovo. Certes, il nous est arrivé de mal agir ici ou là, mais au Kosovo nous nous sommes bien conduits. Nous avons agis et agissons selon nos principes et nos valeurs, par pur altruisme. Les États-Unis agissent par altruisme pour défendre les droits de l'homme et c'est pourquoi nous ressentons cette merveilleuse euphorie à propos de la nouvelle ère. Toutefois, cette affaire n'est pas une question de logique mais de faits. Aussi, penchons-nous sur les faits, qui doivent nous apprendre quelque chose. Il y a une version officielle de tout cela, que Thomas Friedman, le spécialiste des Affaires étrangère au *New York Times*, nous a resservie la semaine dernière. Selon cette version, l'intervention américaine au Kosovo a une particularité essentielle : elle fut légitime parce qu'elle a stoppé le nettoyage ethnique. Le hic, c'est que cet argument qu'on nous rabâche à longueur de journée est contredit par les faits, sans discussion possible. Le nettoyage ethnique massif au Kosovo a été une conséquence des bombardements et non pas leur motif. C'est indiscutable. Il nous suffit de jeter un coup d'œil aux registres des réfugiés qui ont passé les frontières. Le Kosovo n'était certes pas un endroit plaisant l'année dernière, mais ni plus ni moins que d'autres endroits du monde – il n'en reste pas moins que le nettoyage ethnique a réellement commencé après les bombardements. Ces bombardements débutèrent le 24 mars 1999. À ce moment-là, le Haut-Commissariat aux réfugiés (HCR) de l'ONU, qui s'occupe au premier chef des réfugiés, n'en avait pas enregistré. Les premiers arrivèrent trois jours après. Le 1er avril, une semaine donc après le début des bombardements, il commença à donner ses premiers rapports sur les expulsions, pour en arriver aux nombres que nous connaissons aujourd'hui : quelque six ou sept cent mille.

Le pire dans cette affaire est que c'était prévisible – de l'aveu même du général en chef, Wesley Clark. En effet, lorsque vous bombardez les gens, ceux-ci ne vous attendent pas avec des colliers de fleurs. Ils réagissent. Mais pas sur le terrain où vous êtes le plus fort : sur celui où ils sont les maîtres. Ainsi n'envoient-ils pas des avions pour bombarder New York. Ils font ce qu'ils peuvent faire, sur le terrain où ils sont les plus forts, en aggravant leurs crimes.

Encore plus fort. Le général Clark finit par concéder que les opérations de l'OTAN « n'étaient pas destinées à faire cesser le nettoyage ethnique entrepris par les Serbes ». En effet, le nettoyage ethnique atteignit son paroxysme suite aux bombardements. Il en était la conséquence et non la cause.

En outre, bien que ces atrocités aient été prévisibles et prévues, on ne s'y était pas préparé. Au contraire, peu avant les événements, les États-Unis avaient décidé de couper les fonds au HCR, qui justement s'occupe de ces réfugiés et dut donc réduire son personnel. Ainsi, non seulement les États-Unis et la Grande-Bretagne ont refusé de se préparer en quoi que soit pour ce carnage prévisible, mais il se sont arrangés pour couper les moyens des organisations chargées de prendre soin des réfugiés dont ils savaient qu'ils allaient sans nul doute affluer à la suite des bombardements. Mélangez tout ça et la culpabilité de Clinton et Blair s'accroît d'autant.

Pour des gens comme nous, c'est-à-dire pour des gens relativement privilégiés dans des sociétés relativement libres, rien de tout cela n'est inévitable. Les crimes les plus terribles se commettent si nous permettons qu'on les commette. C'est aussi simple que cela. Nous ne parlons pas de chose qui arrivent sur Mars, ni des crimes commis par Attila, mais bien de crimes commis par des troupes armées qui sont, en principe, sous notre contrôle si nous voulons vraiment les contrôler. Il ne s'agit pas de loi naturelle, mais de choix et de volonté. On ne peut pas refaire l'histoire mais au moins confrontons-nous au présent. Nous pouvons choisir de le regarder en face avec honnêteté, d'en tirer les leçons et d'utiliser ces leçons pour influer sur le futur.

Cette chronologie doit beaucoup à la lecture assidue du Monde diplomatique *ainsi qu'à celle du livre de Howard Zinn,* A People's History of the United States. 1492 – Present *(Harper Perennial, New York, 1995 ; traduction française à paraître, Agone, Marseille, 2002). Merci aussi à Zoltan Grossman pour son abrégé, « Un siècle d'interventions militaires américaines. De Wounded Knee à la Yougoslavie », que l'on peut consulter sur Znet <www.zmag.org>.*

Chronologie (forcément non exhaustive) des interventions militaires américaines 1947-2000

Philippines. La question de l'ingérence américaine est complexe et difficilement datable. L'histoire de cet archipel du Pacifique au XXe siècle est intrinsèquement liée à celle des États-Unis. Colonie américaine de 1898 à l'occupation japonaise, l'indépendance lui est accordée en 1946, après que le Bell Trade Act eut donné aux États-Unis le droit d'exploiter sans restriction les ressources naturelles du pays au titre des dommages de guerre. Les États-Unis y ont conservé 23 bases militaires jusqu'en 1992, participant à la répression des opposants communistes ou musulmans. La sujétion est si forte que les Philippins ont envoyé des combattants aussi bien en Corée qu'au Vietnam.

–1947– Grèce. Les Britanniques, incapables de contrôler la situation en Grèce où une guérilla de gauche se développe rapidement contre la dictature de droite qu'ils y ont instaurée, passent la main aux États-Unis. Dans les derniers mois de 1947, ceux-ci livrent 74 000 tonnes de matériel militaire au gouvernement grec et envoient quelque 250 conseillers militaires sur le terrain, assurant ainsi la victoire des forces de droite en 1949.

–1950– Porto Rico. Cédé par l'Espagne aux États-Unis en 1898, Porto Rico s'est vu accorder en 1952 le délicieux statut d'« État libre associé aux États-Unis ». Deux ans plus tôt, cependant, les troupes américaines y stationnant en permanence avaient écrasé un mouvement d'indépendance. Très étroite association, donc. Régulièrement, un référendum est organisé pour tenter de transformer l'« État libre » en État tout court. La population en a chaque fois rejeté l'idée.

–1950– Corée. Les armées de la Corée du Nord franchissent le 38e parallèle et pénètrent sur le territoire de la Corée du Sud. À la demande des Nations unies, qu'ils dominent très largement, les États-Unis « acceptent » d'aider à « repousser l'agression armée ». Tant au Nord qu'au Sud, deux millions de Coréens trouveront la mort au cours de cette guerre.

–1953– Iran. En 1951, après que le gouvernement iranien a décidé la nationalisation du pétrole et renouvelé sa confiance au Premier ministre, Mossadegh, les Britanniques mettent en place un blocus et organisent le boycott des compagnies pétrolières iraniennes. En conséquence, une partie de l'armée et les grands propriétaires fonciers participent en 1953 à un coup d'État orchestré par la CIA. Soutenu pendant les vingt-cinq ans qui suivirent par les Américains, le Chah d'Iran dut cependant s'enfuir en 1978 devant le raz-de-marée de la révolution islamique. Deux ans plus tard, la guerre Iran-Irak (1980-1988) fut une aubaine pour les industries d'armement à travers le monde et en particulier aux États-Unis.

–1954– Guatemala. Des mercenaires entraînés par la CIA au Honduras et au Nicaragua renversent, avec l'aide de l'aviation américaine, le gouvernement le plus démocratique que le Guatemala ait jamais connu.

–1958– Liban. Des milliers de marines sont envoyés au Liban pour empêcher le renversement du gouvernement pro-américain et protéger ses intérêts dans cette région riche en ressources pétrolières.

–1961– Cuba. Armés et entraînés par la CIA, plus de mille exilés cubains débarquent dans la Baie des Cochons avec l'espoir de provoquer une rébellion contre le gouvernement castriste. Ce gouvernement est alors très populaire, le soulèvement n'a pas lieu et les mercenaires sont rejetés à la mer. L'embargo américain qui frappe Cuba depuis le début des années 1960 dure encore.

–1961-1972– Vietnam. Si les « activités » américaines dans cette région datent du début des années 1950, la nation la plus puissante et la plus riche du monde usa entre ces deux dates de tout son arsenal militaire (excepté la bombe atomique) pour venir à bout d'un mouvement révolutionnaire nationaliste qui s'est développé dans un petit pays à population majoritairement rurale. La guerre la plus longue dans laquelle les États-Unis se sont embarqués fit des millions de morts vietnamiens et américains. Le caractère cinglant de la défaite américaine est à l'origine d'une crise morale sans précédent dans tout le pays.

—— Laos & Cambodge. Durant toute la guerre du Vietnam, ces deux pays contre lesquels les États-Unis ne furent pas officiellement en guerre ont été les cibles d'incessantes attaques aériennes et d'innombrables massacres perpétrés par les troupes américaines.

–1965– Indonésie. Prétextant une tentative de coup d'État des communistes (pourtant proches du pouvoir), une opération militaire sanglante dont les dirigeants sont téléguidés par la CIA en profite pour écarter Sukarno du pouvoir. Une véritable chasse à l'opposant fait dans les années qui suivent des centaines de milliers de victimes. C'est le début de la longue et meurtrière carrière de Suharto, qui a culminé au Timor-Oriental.

—— République dominicaine. Sous couvert de l'Organisation des États américains, les États-Unis interviennent militairement pour contrer une prétendue menace communiste. La bataille de Saint-Domingue fait quelque dix mille victimes.

–1970– Oman. Épaulées par les conseillers américains, les troupes iraniennes tentent d'envahir le sultanat.

—— Proche-Orient. Forte implication diplomatique et militaire des Américains auprès d'Israël lors les guerres qui ont lieu dans cette région du globe.

–1973– Chili. Par l'intermédiaire de la CIA et de la Firme ITT, les États-Unis sont à l'origine du coup d'État militaire au cours duquel le président socialiste Salvador Allende, démocratiquement élu la même année, « trouve » la mort. Ses crimes : nationalisations et réforme agraire.

–1975-1999– Timor-Oriental. L'Indonésie envahit et annexe le Timor-Oriental en 1975, décimant un tiers de sa population. L'armée et les milices indonésiennes agissent avec un soutien sans faille des États-Unis, qui durera vingt-cinq ans. Après la chute de Suharto en 1999, un référendum est organisé au Timor-Oriental, à l'issue duquel 80 % de la population choisit l'indépendance. Téléguidées par l'armée, les milices indonésiennes font régner la terreur la plus effroyable. Le gouvernement américain n'acceptera l'idée d'une force onusienne de maintien de la paix que sous la pression de l'opinion publique internationale.

–1980-1990– Salvador. Dans les années 1970, une guérilla de gauche menée par le Front Farabundo Marti de Libération Nationale intensifie ses opérations contre les forces gouvernementales. Les États-Unis, qui ont toujours pesé sur la politique intérieure de ce pays, s'y sont alors engagés militairement. Parallèlement, l'oligarchie au pouvoir s'appuie sur les trop fameux « escadrons de la mort » qui terrorisent la population. En 1980, l'archevêque Romero, personnalité très populaire, est assassiné par des Salvadoriens proches de la CIA. En dix ans, la guerre civile fait 100 000 morts.

–1981-1988– Nicaragua. Arrivés au pouvoir en 1979, les sandinistes s'engagent dans une série de réformes que les États-Unis ne peuvent accepter. Ils apportent alors leur soutien financier et militaire aux *contras* basés au Honduras. En 1986, un scandale, l'Irangate, révèle que le produit d'une vente d'armes américaines à l'Iran a servi à financer les groupes terroristes de la *Contra*. En 1990, les sandinistes sont écartés du pouvoir à la suite d'élections libres.

–1982-1984– Liban. les soldats américains assistent en spectateurs (dans le meilleur des cas) aux expulsions et aux massacres de Palestiniens par les troupes phalangistes du Liban soutenues par les États-Unis et Israël.

–1983– Grenade. Embourbés au Liban, les États-Unis font une démonstration de force en envahissant la minuscule île de la Grenade. Le prétexte invoqué : la sécurité de quelques citoyens américains. Huit ans plus tard, le *Wall Street Journal* qualifiait cette démonstration d'« invasion des banques » – l'île était « devenue un véritable paradis pour l'évasion fiscale et la fraude financière ».

–1986– Libye. L'aviation américaine bombarde des villes libyennes, faisant des centaines de victimes parmi les civils et les officiels.

–1989– Philippines. L'aviation américaine prête main-forte aux forces du gouvernement pour contrecarrer un des nombreux coup d'État contre la présidente, Corazon Aquino. Cette dernière s'opposait vigoureusement aussi bien aux communistes qu'aux indépendantistes musulmans.

—— Panama. Inventé de toutes pièces par les États-Unis pour leur assurer le contrôle du célèbre canal (et des bénéfices énormes qu'il génère), le Panama n'a longtemps été que l'ombre d'un État. Pourtant, en 1964, les marines qui protègent les intérêts des administrateurs américains du Canal ont dû écraser une révolte panaméenne visant à nationaliser ce secteur stratégique. Après avoir utilisé et protégé durant des années la dictature de Noriega pour préparer leurs attaques contre le Nicaragua sandiniste, les États-Unis décident de s'en débarrasser. Sous prétexte de faire comparaître Noriega inculpé de trafic de drogue devant les tribunaux américains, 26 000 soldats américains envahissent le pays. Dans l'opération, des centaines de civils périssent sous les bombardements. Il semble que le dictateur sud-américain favori des États-Unis ait été sacrifié pour faire oublier leurs échecs face à Castro et aux sandinistes du Nicaragua.

–1991– Irak. Après avoir été durant de longues années un allié précieux des États-Unis (en particulier pendant la guerre Iran-Irak), Saddam Hussein commet l'erreur d'envahir et d'annexer le Koweït sans en référer à la superpuissance mondiale. Ne pouvant accepter de perdre le contrôle sur une partie des ressources pétrolières du Golfe, les États-Unis, avec l'autorisation de l'ONU et le soutien de forces internationales, volent au secours de la souveraineté du Koweït et déclarent la guerre à l'Irak en janvier 1991. Le Koweït est libéré un mois plus tard. En 1998, pour d'obscures raisons, les Américains et les Anglais reprennent les bombardements sur l'Irak, toujours sous le coup d'un embargo international.

–1994– Haïti. Après avoir occupé Haïti de 1915 à 1934 puis soutenu les deux dictatures effroyables de François et Jean-Claude Duvalier (1957-1986), les États-Unis se sont montrés favorables au coup d'État militaire qui renversa, en 1991, le père Jean-Bertrand Aristide, premier président librement élu de toute l'histoire de Haïti. Puis, en 1994, avec l'autorisation de l'ONU, les troupes américaines intervien-

Origine des articles

Quelques tentatives maladroites de faire le bien

Interventions militaires au Vietnam & en Amérique centrale (1985)

Titre original : *Intervention in Vietnam and Central America : Parallels and Differences*

Texte d'une conférence donnée à Harvard University le 19 mars 1985, parue *in The Chomsky Reader*, Pantheon Book, New York, 1987.

Les fluctuations du statut d'« État scélérat »

Cuba – Corée du Nord – Irak – Libye – Nicaragua (1988)

Titre original : « Rogue States »

Daté d'avril 1998, ce texte est issu de Znet
<www.lol.shareworld.com/zmag/articles/chomskyapr98.htm>.

Des extraits de ce texte ont initialement paru dans une autre traduction sous le titre « L'Amérique "État voyou" », *in Le Monde diplomatique*, août 2000.

La « boussole morale » de nos leaders

La crise dans les Balkans & autres conflits – Colombie – Turquie – Laos (1999)

Titre original : « Crisis in the Balkans »

Daté de mai 1999, ce texte est issu de Znet
<www.zmag.org/chomsky/articles/z9905-balkans.htm>.

Des extraits de ce texte ont initialement paru dans une autre traduction sous le titre « L'Otan, maître du monde », *in Le Monde diplomatique*, mai 1999.

La mission de justice des « États éclairés » au service du « nouvel humanisme »

Conditions & contenu des accords de paix du Kosovo (1999)

Titre original : « Kosovo Peace Accord »

Daté de juillet 1999, ce texte est issu de Znet
<www.zmag.org/chomsky/articles/z9907-peace-accord.htm>.

Un exercice d'entraînement américano-indonésien

Retour sur le Timor-Oriental (1999)

Titre original : « East Timor Retrospective »

Daté de septembre 1999, ce texte est issu de Znet
<www.zmag.org/chomsky/articles/z9909-timor-retro.htm>.

L'essentiel de ce texte a initialement paru dans une autre traduction sous le titre « Timor-Oriental, l'horreur et l'amnésie », *in Le Monde diplomatique*, octobre 1999.

Souveraineté & ordre mondial

Du bon usage de la raison du plus fort, du droit & de l'intérêt national (1999)

Titre original : « Sovereignty and World Order »

conférence donnée le 20 septembre 1999 à la Kansas State University Manhattan au Kansas. Ce texte est issu de Znet
<www.zmag.org/chomsky/talks/z9909-sovereignty.htm>.

nent militairement pour imposer son retour. Parmi les militaires impliqués dans le coup d'État, on trouve un certain colonel François, formé dans la même académie militaire américaine que plusieurs autres éminents dictateurs latino-américains (Noriega, D'Aubuisson, etc.).

–1998– Soudan. Des missiles américains détruisent des usines de production pharmaceutiques supposées servir de lieux de production d'armement chimique à des fins terroristes.

–1999– Yougoslavie. Depuis 1990, les Albanais, majoritaires au Kosovo, avaient su développer une société parallèle non violente. Mais, à partir de 1998, l'Armée de libération du Kosovo (UCK) mène des opérations de guérilla contre les forces de police serbes qui, de leur côté, prennent en otage les populations civiles. Cette situation critique ne trouvera pas de réponse dans les Accords de Rambouillet (véritable ultimatum américain adressé à Milosevic et rejeté par lui). En mars 1999, sous l'impulsion des États-Unis, l'OTAN bombarde le Kosovo et la Serbie, provoquant l'intensification des représailles serbes sur les populations civiles de la province. Le 3 juin, un accord est signé entre l'OTAN et la Serbie.

Table des matières

Agone Éditeur, BP 2326
F-13213 Marseille cedex 02

Comeau & Nadeau Éditeurs
c.p. 129, succ. de Lorimier
Montréal, Québec H2H 1V0

Achevé d'imprimer en février 2001
sur les presses de l'Imprimerie France Quercy
113, rue André-Breton, F-46000 Cahors

Distribution en France : Les Belles Lettres
95, bd Raspail, 75006 Paris
Fax. 01 45 44 92 88

Diffusion en France : Athélès
Fax. Administration 04 91 90 71 30
Fax. Commande 01 43 01 16 70

Diffusion-Distribution au Canada : Prologue
(450) 434 0306 – (800) 363 2864

Diffusion-Distribution en Belgique : Nord-Sud
Rue Berthelot, 150, B-1190 Bruxelles
Tél. (322) 343 10 13 – Fax. (322) 343 42 91

Dépôt légal 1er trimestre 2001
Bibliothèque nationale de France
Bibliothèque nationale du Québec
Bibliothèque nationale du Canada